SHIDI NONGMIN SHEHUI BAOZHANG ZHIDU YANJIU

YI CHONGQING WEILI

本书获国家社会科学基金资助

失地农民社会保障制度研究

——以重庆为例

陈亚东 著

人民出版社

责任编辑:李媛媛
版式设计:程凤琴
责任校对:吕　飞

图书在版编目(CIP)数据

失地农民社会保障制度研究——以重庆为例/陈亚东著.
-北京:人民出版社,2008.6
ISBN 978－7－01－007018－6

Ⅰ. 失…　Ⅱ. 陈…　Ⅲ. 农民-社会保障-研究-重庆市
Ⅳ. F323.89

中国版本图书馆 CIP 数据核字(2008)第 053076 号

失地农民社会保障制度研究
SHIDI NONGMIN SHEHUI BAOZHANG ZHIDU YANJIU
——以重庆为例

陈亚东　著

人 从 出 版 社 出版发行
(100706　北京朝阳门内大街 166 号)

北京瑞古冠中印刷厂印刷　新华书店经销

2008 年 6 月第 1 版　2008 年 6 月北京第 1 次印刷
开本:880 毫米×1230 毫米 1/32　印张:13
字数:296 千字　印数:0,001－3,000 册

ISBN 978－7－01－007018－6　定价:26.00 元

邮购地址 100706　北京朝阳门内大街 166 号
人民东方图书销售中心　电话 (010)65250042　65289539

目　　录

自　序

　　伴随中国经济加速发展,大规模的城市化、工业化应运而生,经济开发区、工业园区、大学城等动辄占地成百上千亩,大批良田被征收,到处都是正在修建的工程、建筑。然而,在这热火朝天的局面下,南来北往的都是大批外出打工的失地农民。这些失地农民的"户口"被转为城市"居民",但是他们并不能够享受到城市人一样的"国民待遇";从土地上分离出来的大量失地农民潮水般地涌入大小城市。城市化的一个重要标志就是农民市民化,然而长期的城乡二元结构体制催生了一个客观存在的二元用工制度,给失地农民市民身份的转换带来障碍。由于失地前的农民主要具有的是农业劳动技能,他们在进城就业后往往只能以轮换工、协议工或临时工的身份从事技术含量较低的重活、脏活和危险性工作,工资水平普遍远低于城镇职工平均工资水平。同时圉于我国法治建设的现状,虽有相关的法律作了原则性的规定,上述职位的用工单位或雇主实际上往往不与他们签订正式的劳动合同,进而不提供相应的医疗保险、住房公积金补贴和养老保险等社保待遇,致使这一部分劳动者与城市主流劳动者成为事实上的两种用工制度下的劳动者。即便是这样的职位还往往具有高度的变动性,失地农民随时可能再失业。然而我们在谈失业、就业问题时,却常常仅指城市市民,通常所说的再就业工程主要针对城市下岗职工,即原本具备市民身份的人,基本与失业失地农民无关。由于缺乏通往城市市民的用工岗位,失地农民在经济上生存于城市边缘,社会交往亦兼具农村与城市的双重特点,大部分失地农民仍认为自己是农民,市民认同适应不良。

虽然部分农民失地是一个国家现代化和城市化进程中不可避免的历史现象,但我国工业化和城市化的最终目的是实现经济的发展、社会的进步和人民生活水平的提高,是建设惠及 13 亿人的全面的小康社会。因此我们更要认识到:城市化进程应当有利于农民富裕而不是造成大批农民失地失业;应当有利于缩小城乡差距而不是扩大社会不公。土地作为农民参与社会发展、分享经济成果、规避各种社会风险的唯一途径和最后一道安全网,承担着生产资料和生存保障基础的双重功能,农民失去土地就意味着失去重要的收入来源,同时也意味着失去重要的生活保障。如何解决好失地农民的就业保障问题,是实现在工业化、城市化牵引下的人口与资源的重新优化组合的紧迫而极具现实意义的课题。

本课题系统考察了失地农民的生存状态,探讨了失地农民产生的经济、社会和制度根源,分析了可能导致和已经带来的严重社会危害。在此基础上,提出要彻底解决失地农民问题,必须从保障农民的土地权益入手,改革征地安置补偿制度,构筑以失地农民最低生活保障为"托底"的社会救助制度,加强养老保险制度建设,落实工伤保险待遇,努力改善其劳动环境,保障其体面劳动。同时,要加强失地农民的教育培训,着力提高职业技能和文化素养,增强其就业能力,尤其是自主创业能力,以适应工业化、城市化发展的需要。

第一章　概　　论

在人类社会文明的演进过程中有一个不可忽视的特点,这就是人类在不断地为共同生活创设制度,从而提供共同体中的成员对当下和未来生活的期待。正是在这个意义上,我们理解了这样的判断:"立法的发明,很可能是人类曾有过的成就中影响最为深远的一种成就——比火的发明和火药的发明影响更为深远,因为在所有这些成就中,是立法最大限度地将人类命运交到了人类自己手中。"①可以想象,人类社会的文明越发展,人类对制度的依赖程度将越与对社会成员权利的维护结合在一起。

城市化、工业化是人类社会走向发达繁荣的必由之路,伴随着推土机的阵阵轰鸣和一栋栋高楼的耸立,大量失地农民相伴而生。这一公共问题的出现,为政府的制度变迁提供了条件。克服市场经济中的这些"囚徒困境"(市场失灵)现象,已经是现代民主政府的重要职能。② 作为解决失地农民问题的"良药"——社会保障制度就构成本书研究的核心。

---

① ［英]哈耶克:《自由秩序原理》上卷,邓正来译,三联书店1997年版,第377页。

② 潘伟杰:《制度变迁与政府规制研究》,上海三联书店2005年版,第25页。

第一节　选题的目的和意义

中国是一个农村人口占大多数的发展中国家,在 13 多亿人口中,农村人口占总人口的58.2%。研究农业、农村和农民问题,必然成为中国理论界和实际工作部门的重要任务。改革开放以来,虽然理论界和实际工作部门在研究"三农"问题方面有相当的深度和广度,但是从农民与土地、城市、资本的多维度关系,农民与社会保障的关系的视野来分析"三农问题",特别是以此来解决当前失地农民问题的研究,有价值的成果还不多。因此,关注农民、土地、城市化、工业化的关系,开展农民失去土地之后的社会保障问题的研究,具有一定的意义。本书选择这一题目进行研究,主要是基于实践意义上的考虑:

一、解决好农民的土地问题,始终是做好农业、农村和农民工作的核心

在中国革命和社会主义现代化建设进程中,在处理改革、发展、稳定的关系中,解决好农民和土地问题,始终是做好"三农"问题的核心。在民主革命时期,中国共产党领导农民以土地革命为中心,建立了新中国。中华人民共和国成立以后,中国共产党领导农民完成土地革命,为恢复国民经济、建设社会主义新农村作出了巨大贡献。20 世纪 80 年代以来,8 亿农民成为改革开放的先锋,广大农村实行土地承包制度改革,推进了工业化和城镇化建设,大大解放了农村社会生产力,使农村社会面貌发生了翻天覆地的变化。回顾中国革命和社会主义现代化建设历史进程充分说明,"三农"问题的核心是解决好农民问题,解决好农民问题的核心是

土地和农民的关系问题。做好"三农"工作,对巩固新时期共产党的长期执政地位、维护社会安定团结、建设社会主义新农村、推动社会和谐发展具有举足轻重的地位,它仍然是党和国家的首要问题,是关系到中国社会主义现代化建设可持续发展的基础性问题。

二、解决好失地农民的社会保障问题,是建设社会主义新农村、建设和谐社会的基石

当前,城市化、工业化的大力推进,产生了大量失地农民。这些农转非人员因失地而丧失虽然低微但相对稳定的基本生活来源,再就业又困难重重,加之没有社会保障,生活前景充满风险。要解决这一问题,就必须坚持以人为本,从解决关系失地农民切身利益的现实问题着手,特别是从土地收益分配、就业、社会保障和提高健康水平等问题入手,加快推进社会主义新农村建设,构建和谐社会,这是长期目标和近期任务的有机结合,是理想与前进路径的高度统一。这就要求我们的"城市化"不能简单变成"征地化"。

社会保障是保持社会稳定和实现社会和谐的"托底"机制。如果广大失地农民可以享有可靠的社会保障,就可以安居乐业,正常流动,就可以形成合理的消费和储蓄预期,不必为未来的生活担忧,也不必因一时失去工作岗位而产生过激行为。就社会保障制度建设的当务之急而言,要尽快确立公平、共享的价值理念与政策取向。尽快弥补社会保障制度的缺漏,推进社会保障体系制度化、一体化、网络化和完备化的建设。要明确政府主导、加大财政投入,不断增进国民福利。同时还应大力发展社会救助与慈善事业。要建立健全与经济发展水平相适应的社会保障体系,完善失地农民基本养老和基本医疗、失业、工伤、生育保险制度,增加财政的社会保障投入。

和谐社会的制度或体制设计，就是要确保每个人都拥有公平发展的制度环境，每个人都能得到全面发展，当然这里我们不是强调绝对公平或绝对平均主义，我们也不希望回归到绝对平均主义或大锅饭的路径上，而是为了弥补市场机制下的收入分配缺陷。市场经济的天性就是要实现资源的最优配置，由于个人天赋和拥有的资源本身就存在差异，所产生的机会不均等和收入不平等又是市场机制自身难以克服的。这就需要一个代表社会公共利益的代言人来矫正市场"失灵"的内在缺陷，按照社会分工，政府就应当扮演起这样的角色。

三、搞好社会保障制度，是解决失地农民的根本，是维护社会稳定的必然选择

纵观中国封建社会两千多年的历史，其社会之动荡，朝代之更替，皆因农民战争和农民起义所致，从秦朝的陈胜吴广起义到清朝的太平天国运动，无一例外，皆因统治阶级残酷剥削和压迫广大农民，导致广大农民生活在饥寒交迫之中，衣食均无着落，被迫发动起义，以推翻反动统治。可见，农民尤其是一无所有的失地农民社会保障的建立健全对中国政局稳定的重要性。新中国成立以来，特别是改革开放以来，广大农民的生活发生了翻天覆地的变化，但是失地农民的境遇却并没有根本好转，其社会保障问题未能很好地得到解决。这样庞大的一个群体的就业保障问题解决不好，其对社会的稳定构成相当大的压力，必须引起高度的重视。特别是在我国社会转型期间，建立健全失地农民社会保障体系已经成为重要的社会稳定器。

据国土资源部的一份资料显示，农民上访60%以上和土地有关。失地农民的社会保障问题不解决，土地征收得越多，社会不稳

定的隐患也就越突出。妥善解决失地农民的社会保障问题，不仅有利于失地农民长远的利益，而且有利于城市化进程的推进和社会的安定繁荣。我国正处在社会转型时期，构建和谐社会是减少交易成本、提高经济效率的最佳途径；统筹城乡协调发展是保证政治社会稳定和顺利度过转型期的关键所在。因失地导致的上访事件中，大约有80%的上访是有道理的，也就是说，许多上访，是由于我们某些方面的工作失误或法律法规不健全造成的。这就要求我们畅通信访渠道，了解民众诉求并采取切实措施予以解决。

四、建立健全失地农民社会保障体系有利于消灭城乡差别，实现城乡统筹发展，加速农民市民化的进程

农民市民化是指在我国现代化进程中，借助于工业化的推动，让世世代代生活在农村的广大农民离开土地和农业生产活动进入城市从事非农产业，使其身份、地位、价值观念、工作方式和生活方式向城市市民转化的经济社会过程。解决中国农民问题最主要的是减少以至于完全消灭农民（当然是指观念上农民），一个有效的办法就是加速农民市民化的进程。而要做到这一点就必须让众多的农民离开土地进入非农业领域工作。在非农业领域就业遇到的一个重要的问题就是养老、就业、医疗、工伤等社会保障问题。它包括的范围非常广泛，主要有养老、医疗、就业等权利的社会保障，因此必须在就业、医疗、养老等方面给失地农民提供充分的权利保障。而目前我国所实施的各种社会保障措施几乎都不包括农民，如《城市居民最低生活保障条例》等。这就需要政府尽快根据中国的实际情况制定出能够容纳失地农民进入城市的一系列社会保障的法律法规，以维护失地农民在社会保障方面的合法权益，这也是政府一直需要关注的问题。只有这样,才能使广大的农民安全地离开土地到城市就业、生活、学习和居住,使土地能够形成规模化经营、产业化发展,能够加速中国农业现代化的步伐,以增强中国农业的国际竞争力。

五、失地农民社会保障体系是推进城市化社会政策的必然选择

城市化是经济发展到一定阶段必然产生的规律性现象。1949年以来中国城市化的历史进程,也能深刻印证城市化对经济社会的作用。其进程可以分为两个阶段,即反城市化阶段(1949—1976)和城市化成长阶段(1978至今)。反城市化的政策和历史事件主要有:一是1958年的人民公社,严格限制了土地和人口由农村流入城市;二是20世纪50年代后实施的户口制度,从根本上禁止农民移居城市,这一制度至今还在发挥着余威;三是1961—1963年全国精简职工1800万,压缩城市人口2600万,导致1961—1965年平均每年城市人口净移率为-17.6%,出现负增长;①四是十年"文革",再度导致数千万城市知识青年上山下乡,加入农村居民的行列。这些反城市化措施,产生了有效阻止农民离开土地进入城市的经济社会效应,在城市与农村之间建立了一堵"看不见的墙",严重阻碍了城市化进程,扭曲了城市的产业生态,为未来城市化制造了更多的瓶颈。

1978年以来,城市化出现历史转折,一系列富有成效的改革措施推动了经济社会发展。国家对土地由农业用地转为非农业用途监管的放松,开发区的遍地开花,外来资本大量涌入和民间投资

---

① 高佩义:《中外城市化比较研究》,南开大学出版社2004年版,第90页。

热情喷发,有力推动了农村土地的流动,直接和间接地促进了农村人口流动,耕地大量减少则直接促使农民向城市转移。任何一个国家的经济发展逻辑是,土地投机引导资本的城市化走向,资本的导向作用则促使农业用地流入城市,并最终推动大批农民离开土地,流入城市。这样,土地投机与城市化在资本、土地和人口流动的交集点下,建立了内在的因果关系。在市场经济的条件下,三者相互推动,高速度地推进着我国城市化进程,由此而产生的大量失地农民流入城市成为产业工人就成为历史的必然。然而,城市在没有如此众多的就业岗位可以提供,如此庞大的失地农民群体的相关配套措施不能够到位的情形下,就有可能导致社会失控,产生巨大的社会震荡。为此,建立针对这些弱势群体的社会保障政策就非常必要,也只有这样才能够最终实现老有所养、病有所医、住有所居的安定祥和的奋斗目标。

第二节 国内外失地农民以及相关问题研究的进展

一、国内失地农民以及相关问题的研究

随着我国城市化进程的加快,被动城市化群体的规模日渐庞大,失地农民数量越来越多,他们给社会带来的压力越来越大。他们进入城市的过程本质上就是获得城市适应性与现代性的过程。作为最缺乏保障、最边缘化的群体,他们成为影响我国社会稳定的巨大的不稳定因素。一句话,失地农民已经成为中国当前最重大的社会问题之一。但是,辩证地看,失去土地对他们而言,本身也意味着获得了一次新的机会,让他们摆脱相对落后的农村生活环境,以此为契机迈向城市,从而开始一种新的生活状态。这个转变还需要一个过程,要循序渐进地为这部分潜在的城市居民建构一

系列完善的社会保障制度。也唯有如此,才能体现出社会主义社会的和谐发展态势。

对于失地农民这个摆在中国政府面前的大问题,已经有社会学、经济学等学科的研究人员从不同的角度进行了研究。主要取得了以下成绩:

(一)关于失地农民的规模研究和农民失地的原因和途径的研究。对于这些问题,学者们的研究已经基本取得共识。我国有近十三亿人口,其中有八亿农民,在城市化进程中,我国将有近六亿农民成为失去土地的农民,他们必须逐渐从农民转变为市民(陆福兴、杨盛海,2004)。另外,按照《全国土地利用总体规划纲要》,2000 年至 2030 年的 30 年间占用耕地将超过 5450 万亩。届时,我国的失地农民将超过 2 亿人,而将有一半以上的农民既失地又失业。2006 年 11 月 3 日,在复旦大学举行的"2006 国际城市化论坛"上,建设部副部长仇保兴表示,据估算,到 2010 年,中国将有 50% 的人口居住在城镇中,中国将正式迈入城镇化国家,到 2020 年这一数字将增长到 60% 左右,快速增长过程还将持续 30 年左右。未来若干年,还将有 5 亿农民进城。失地又失业的农民将达到 2.5 亿之多。

关于农民失地的原因。曲天娥(2004)分析说,城市化和工业化的快速发展,扩大了非农用地;各类开发园区过多过滥,侵吞了大量农民土地;土地流转中行政管理缺位与执法不严流失了一部分土地;工商企业和专业大户直接进入农业生产领域,导致农民间接失地;"圈地之风"盛行,"征而不用",造成耕地资源闲置浪费。关于失地的途径,孔祥利、王君萍、李志建(2004)指出农民失地的路径有三条:其一,利益集团(包括某些违规批地的地方政府、名目繁多的开发区以及各类娱乐项目投资商)非对称性地强占乱建失地。

（二）关于失地农民的补偿安置问题。目前，各地在实际工作中摸索出了一系列的安置方式，其中以货币安置较为普遍（耕地司，2002）。但是，货币安置过程中政府出钱进行一次性买断的"强制购买"把农民"一脚踢开"，造成农民极大的不满，所以常常要采取配套措施保障农民的生计。目前学术界主要把关注的焦点集中在补偿的公平性上，并且指出了改进征地补偿的计算方法（徐元明，2005）。

（三）关于失地农民的社会保障。对于本书讨论的为失地农民建立社会养老保险的问题，国内专家学者基本达成一致，认为现阶段应该采取"以土地换保障"的方法。但是至于养老保险的制度设计，各个专家学者又持有不同的意见。

1. 中国社科院社会政策研究中心的张时飞和唐钧（2004）提出了"以土地换保障"的政策建议，即从土地征用款中确定一定数额建立失地农民的基本养老保险制度。他们认为，土地征用款是农民失去土地后维持生计的唯一资本，政府利用这一"历史性时刻"积极引导失地农民投资于养老保障，是维护他们切身利益的重要举措。只有切实解决了失地农民的后顾之忧，才能降低企业吸纳失地农民的成本，增强失地农民的就业竞争力，从而为他们的长远发展拓宽空间，进而形成"以土地换保障，以保障促就业，以就业促发展"的良性循环。

2. 武汉大学社会保障研究中心的宋斌文和荆玮（2004）在失地农民养老保险模式方面提出，城镇"统账结合"的社会养老保险模式没有可持续性。他们倾向于给失地农民建立基本养老保险模式应是个人账户式的完全积累制，采取"政府出一点，集体补一点，个人缴一点"。其中政府出资部分不低于社会保障资金总额的30%,从土地出让金中支出,直接进入社会统筹账户以备调剂使用;集体承担部分不低于保障资金总额的40%,从土地补偿费中支出;个人负担部分从征地安置补偿费中抵交,集体与个人所缴资金进入个人账户。他们认为,对失地农民社会保险支出标准要低于城镇职工,并且从土地出让金中提取建立失地农民基本生活保障风险准备金,以应对将来支付风险。鉴于政府为失地农民建立社会保险个人账户难以一次性拿出全部资金,可借鉴我国台湾地区的做法,以向失地农民发放债券的形式支付,等以后土地有收益再分阶段向农民个人账户注入资金。同时,鼓励失地农民积极参加商业保险。

3. 中国人民大学公共管理学院的成德礼和董克用(2004)提出,吸收失地农民参加城镇养老保险。对于"农转工"人员,要按照将其农龄按一定的比例折算为工龄的办法,使农龄与工龄接轨,从而将这部分人纳入城镇养老保险体系;对于自谋职业人员,要为其开辟参加养老保险的渠道,达不到基本养老缴费年限的,允许一次性补缴,使他们与城镇职工享受同等的养老保险待遇;对于"超转"人员,要将其退休养老管理由现在的民政部纳入到城镇养老保险体系。失地农民如果由于失去了土地,在无业或失业期间不再有任何收入来源,也不再有退回农村的可能,因此政府应该尽快拓宽享受最低生活保障的范畴,将失地农民纳入城市最低生活保障制度范围,以解决失地农民的后顾之忧。

在资金来源方面,社会保障若没有基金来源就成了无源之水、无本之木。在这个问题上,主要有三种看法:第一种观点认为,土地补偿安置费以及土地转用后的增值收益是失地农民社会保障基金的主要来源。然后利用社保基金进行投资,以确保未来有足够的资金来支持失地农民的最低生活保障、养老保障、医疗保障、受教育培训和法律援助（马驰、张荣，2004）。第二种观点认为，缴纳社会保险的费用可以由以下三部分组成：政府、土地开发中增值效益、农民各出一部分（杨盛海、曹金波，2004）。第三种观点认为，社保基金可通过财政拨款、土地出让金、捐献等方式来筹集资金（张时飞，2004）。

（四）关于失地农民社会保障基金的运行机制。在基金运营的多元化投资问题上学术界的观点空前一致，因为大家都认为这样一来可以有效降低基金运营中的风险。对于失地农民社会保障的保障内容，各位学者的观点差别比较大，具体而言主要有以下几种观点：第一种，国家国土资源部有关文件指出"对失地农民的安置要以提供长期可靠的基本生活保障为核心，鼓励和支持各地探索适应社会主义市场经济要求的安置途径"（梁世盛，2004）。第二种，杨盛海、曹金波（2004）指出，政府或社会保障部门应该建立面向失地农民的特殊社会保障，按照不同年龄，设立教育、养老、医疗、最低生活保障等多种保障，凭身份证和失地证明办理。第三种，马驰、张荣（2004）指出：补偿、保障和就业是解决失地农民生存和发展的三个重要方面——补偿、保障是基础，就业是关键。第四种，梁世盛（2004）强调对失地农民的社会保障要有区别、有重点地加以实施，他认为保障涵盖养老保障、教育培训、促进就业、土地征用资金以及集体资产管理增值等方面。第五种，周志坚、周庆松（2005）提出了颇有创见的失地农民的社会保障配套措施。即提高农民土地收益分配标准；建立"低门槛进入，低标准享受"的养老保险机制，有条件的地方可以再行商业保险；留地、调地安置；就业、投资入股安置；生产资料转换安置——把单位农地转换为一定面积的厂房；大病医疗统筹。第六种，徐元明（2004）提出要针对日益增多的失地农民，建构社会保障，其目标不仅仅停留在基本生活保障上，而是要保障其实现小康。为此，他提出了要设立失地农民基本生活保障基金制度、基本养老保障制度、农民转市民、留地保障这四种方式结合的保障体系。

二、国外失地农民以及相关问题的研究

国外直接针对类似中国现阶段"失地农民"的研究较少，从相关文献看，有四个方面的研究可为借鉴。一个是集中于土地、农民与城市生活关系方向的讨论，主要涉及两个方面：一是土地之于农民的意义——土地是一种独特的财产，寄予了农民的一种特殊情感和价值。R. 莱德弗尔德强调赋予土地一种情感和神秘的价值是全世界农民特有的态度（Redfield，1956）。H. 孟德拉斯指出："农民的土地恋是文学经常重复的主题……总而言之，整个技术的、经济的、社会的、法律的和政治的系统赋予土地一种崇高的价值，使它成为一种独特的、无与伦比的财产。"（孟德拉斯，1984/1991）二是城市之于农民的意义——城市人与乡村人形成了两种不同的思维方式与生活方式，强调"大都市始终是金钱经济的地盘"（齐美尔，转自康少邦等，1986）。芝加哥学派的罗伯特·帕克认为"城市已经形成自身特有的城市心理，与乡村心理迥然不同。城市人的思维方式是因果论的，理性方式的；而农村人的思想方法则是自然主义的，幻想式的"（Park，1987）。沃思进一步将人口数量、密度与异质性称之为城市性的生活方式（Wirth，1938）。

另一个方向来自于移民研究的相关讨论。如从人类学、社会结构变迁与行为分析等视角，探讨移民迁移的动力、模式、安置政策，移民心理及其社会适应，移民社区整合和移民社会发展等问题。托马斯与茨纳涅茨基合著的《身处欧美的波兰农民》，运用报

刊和书信等资料研究了波兰农民移居美国之后转变为讲究经济理性的工人和市民的过程,认为"移民的结果是个人同家庭和社区相分离,它激发了个性的发展,削弱了初级群体的控制"(托马斯、茨纳涅茨基,1918/2000)。

第三个方面是发达国家对失地农民的安置方式研究。多数发达国家有三大共同特点:第一,在大部分国家和地区,征用农民土地一般按市场价格对失地农民进行补偿,给他们较为满意的补偿。土地征用费和土地赔偿款构成失地农民的全部补偿费用。其中土地征用费大体等于土地价值,土地赔偿款是对失地农民因土地被征用而造成的经济及其他损失的弥补。第二,将失地农民纳入社会保障体系,其内容包括:(1)失地农民的最低生活保障。最低生活保障是国民应该享有的基本权利,因此大多数国家都非常重视失地农民最低生活保障的建立。(2)失地农民的养老保障。失地农民由于文化素质较低,面临很大的失业风险。因此,失地农民养老保障制度的建立,将对社会稳定起到积极的作用。(3)失地农民的医疗保障。(4)为失地农民提供受教育和培训的机会。美国、日本等国家都非常重视教育和职业培训在社会保障中的作用,以发挥非物质性的社会保障对现代化的重要作用。从20世纪60年代开始,美国颁布了许多关于职业培训和职业教育的法令。通过职业培训,提高了劳动者素质,有利于劳动者就业,在一定程度上缓解了失业问题,也成为美国社会保障不可缺少的重要组成部分。(5)为失地农民提供法律援助。建立失地农民社会保障体系,既可使农民获得基本的生存权与发展权,又可促进社会稳定发展。

第四个方面是在制度实施方面。在英国,政府和职能部门征用土地的依据是在英格兰和威尔士实施的《强制征购土地法》,而且征地必须经过议会的批准才可以进行。而确认是否适用《强制征购土地法》的门槛是很高的。征地部门必须证明该项目是"一个令人信服的符合公众利益的案例"。在社会保障法律方面，1601年，颁布了著名的伊丽莎白《济贫法》，其最具有代表性的措施是建立"贫民习艺所"，目的是通过强迫劳动，以杜绝流浪现象。由于流民的增加，社会矛盾加剧，1834年，通过了新的《济贫法》，确立了社会保障是公民权利和政府责任的原则（史柏年，1999）。

美国的做法是，《美国联邦土地政策管理法》规定，政府有权通过买卖、交换、捐赠或征用的方式获得各种土地或土地权益。政府鼓励农民保护农业土地资源，不会轻易征用农民土地。1933年，在资本主义世界经济危机的情况下，罗斯福总统签署了《联邦紧急救济法》，它对全世界社会保障制度的形成具有重大促进作用。这一法律一开始拨出5亿美元的资金，分配到各州，作为实施紧急失业救济的资助。1933年11月，成立了"民用工程管理局"，用大大高于救济金的工资水平来鼓励失业者尽快投入工作，从而大大缓解了失业压力。

1935年，颁布《社会保障法》，为美国建立了一整套覆盖全国的社会保障计划。内容包括两大重要的保险计划：联邦养老金计划和失业保险计划，通过了老年人救助计划、盲人援助计划和无独立生活能力儿童的援助计划三大计划。

第三节　核心概念

一、失地农民

（一）英美俄等国对农民所下的定义

Peasant：农民（美国传统辞典）：（1）A member of the class constituted by small farmers and tenants , sharecroppers, and laborers on the land where they form the main labor force in agriculture；（2）A country person；a rustic；（3）An uncouth，crude，or ill— bred person；a boor。

汉语解释：（1）农民就是由小农、佃农、土地劳动力等构成的阶级中的一员，他们形成农业部门的主要劳动力。（2）乡下人；乡村人。（3）粗俗的人，粗鲁的人，或恶意的人，不懂礼貌的人。

Farmer：农民（美国传统辞典）：（1）One who works on or operates a farm；（2）One who has paid for the right to collect and retain certain revenues or profits。

汉语解释：（1）在农场工作或经营农场的人；（2）已支付金额用于收集和保留一定的收入或利润的人。

Peasant：（现代英汉综合大词典）非英语国家的自耕农或雇农。英语国家的农民常用 farmer。现代英汉词典对 farmer 的解释是：farmer 是由 farm 和 er 组成，原来是收地租的人。后来由于封建兼并，有些 farmer 的田园逐渐出手，自己种起别人的地来了，成了农夫。

美国社会学家艾弗里特·M. 罗吉斯和拉伯尔·J. 伯德格认为，农民是农产品的生产者和传统定向的乡下人，他们一般比较谦卑，大多是自给自足（虽然并非完全需要），就是说，他们生产的粮食和其他东西，大部分都是自己消费的。因此，农民和自给自足的农业生产者是一个意思。①

《现代俄汉双解词典》对农民的解释是：把耕地作为一种基本职业的人；耕地的人。

---

① ［美］埃弗里特·M. 罗吉斯、拉伯尔·J. 伯德格：《乡村社会变迁》，王晓毅译，浙江人民出版社 1988 年版，第 321 页。

（二）我国对农民下的定义

《高级汉语大词典》对农民的解释是：长期从事农业生产的劳动者。《辞海》1979年版对农民的解释是：直接从事农业生产的劳动者。封建社会的主要生产者。在资本主义社会和殖民地、半殖民地社会，主要指贫农和中农。在社会主义社会，主要指集体农民。《简明政治经济学辞典》给农民下的定义是：从事种植业的劳动者。我国理论权威报纸《人民日报》指出，按经济学原理，在物质资料生产过程中，劳动者从事的劳动对象构成了其从事职业和所处社会阶层的本质特征和主要标志。据此，可以认为农民是指直接从事农业生产的劳动者，而市民则是指长期或固定生活在城（包括镇）里，以非农产业为劳动对象的居民或劳动者。

（三）本书对农民和失地农民的定义

东西方国家对农民所下的定义尽管表述上有些不同，但是本质是相同的，那就是指从事农业生产的劳动者。符合农民必须具备两个标准：一是工作地点在农村；二是从事农业生产。农民的基本定位——首先是一种身份，以户口管理为特征的，是农村户口；其次一种职业，根据1987年商务印书馆出版的《新华字典》第334页上的解释，即从事种庄稼为业的农民。显然这个判断已经不符合中国农村的实际。本书研究的农民是指具有农村户籍的从事种植、养殖业的劳动者。目前农民这个阶级已经分化为农业劳动者阶层、农民工阶层、农村知识分子和管理人员阶层、农村非公有制经济人士阶层。

本书研究的失地农民就是指以上这些阶层的农民失去土地，而不是单纯指从事农业生产的劳动者。由于农村知识分子和管理人员阶层、农村非公有制经济人士阶层的农民已经与土地没有太大的联系，再加上这些阶层的农民已经基本上进入了我国的上层社会领域,他们的社会保障问题已基本得到解决,因此,这里着重研究的是农业劳动者阶层的农民社会保障问题。

作为失地农民,绝大多数居住在大中城市郊区,少数可能还是居住在农村,但是已无地可耕,也就不符合从事农业生产这个条件,因而已经不具有农民的实质意义了。从居住地和户口这两个条件来看,绝大多数失地农民已经是"城市人"了。这一部分"都市群体"一般是因为城市化、工业化的发展而产生的,其人数众多,面临着身份转换后的工作就业、学习生活、养老医疗等各种问题,这些问题是本书所关注的内容。

二、征地

本书的征地是指以国家和地方政府的法律、行政法规、行政规章等为依据,征收农村集体所有的土地。关于征地的性质到底属于行政征收还是行政征用,在本书作者看来,只能是行政征收。其详细观点将在后文中阐述。

三、社会保障

社会保障的概念具有相对"固定的、通行的含义"。许多学者从各个不同的角度对它进行了解释。在众多的解释中,国际劳工组织的定义最具有权威性。1984年,国际劳工局在《社会保障导言》中对社会保障的定义是:"社会保障即通过一系列的公共措施对其成员提供的保护,以防止他们由于疾病、妊娠、工伤、失业、残疾、老年以及死亡而导致收入中断或者大大降低而遭受经济和社会困境,对社会成员提供的医疗照顾,以及对有儿童的家庭提供的补贴。"美国《社会保障法》的定义:根据社会保障法制定的社会保险计划,对于年老、长期残废、死亡和失业而失掉工资收入者提供保障;同时对老年和残废期间的医疗费用提供保障。老年、遗属、残废和健康保险计划对受保险的退休者或残废者和他们的家属以及受保险者的遗属,按月提供现金保险待遇。

联合国《人权宣言》的定义:每个人都有权使本人及其家庭达到生活康乐,这不仅包括有权得到食品、衣着、住宅、医疗和其他社会基本服务,而且包括遇到失业、生病、残疾、丧偶、年老或由于非本人所能控制的其他原因而带来生活困难时,有权获得社会保障。

综上所述,我们认为:社会保障是以立法形式确定的、由国家(政府)主办并承担责任、通过国民收入再分配方式、为全体社会成员在其暂时或永久失去劳动能力以及其他原因造成其生活发生困难时给予物质帮助以保障其基本生活的社会行为及其机制、制度的总称。

四、社会保险

社会保险(Social Insurance)是以国家为主体,在劳动者暂时或永久丧失劳动能力的情况下,通过立法手段,运用社会力量,对他们的收入损失给予一定程度补偿的一种社会保障制度。它是社会保障体系中最基本、最主要的组成部分。社会保险一般包括养老保险、失业保险、医疗保险、工伤保险、生育保险、遗属保险等六个项目。

社会保险作为一种特殊的强制性保险,是在商业性保险的基础上产生的。由于社会保险具有部分社会福利性质,所以,有的国家称社会保险为社会福利保险。在我国计划经济条件下,习惯上叫劳动保险。在这里,社会保险就其含义而言,除了具有商业性保险的某些特征(如社会经济互助性质,风险预警、规避与管理,保险关系的实质与当事人之间权利与义务的关系等)以外,还反映出社会保险多由政府举办,并且具有强制性或者准强制性和安全性的特点。国际劳工局强调要把社会保险作为社会保障的主要形式,西方国家常常把"社会保险"和"社会保障"作为同义词使用,或者在一般意义上这两个概念经常互换。所以,社会保险在社会保护政策中处于核心地位,同样,社会保障也在社会保护政策中具有举足轻重的作用。社会保险制度的出现,在社会保护领域意义重大,它是现代社会保障制度产生的标志,使社会保障进程产生了"质的飞跃"。正因为如此,国际劳工组织才如此高度评价它——在社会政治历史上,没有什么事情比社会保险更能够急剧地改变普通人们的生活了。

第四节　研究对象与研究方法

一、研究对象的界定

本项研究的调查对象是重庆市的失地农民。实际上,我国城市征地运动从 20 世纪 80 年代就开始了,按照当时的政策,安置了工作的失地农民被称为"农转工"人员,没有安排工作的被称为"农转居"人员。此外,由于城乡分治,"农转非"也产生了一些失地农民,但并非城市化的直接后果,不在本项研究之内。因此,我们的研究对象主要指近年来的失地农民,在城市化的背景下产生,一般具备以下特征:(1)失去土地;(2)失地由城市化、工业化引起,并非其他原因,如自然灾害;(3)被动城市化,土地是被政府征收,并非自己流转;(4)城市定居,应该具备城市户口。

在重庆,失地农民还有因为三峡水库的修建而产生的失地农民,一般我们把这些农民称为三峡移民,使之与因为城市扩张而产生的失地农民相区别。这也是重庆失地农民的一大特色,同样,这些失地农民的生存、就业等社会保障问题与前者一样严峻。所以,本书在探讨失地农民社会保障的问题也会涉及。

二、研究对象的选择

中华人民共和国成立以来,随着建设速度的加快,城市不断地征收农民的土地以满足其规模不断扩大的需要,与此相关,对这一部分失去土地的农民,作为交换,长期以来主要是将其转为城市居民,并为其安排工作。这些工作大多数是福利待遇相对比较低的集体或者私有企业,并且因为这些人员缺乏必要的技术,因而工种也不理想。但是在计划经济体制下,这些失地农民转换为城市居民,对于其个人以及家庭的意义都是重大的,因为这不仅意味着失地农民个人成为工人阶级的一员,而且其整个家庭也由农村家庭转变为城市家庭,可以成为城里人了。在改革开放以前,能够成为城里人是非常光荣的事情,它意味着工作、生活等都有国家保障。

本书研究的主要是1992年以来,重庆市城市化、工业化加快,城市功能被放大,大规模地征地扩张而产生的失地农民。重点选择高新区、九龙坡区作为研究的基点。这些农民数量众多,政府不可能再采取传统的方式把他们的工作生活都"包"下来,于是就出现了种田无地、工作无份、生活无着的困难群体。这些群体就成为本书研究的对象。

三、研究方法

对失地农民的研究要遵循一定的方法论原则,这包括:从中国国情出发的原则、"三个有利于"原则、发展创新原则、尊重和正确运用土地资源配置规律原则、公平公正原则、弱势群体保护原则等。

由于社会保障问题是一个介乎于经济、法律和社会问题之间的混合体,是任何一个社会安定和巩固的基础所在。因此,本课题在研究时,就必须坚持以马克思主义、邓小平理论和"三个代表"重要思想为指导,全面贯彻落实科学发展观,紧紧围绕全面建设小康社会的奋斗目标,坚定不移地走中国特色社会主义道路,依托和借鉴西方新制度经济学的交易成本、产权的基本理论、现代物权法学的基本理论、社会学、社会保障学、公共管理学以及其他学科的一些研究方法,作为自己的基本研究方法。其主要研究方法有:

(一)法律分析方法

农民的土地权益和社会保障制度安排,既是经济学的研究范畴,也是公共管理学研究的重要内容,但是,要揭示其本质特征,必须借助于法律分析方法。在众多法律分析研究方法中,实证分析方法尤其重要。实证分析是按照一定程序性的规范进行经验研究、量化分析的研究方法。作为一种研究方法,实证分析由三个基本要素构成:程序、经验、量化。从发现并提出问题,到建立理论,到实地观察、调查、收集资料,再到整理、统计、分析资料,最后解释分析结果,得出研究结论,实证分析由相互联系的若干步骤构成一个完整的过程。从某种意义上说,实证分析就是经验研究,而非纯理论研究。经验研究具有以下特征:首先,经验研究强调对研究对象的客观观察和实地感受,强调感性知识的认识论意义,反对动辄探求事物的本质。迪尔凯姆曾说过:"科学要想成为客观的,其出发点就不应该是非科学地形成的概念,而应该是感觉。科学在最初所下的一些定义,应当直接取材于感性资料。"①

---

① [法]E.迪尔凯姆:《社会学方法的准则》,狄玉明译,商务印书馆1995年版,第62页。

（二）经济社会学分析方法

农民就业保障问题的研究离不开社会经济学方法。一方面，从某种意义上说社会保障的发展史就是一部工业化、城市化的发展历史。社会保障任何一个领域的产生和发展都是经济工业化在社会生活中的具体反映，社会保障的覆盖率也取决于一国的经济发展水平。因此研究农民就业保障问题必须采用经济学分析方法。另一方面，农民就业保障研究具有社会学特征，其中的社会调查和保险精算等方法的建立和完善，为社会保障的全面发展提供了不可或缺的技术手段。所以，农民就业保障的发展同样离不开社会学理论和社会学方法。失地农民就业保障体系的研究不论其研究内容还是研究方法，都体现了经济学和社会学两大学科对这一领域的不断渗透。

（三）比较借鉴的方法

社会保障制度建立和发展的历程使我们清楚地看到，从早期工业化国家英国 1601 年的伊丽莎白的《济贫法》开始（相对于1834 年颁布的新《济贫法》而言，亦称旧《济贫法》），经过几百年的发展，已经形成了比较完整的社会保障体系。由于它对发展经济稳定社会的重要作用，当今世界上所有现代化国家都把实施和完善社会保障制度作为自己的一项基本国策。尤其是过去半个世纪，国外这个领域里的研究已比较成熟，资料和成果也很丰富，名家名著流派层出不穷。与许多国家比较起来，我国理论界在社会保障方面的研究历史还不长，积累还不够。因此，有必要学习比较和借鉴别国的经验教训，以构建具有中国特色的失地农民就业保障体系。

（四）跨学科研究方法

跨学科研究失地农民问题，侧重于关注经济学与社会学、社会心理学、历史学、文化人类学等学科的内在关联和融合,从学科整合的角度,从古今融会、中外融会的角度研究失地农民的产生机理与社会保障运行机制的内在制约因素,研究其众多经济行为的潜在制约因素。我们将通过跨学科结合角度,综合运用经济、社会、人口、历史、文化等学科知识,对失地农民社会保障的制度、文化、家庭基础等方面进行研究,揭示失地农民社会保障的核心——养老保障制度是一种非常复杂的制度安排,而不是单纯的技术机制,提出必须重视失地农民养老保障的制度创新,而不是对国外模式的简单"移植"的观点,认为通过多学科的知识结构和研究方法的综合运用,才能够达到更好地揭示失地农民养老保障制度建设的内在规律。

哲学社会科学发展的历史表明,跨学科研究的方法论优势,必将为更多的学派和学者所重视。这也是制度分析方法所倡导的重要内容,这种跨学科研究方法将成为 21 世纪社会科学研究中非常引人入胜的研究方法。

第五节 研究过程中的理论创新和存在的问题

本书的主要创新在于通过以重庆市改革开放以来处理农民与土地关系的演变的规律性认识为基础,提出解决整个西部经济欠发达地区失地农民问题的一整套政策性框架。在一些具体问题的分析中,也提出了一些比较有价值的观点。

一、失地农民是工业化、城市化建设中的必然现象

英国的"圈地运动"对农民采取了强制剥夺其土地的野蛮残酷手段,马克思在研究资本主义历史时,曾经指出,资本来到世间,

从头到脚,每个毛孔都滴着血和肮脏的东西,这种剥夺的历史是用血和火的文字载入人类编年史的。但是,它客观上却大大促进了工业革命的完成和农民向产业工人的转变。对此,马克思也是充分肯定了它的巨大促进作用。他指出:农民遭受强制剥夺,从土地上被驱逐出来,残留一部分则转化为"被游离出来的人",就在工厂为工资而从事劳动。一部分农民所受的剥夺和驱逐又不仅在游离劳动者的同时,也为工业资本"游离"出了他们的生活资料和劳动资料,它还创造了国内市场,从而为资本主义生产方式取得了所必要的广阔范围和巩固性。① 从马克思对"圈地运动"的评价,以及世界各国历史发展的事实,可以说明"圈地"是世界上所有国家工业化、城市化的必由之路。无论哪个国家要实现工业化和城市化,都离不开发展大工业,离不开土地农转非和人口农转非。从推动社会生产力发展来看,通过对土地资源进行重组和开发,是历史进步的必然选择。英国的历史已经证明了这一点,美国、法国、德国等先后走上资本主义发展道路的历史也证明了这一点。因此,无论是小国还是大国,无论其社会制度如何,要走上现代化,都必须经历土地和人力资源重新配置的过程。但是,时代不同了,我们国家的经济基础和社会制度决定了没有必要学习资本主义国家以野蛮暴力的方式强制剥夺农民土地的方法,而是必须充分考虑失地农民的合法权益不受非法侵犯,各地出现的强制拆迁的做法显然是非常危险的。我们要认真研究失地农民的未来出路,确保其生计可持续,绝对不能让失地农民因为生活所迫而自杀,或者不惜铤而走险,走上抢劫、盗窃等犯罪道路,影响社会稳定。

---

① 马克思:《资本论》第一卷,人民出版社 1975 年版,第810—825 页。

二、明确农民的土地财产所有权,是保障失地农民利益的核心

中国几千年来农民的梦想就是能够拥有属于自己的土地,回顾中国历史上的所有农民起义,平均地权对农民的吸引力超乎一般的强大。而历史也表明,土地与劳动者之间结合程度的紧密与否也决定了土地的利用效率。当土地政策赋予农民以比较完整的权利的时候,往往是农民安居乐业,勤于劳作,合理而又充分地利用土地的时候,反之,当土地与劳动者之间的关系变得疏远的时候,耕者无地,而有地者无心耕作的时候,也往往是社会动荡、土地荒芜的时候。然而我国《宪法》、《物权法》、《民法通则》、《土地管理法》、《农村土地承包法》等无一例外地规定农村土地属于农村集体所有,而什么人才能够真正代表农民集体?法律一直没有明确规定,其结果挫伤了农民的劳动积极性,对土地的权利归属感到陌生。我们认为应当突破旧的思维方式,打破不符合经济发展规律的法律成规,通过立法明确农民的土地所有权。

三、健全土地征收补偿制度,确立充分、及时、有效的补偿机制

土地是农民工作和生活的重要场所和生存基础。拥有土地是农民与社会其他人群相区别的一个重要特征,也是农村家庭的核心秉性。由于农民拥有稳定的土地使用权,来自于土地的收入成为农民最基本最可靠的收入来源,是家庭保障最基本的经济基础,也是农民最后的一道生活安全保障。

土地对农民的社会保障功能可归纳为以下 6 个方面:第一,土地为农民提供基本的生活保障;第二,土地为农民提供就业机会;

第三,为农民的后代提供土地继承权;第四,土地对农民有资产的增值功效;第五,土地对农民有直接收益功效;第六,免得重新获取时掏出大笔费用的效用。

在城乡分割的二元政策下,土地是国家赋予农民社会保障的载体,然而在城市化进程中,由于征地权的滥用(主要是没有严格区分公共利益和非公共利益),以及没有妥善处理失地农民的安置问题等,导致失地农民既丧失了拥有土地所带来的社会保障权利(丧失了土地对农民的6个社会保障效用),同时又无法享受与城市居民同等的社会保障权利,使得失地农民成为既有别于一般农民,又不同于城市居民的边缘群体——弱势群体,失地农民面临着极大的社会风险。以重庆市为例,由于主城区集中在300平方公里的渝中区、沙坪坝区等几个人口非常密集的老城区,而外来人口急剧增加,城市功能迅速扩大,城市规模也相应迅速膨胀,几年征用土地的数量也比较大。以九龙坡区华岩镇为例,最近几年征地1万多亩,农业用地几乎没有了,工业化达到90%以上,数万农民摇身一变成了城市居民,这些农民大多数因为缺乏生存技术和社会保障制度而被城市边缘化。

农民因征地而失去土地的社会保障权利后,尽管国家按《土地管理法》给予了征地安置补偿费,然而现行的补偿标准过低,且大都采用单一的货币安置方式,而对失地农民的居住安顿、重新就业、生活观念和生活习惯转变等问题,却未给予考虑,现行的土地征收制度也没有考虑土地用途转变后土地价值增加所带来的收益。从公平角度看,理应由国家建立公平、公开的土地征收程序机制,完善现行的土地补偿制度,给予失地农民"充分、及时、有效"的土地补偿。

四、建立失地农民社会保障制度体系是解决失地农民问题的根本

马克思对英国"圈地运动"导致失地农民沦落为乞丐、盗匪的现象早有批判。他说,在这些人中,一部分人是习性所致,而最大多数人是由于环境的逼迫。因此,当前,在我国努力推进工业化、城市化的过程中,一定要高度重视失地农民的合理要求,努力防止由于社会环境的逼迫而使失地农民转化为乞丐、盗匪和流浪者。这就需要加强社会保障工作。

社会保障制度源于社会化大生产,同时又服务于社会化大生产和经济发展,它是一个国家或地区为改善和提高成员的物质和精神生活水平而提供的社会服务及其措施,是社会文明和进步的重要标志。长期以来,我国城市实行的是高补贴、高就业的社会保障制度,即有了城市户口就可享有就业机会及养老、医疗等一系列社会保险与粮食、副食品、住房等补贴。而农村实行的是以群众互助和国家救济为主体的社会保障制度,其社会保障水平明显低于城市。改革开放后,我国农村开始实行家庭联产承包责任制,在土地福利性均分的原则下,把土地作为保障农民基本生活需要的主要手段,并通过土地政策努力协调公平与效率的关系。土地的福利绩效足以抵消其效率损失,从而为家庭经济的发展及其保障功能奠定了基础,为农民的土地保障和家庭保障提供了制度安排。

然而,在城市化进程中,农村集体土地将大量被征收,大量农民成为失地农民,并且将生活在相对陌生的城市里。要由农村意识转化为城市意识,由农民的生活、生产方式和行为转化为市民的生活、生产方式和行为,需要一个较长的磨合期和适应期。在这一期间,失地农民由于对城市生活的不适应,大都会表现出对生活前景的彷徨、焦虑,甚至失去信心。同时,由于农民失去了土地这一

生产资料,解决今后的生存、发展问题将成为矛盾的焦点,其结果必然会影响到社会的安定和发展。为此,建立失地农民社会保障体系,既可使他们获得基本的生存权与发展权,又可促进社会稳定发展。

在建立失地农民社会保障体系中,首先需要做好的是社会养老保险,它是社会保障的核心所在。其资金来源应当从土地出让所产生的收益中提取。我们应当认识到:农民失去赖以生存的土地,对城市的发展作出了巨大的贡献和牺牲。城市的发展就是为了让更多的进城农民享受到现代文明的成果,我们要树立这样的思想,城市发展是为了人、发展依靠人、发展适应人、发展体现人、发展塑造人、发展的成果由人民共享。这样的理念应当成为执政党进行征地拆迁、补偿安置与社会保障工作的指针。

五、失地农民社会救助制度是切实保护基本需要的最后屏障

社会救助是由国家和社会按照法定的程序和标准,向由于各种(自然的、社会的、个人的)原因导致基本物质生活陷入困境、自己无力维持最低生活水平的人,提供各种形式援助的一种社会保障制度。

社会救助制度是政府行为,是一种由政府运作的最基本的再分配或转移支付制度,其责任和义务应由法律加以确认。我国宪法第四十五条明确规定:"中华人民共和国公民在年老、疾病或者丧失劳动能力的情况下,有从国家和社会获得物质帮助的权利。"因此,社会救助是一个国家社会保障体系的重要组成部分,也是社会保障体系的基础之一。

加强社会救助体系建设,提高人民群众物质文化生活水平,是我国政府保证人权的重要措施和社会主义的本质要求,也是发展

生产力和建设先进文化的必然归宿。只有加快城乡社会救助体系
建设，真正做到想困难群众之所想，急困难群众之所急，供困难群
众之所需，才能从制度上保证达到人民群众老有所养，病有所医，
业有所就，失有所补，弱有所助和安居乐业的目标。这不仅是我们
党和政府时刻关心群众疾苦的具体体现，更是实现共同富裕、社会
和谐目标的重要手段。

最低生活保障制度是社会救助的重要内容，它是解决贫困人
口生活问题的重要制度设计和制度保证，是我国社会保障体系中
的最后一道"安全网"。失地农民作为一个社会弱势群体，其最低
的生活保障权利往往被国家以各种名义所剥夺，如1999年，国务
院颁布的《城市居民最低生活保障条例》，其适用的范围就仅仅限
于城市居民，而将广大农民排除在保障范围之外。失地农民既有
别于农民，又不同于城市居民，成为一个边缘群体。他们既不享有
土地的保障，也不享有同城市居民一样的社会保障。最低生活保
障是国民应该享有的基本权利，因此必须重视失地农民最低生活
保障的建立。

没有统一的立法作指导，贫困群体的社会救助缺乏统一、规范
的救助依据，救助内容的设定具有相当的随意性，整个社会救助制
度基本上依靠政府有关职能部门的通知、决定等实施，从而导致实
施过程中的违法违规现象屡见不鲜。

尽管存在上述问题，但随着中国经济的发展变化，我国在社会
救助方面的改革实验仍在悄然进行着，并取得了一定的效果，已积
累了大量的经验，具备了进行社会救助立法的基础，我们应该及时
把这些经验和制度加以总结，抽象出一般规律，再由立法机关将其
上升为具有普遍约束力的法律，从而加速社会救助工作的法制化
进程。我们认为，应当尽快制定《社会救助法》和《慈善法》，以规

范和鼓励社会救助、社会慈善捐赠行为,通过税收等措施,大力弘扬人道主义精神,采取多种措施,创造良好的社会救助与慈善的法律环境,努力提高救助和慈善的社会效果。

六、政府应当主动承担失地农民的社会保障责任

"重庆模式"虽然已经取得了一定的成绩,但是让商业保险公司来承担本来属于政府的社会公共管理职责,与当前我们所倡导的企业改革精神背道而驰,形成新的政企不分,混淆经济组织与行政机构的职能和职责。现行的"重庆模式"实质上是商业养老保险,政府应当在解决失地农民问题方面,采取更加积极主动的态度,应当真正按照"执政为民"、"以人为本"的理念去关心失地农民的疾苦,妥善解决他们在就业、医疗、养老、子女教育、住房等方面的基本需求,真正彻底地改变现有的制度性排斥与体制性消纳的现状,建立完善的覆盖养老、医疗、工伤、就业、教育等内容的社会保障管理制度,通过健全的法律制度、完备而严格科学的监督管理制度,确保失地农民真正享受到城市文明和制度文明的成果。

社会保障是一种由政府提供给人们消费的物品,这种物品既具有私人物品的性质,又具有公共物品的性质。对具体某人来讲,政府提供给他最低生活需要,解决了后顾之忧;对整个社会来讲,由于政府提供社会保障使社会安定,为经济发展提供良好的外部环境。可以说,社会保障是介于私人物品和公共物品之间的物品,具有双重性质。如果从社会保障的管理机关、组织运行、资金来源、发放对象的确定、待遇水平等方面来看,这种物品更具有公共产品的色彩,如果完全由私人、企业或社会团体来经营,其效率就会受损,只有政府承担这种经营,才能取得更高的效率。通过政府介入社会保障,能减少在筹集资金和支付资金过程中的成本、费

用,因为政府可以通过法律、法规形式对筹集资金的对象、依据、标准、方式等给予强制性规定,这些规定使社会保障基金筹集能按规定的对象、依据、标准足额征收,减少征收中的非正常成本、费用,减少基金收入不足现象;同时对基金的支付能按规定的对象、依据、标准支付,减少基金支付中的损失,避免企业、社会团体、慈善机构等多头举办社会保障而引起机构设置重叠、经营管理人员增加而使成本、费用增加。

当然,社会保障制度不是万能的,国家的作用也是有限的。对于失地农民提供社会保障,国家不是大包大揽而是提供"底线"的,不是主导的而是引导的,不是高福利"普救式"的,而是补充式的。我们应当明确,由于我国庞大的人口压力和经济发展的地区差异,几代人都无法复制瑞典等国家实施的"普救式"人民福利,那么,我们就不唱高调,不能够预支政府的"承诺",而是逐步建立与其历史阶段相适宜的福利制度。

七、加强失地农民的职业教育培训,提高劳动者素质

"就业是最好的社会保障"。失地农民具有牵涉部门广(农业、林业、教育、财政等),涉及人数多(据有关资料统计,每年全国新增失地农民百万以上,重庆每年增加 20 万以上),专业覆盖宽,培训内容技能性强,自身素质参差不齐、技能层次基础不一等特殊性,给职业教育带来了严峻的挑战。如果仅仅依靠职业学校或培训机构这些单一的主体,就不能满足失地农民就业转移的需求。因此,无论从教育经费投入主体,还是从教育培训的主体或就业安置的主体来说,均需要政府的强力支撑。从职业教育投入来说,应建立政府投入为主渠道的政府主导投入机制。从职业教育培训机制来说,应动员全社会的力量,整合农、科、教等部门的资源,实行

农科教结合,产学研结合,充分发挥农业、科技部门的人才优势,教育部门的基地优势。在重庆,应当充分发挥普通高校举办的职业教育学院的资源优势,让失地农民走进大学校园,接受系统的职业教育,确保教育质量。

八、大力发展非公有制经济,增加就业渠道

尽管重庆市非公有制经济发展迅速,但与北京、上海等经济发达地区相比,仍然显得落后。同时,重庆市非公有制经济总量比较小,其发展仍然受到许多因素的制约。一是体制性障碍没有得到彻底清除,例如市场准入、政府行政管理等问题还没有得到根本解决。二是政府扶持和鼓励非公有制经济发展的政策落实不够,尽管国务院、地方政府出台了一系列扶持和鼓励的政策,但是在执行过程中很多政策不能够兑现。三是非公有制经济自身素质有待提高,许多企业在法人治理结构、产品结构、技术水平、员工素质等方面难以适应市场竞争的要求。四是非公有制经济仍然普遍存在融资困难,融资手段单一,对银行贷款的依赖度过高。

为了促进非公有制经济发展,增加就业渠道,我们必须努力为他们发展创造良好的环境。一是要提高政府运行的总体水平,逐步建立起政务公开、管理科学、运行高效、权责统一的法治、服务、责任、效能政府。二是进一步落实党中央、国务院关于大力发展非公有制经济的若干政策和措施,在税收、银行信贷、融资渠道、投资领域等方面切实做到与其他国有企业、三资企业一视同仁,积极营造公平竞争的市场环境。三是当前要贯彻好国务院《关于鼓励支持和引导个体私营等非公有制经济发展的若干意见》所规定的各项政策,进一步明确非公有制经济在进入垄断行业、社会事业、公用事业、基础设施等领域的程度、参股比例、介入方式、审批环节等

等细节。四是认真建立和畅通非公有制经济企业的利益表达渠道,包括信访制度、听证会制度、市长信箱等,建立行政服务责任追究制度,完善政府的回应机制。

九、加强职工劳动安全环境建设,确保工伤赔偿的规范化、标准化,提高赔偿标准,保证工伤职工的基本权益

就业机会是维持生命和满足个人基本需求的基本手段,是对个人选择、家庭幸福和社会稳定至关重要的因素。因此,越是在经济和科技快速发展时越是要注意积极发展与劳动密集型相关的产业和中小企业,以创造更多的就业机会。而进一步完善社会保障制度则是确保个人最低生活和维护社会稳定的根本保证。中国现阶段研究实施体面工作战略的优先重点,就是要大力拓展就业领域,积极发展城市基础设施的建设,加强新农村建设,尤其是要大力发展西部地区乡村道路、教室、卫生诊所、灌溉系统和供水管线等基础设施。在重庆就是要大力发展库区产业,重点引进一批高附加值、无污染的环保产业、劳动密集型产业。这就意味着更有可能采用以当地资源为基础的战略并在当地招聘劳动力,促进劳动力在本地就业。当然,在工程承包合同、劳动合同中要明确引入包括最低工资、非歧视、禁止使用童工和强迫劳动、安全与卫生及工伤保险在内的劳工标准条款。通过采取这些积极的劳动力就业市场政策,鼓励劳动者采取灵活多样的方式就业,大力发展服务业等劳动密集型产业,进一步完善社会保障制度。

目前,我国的重点是认真贯彻《劳动合同法》、《就业促进法》等劳动保障法律规范,切实规范企业用工行为,减少和消除广泛存在的就业歧视行为,促进就业和减少不平等及贫困,特别重点关注促进、支持和保护农村剩余劳动力、失地农民等弱势群体向城市地区转移过程中的劳动就业权益,例如彻底解决工资拖欠问题等;改善劳资关系、争议处理、劳动法的强制执行和三方机制,促进全球契约和企业社会责任(CSR),提高生产率和改进对国际劳工标准的实施,以此改善他们社区的可持续生计机会。

不足和有待改进之处

失地农民的社会保障问题涉及养老、医疗、失业等多面内容。因篇幅限制,本书主要只是对失地农民的社会养老保障问题进行研究,缺乏和其他保障的系统联系性分析。

由于数据的分散性和时效性,未能以某一特定案例作一整套系统的实例和实证分析研究。

第二章 失地农民社会保障的
理论基础

第一节 失地农民社会保障体系的理论基础

一、失地农民社会保障体系的含义

失地农民社会保障体系,不是单指某一方面的保障,而是全方位的保障。其含义是指社会或国家为了保证失地农民的生存和就业安全通过立法实施的一种公共计划。它是生产力发展到一定水平的特定历史阶段的产物。从理论上讲,社会保障的对象应该是全体社会成员,因而应该在全社会范围内建立统一的社会保障制度。

但是在我国社会主义发展的初级阶段,二元经济结构将长期存在。客观存在的城乡差别、工农差别事实上把我国分为城乡两块。尽管随着社会主义市场经济的发展,城乡经济发展水平、社会生活水平的差距将逐步缩小,但在目前及今后相当长的一段时间,城市与农村在生产生活方式方面存在的巨大差异难以消除,我国的社会保障也就不能不分为城市居民(市民)和农村居民(农民)两个部分。二者虽然互相影响、互相制约,共同构成我国完整的社会保障体系,但是毕竟在形式、内容、结构及运行机制等方面存在明显区别,这就产生了农民社会保障这一特定的范畴。农民社会保障体系主要由基本生存权利保障、劳动权利保障、教育培训保障、社会养老和医疗保障以及住房权益保障等内容组成。社会保障是社会化大生产的必然产物,一旦进入公共政策领域,就必须有理念的定位,也就是我们通常所说的政策指导思想的问题,即建立健全社会保障的理论基础。

二、社会保障的理论渊源

(一)大同社会论

社会保障作为一种制度出现,是近百年的事情,它是经济和社会发展到一定阶段的产物。但社会保障的思想渊源却很早,在我国可以追溯到两千多年以前的舜时期。当时的帝舜在与自己的大臣皋陶讨论政务时就提出要慎身和注意安民的问题。此后,经过漫长的历史发展,逐渐形成了对后世颇有影响的大同社会论的思想。它与中国历史上的社会保障实践的发展密切相关,从而与现代中国的社会保障理论有着直接的渊源关系。大同社会论产生于公元前500多年前,可以说是中国的乌托邦思想。在春秋战国时期的《礼记·礼运篇》中记载了中国思想家孔子提出的大同世界的设想,即"大道之行也,天下为公。选贤与能,讲信修睦。故不独亲其亲,不独子其子。使老有所终,壮有所用,幼有所长,鳏寡孤独废疾者皆有所养,是谓大同"。这段话包含三层意思:一是大同社会在政治上主张社会民主,选贤任能;二是在经济上主张社会财富归全体人民共同享有,生活上实行社会统筹,各得其所;三是在生产方面人人尽自己的努力去劳动,所有的社会成员均有生活保障等。可见,孔子提出的大同社会论的核心内容既涉及社会制度,更包含了丰富的社会保障思想。在汉代以后的封建社会里,大同社会思想在很多著作中都有了进一步发展。如东晋时期的《抱朴子》一书，描绘出一幅无阶级无君臣无压迫的社会；在同时期的《桃花源记》一书中，作者陶渊明描述了一个大家共同劳动、安居乐业的世外桃源；到了宋代，康与之在他的《昨梦录》中也描绘了一个人人平等、按需分配的理想社会；后来的洪秀全非常崇尚孔子的大同社会理想，创立了太平天国等等。进入了近代社会后，康有为于1902年完成了《大同书》，集古今中外关于未来理想社会的思想精髓，把中国传统的大同思想推向一个更高的层次。他通过对现有社会的"破"和对未来社会的"立"，设想出一个充满痛苦的世界和一个充满极乐的世界。同时，他还重笔描绘了有关教育与医疗福利养老院以及社会公益事业的经费来源等。在这些设想中无疑包含了社会保障的理念。孙中山是中国传统的大同社会思想的又一继承者，他结合中国的具体国情，提出了民生主义的"平均地权"和"节制资本"两大纲领，主张兴办公立教育事业，保障完全就业，实行全民公费医疗，并设立公共养老院，收养老人。综上所述，大同社会论是中国儒家思想的重要组成部分，它的产生与发展确实是中华民族关于未来理想社会的思想结晶，吸引了无数仁人志士为之奋斗，在某种意义上推动着社会保障事业的发展。虽然它是空想主义，存在着历史局限性，但是却与中国现代社会保障理论的产生和发展有着不可割舍的深厚的渊源。

（二）空想社会主义理论

首先被公认的代表性人物无疑是古希腊的柏拉图。柏拉图在学说上从师于大思想家苏格拉底，最具代表性的著作是《理想国》。在书中，柏拉图描述了一个理想的社会。讨论的问题涉及节育优生学、婚姻与独身、家庭解体、民主、道德、教育（包括托儿所、幼儿园、小学、中学、大学等）以及男女平等等问题，堪称一部综合性著作。他反对私有制,强调分工与互助,追求共产制度与财产公有,主张确立公正原则,消除暴力与贫困对立,以及平等和社会秩序和谐等,这些思想对后来的空想社会主义有着重大影响。

　　西方的空想社会主义理论对理想社会的描述实际上构成了社会保障的理论渊源,现代社会保障制度安排在某种程度上即实践着空想社会主义理论的某些主张和见解。从16世纪开始,西方空想社会主义思潮对后来的社会保障产生了重要的影响。社会保障的宗旨在于维护社会稳定,追求人道与社会公平,促进社会成员的协调发展。进入近代社会后,资本原始积累和对外殖民掠夺及由此而带来的诸种社会问题,促使空想社会主义得以产生和发展。15—17世纪英国的托马斯·莫尔的《乌托邦》,意大利康帕内拉的《太阳城》,德国闵采尔的《千年王国》,以及后来的圣西门、傅立叶、欧文等,继承了人道主义思想,在批判资本主义的同时,对未来社会提出了积极的设想。他们的空想社会主义思想,充满了社会福利的思想。托马斯·莫尔(1478—1535),欧洲文艺复兴时期英国杰出的人文主义者、政治家和社会活动家,空想社会主义的创始人。《乌托邦》是他的代表作。在这本书中,他批判了当时的英国社会,指责私有制是万恶之源,并描绘了一个没有剥削、财产公有、分配公平的理想社会。乌托邦的最大特点就是在政治上实行民主制,在经济上实行公有制,社会结构是城乡一体化,精神上是高尚文明,分配方面则是按需分配,其内容涉及社会制度乃至人民健康等诸方面,并号召人人相互帮助,以人道主义的名义尽量减轻别人的贫穷和困苦,照顾到别人的康乐和幸福。这种思想成为现代社会保障学的重要思想来源之一,并在社会主义思想史上占有重要的地位。康帕内拉(约1568—1639)在《太阳城》一本书中描绘了一个政治民主、一切生产资料与生活资料归全民所有、由全社会有计划地组织生产与消费、没有贫富对立、实行按需分配的社会；在太阳城内，三大差别都已经消灭，每个人的基本需要都能够得到保障，社会成员之间有着很密切的互助关系等等。摩莱里是18世纪法国空想社会主义者、哲学家和社会学先驱。1755年他写成了《自然法典》一书。在这本书中他用理性原则来论证未来社会，并用法律条文的形式提出了未来社会的三项基本原则：一是财产公有，除了直接用于消费和生产的东西外，一切不得私有；二是人人有工作，人人依靠社会供养；三是每个公民都要依其能力和条件来促进公益的增长。

可见，上述原则已经包括了社会保障的普遍意义和社会保障的权利与义务关系等内容。进入19世纪后，法国的圣西门、傅立叶和英国的欧文被称为最有影响的空想社会主义者，使空想社会主义达到了顶峰。他们的代表著作均反映出现代社会保障的理论渊源。圣西门（1760—1825）在其《论实业制度》一书中提出：一切人都劳动，废除一切特权，实现人的完全平等的思想。傅立叶（1772—1837）的著作主要有《新的工业世界与协作的世界》和《普遍统一论》。他设计的未来社会是一个保证符合人类自然本性的健康的情欲得到充分满足的幸福社会。在这个社会里，财富极为丰富，人们将高度地享受到这一切，在物质和精神生活方面有最大的幸福。欧文（1771—1858）认为历史上和现存的一切政体都是为了少数剥削者的利益，使用暴力和欺骗手段掠夺和折磨生产阶级，而现行法律则是保护富人利益、压迫穷人的工具，并强调只有社会主义才能克服资本主义的一切罪恶。空想社会主义理论对社会保障理论发展的主要贡献有二：一是揭示了社会矛盾的根源在于社会的不平等，主张实现社会公平，促进社会成员协调发展，这些思想正是现代社会保障最基本最深刻的思想基础；二是揭示了资本主义生产的秘密即剩余价值来源于对工人的剥削,从而主张按照财产公有、共同劳动、共同消费、按需分配的共产主义原则来改造整个社会。综上所述,空想社会主义者所涉及的国民福利问题与收入分配问题、公平原则与按需分配等思想成为现代社会保障理论的渊源之一。

(三)古典经济学派的理论

古典经济学家亚当·斯密、大卫·李嘉图等注重劳动的价值,从发展经济的角度出发,提出政府只要做到提高个人的劳动意愿,维护公平交换的制度,维护理想型的竞争社会,使得人人可以有机会谋生就足够了,只有没有劳动能力的人才可以享受社会的福利性照顾和生活保障。这就是西方早期的就业保障理论。

西方国家社会保障理论和实践直接促进了现代社会保障制度的形成和发展,是西方的福利国家理论。它是由一些资产阶级经济学家的理论观点、工人运动中某些社会主义派别的纲领以及社会民主党人的政治主张综合而成的理论。

1. 德国新历史学派的理论

传统的资产阶级经济学家认为,国家的职责是维护社会秩序和国家的安全,而不是干预经济。但德国新历史学派认为,国家除了维护社会秩序和国家安全外,还有一个文化和福利的目的,国家是集体经济的最高形式,国家在进步的文明社会中,公共职能在不断扩大和增加,凡是个人努力达不到的目标应由国家去办。基于这种观点,他们主张国家必须通过立法,实行包括社会保险、孤寡救济、劳资合作等在内的一系列社会政策措施,自上而下地进行经济和社会改革。新历史学派的福利就是通过国家的活动,举办一些公共福利事业,来间接地对国民收入实行再分配,以此来缓和当时的社会矛盾。这些理论和主张成为德国俾斯麦政府实行社会保障的依据。1872年,德国新历史学派成立了"社会政策协会",其核心人物是施穆勒,他长期担任该协会的主席。由于其成员大多是大学教授,他们利用大学讲坛宣传社会改良,主张通过社会改良过渡到社会主义。因此,德国新历史学派往往又被称为"讲坛社会主义学派"。

2. 费边社会主义

在19世纪末20世纪初,资本主义开始从自由竞争向垄断过渡,阶级矛盾急剧恶化,社会改良主义思想在这种背景下日趋兴盛。他们把社会改良主义冒充为社会主义。这些人中多数是大学教授,在讲坛上鼓吹社会主义。英国费边主义者维伯夫妇设计了福利国家的蓝图,主张通过资产阶级议会实行对贫民和失业者,包括对病人残疾人老年人的救济。费边主义者试图通过这种温和的渐进的改良主义政策,实现所谓社会主义。费边社会主义长期以来是英国工党指导思想的理论基础,对英国在第二次世界大战后实施普遍福利政策起到了指导作用。

3. 福利经济学

社会保障作为经济学的一个范畴,比"福利国家论"要晚一些。20世纪初,英国资产阶级经济学家和改良主义者霍布森主张,以"社会福利"作为经济研究的中心问题,通过税收政策使"剩余价值"归政府所有,用于"社会福利"。福利经济学理论开始于英国经济学家庇古,他于1912年发表了《财富与福利》一书,1920年又把该书扩展为《福利经济学》。这本书系统地论述了福利经济学理论,庇古在书中给福利下的定义是:能够计量的与经济生活有关的那种福利,也就是直接或间接同货币量有关的那部分社会福利。他关于经济福利的概念包含了两个基本观点:一是国民收入总量越大福利越大;二是国民收入分配越平均,福利也越大。庇古认为经济福利增长可以有两种方式。首先是通过增加国民收入达到增进普遍福利,关键是合理配置生产要素,而生产要素中最重要的就是劳动力。为了达到劳动力的合理配置,就必须给劳动者患病、伤残、生育、失业、年老、死亡时以适当的物质帮助和社会服务,以增加必要的货币补贴。其次,通过国民收入重新分配以增进普遍福利,由政府向富人征收累进所得税和遗产税,与此同时增加失业补贴和社会救济,实现收入的"均等化"。如果国民收入再分配进行得适当,即使国民收入总额未能增加,也同样会收到增进普遍福利的效果。庇古的福利经济学为福利国家论提供了新理论依据,也为整个西方的现代保障制度奠定了系统的思想基础。此后,福利经济学和福利国家论几经演变并广泛流传。1930 年前后,以卡多尔的《经济学的福利命题和个人之间的效用比较》一文的问世为标志,新福利经济学产生了。该学派的代表人物还有希克斯、西托夫斯基、伯杰森等人。他们以研究社会福利为宗旨,提出了一些新的论点对旧福利经济学加以修改、补充、发展,从此新福利经济学在西方各主要国家得到广泛传播。

4. 凯恩斯的经济理论

20 世纪 30 年代,爆发了席卷资本主义世界的经济危机。西方资本主义国家工业萧条,失业剧增,社会矛盾尖锐,资产阶级及其学者把摆脱经济政治危机的措施与福利国家联系在一起。1936 年庇古的学生凯恩斯出版了《就业、利息和货币通论》一书。该书成为西方国家建立本国社会保障制度的直接理论依据。在这部著作中,他提出了一套对付资本主义经济危机的理论和政策主张,成为第二世界大战后资产阶级国家制定经济政策和社会保障制度的理论依据。凯恩斯的经济理论是作为自由放任主义经济理论的对立面而产生的。他认为市场的自然调和力量有限,政府对市场的干预是必要的。但只用租税补助调整生产还不够,要全面调整消费、储蓄与投资的关系,创造有效需求。从这一理论引申出来的是,消费也是美德,可以提高需求,提高社会资源的利用程度。他在《通论》中提出了有效需求不足的理论,抨击了萨伊定律,否定了供给自然创造需求的学说。

他认为资本主义制度下存在着生产过剩和失业,并认为这是有效需求不足造成的。所谓的有效需求,即总供给等于总需求时的社会总需求,是预期能为资本家带来最大利润的社会总需求。他指出:"与充分就业相吻合的有效需求,实在只是一个特例。只有当在消费倾向与投资引诱之间,有一种特殊关系存在时,方能实现。"①他指出小于充分就业的均衡是资本主义经济的常态,并提出有效需求不足是由三个基本心理规律的作用造成的。这三个基本心理规律是边际消费倾向递减规律、资本边际效率递减规律和流动偏好。这三个规律导致消费与投资需求所构成的有效需求低于社会总供给水平。其表现在以下几个方面:一是有效需求决定就业量与总产量,而不是供给会自动创造需求。这在经济理论上否定了供给自行创造需求的萨伊定律,提出了有效需求原理,承认危机与失业普遍存在,并指出削减工资不能减少失业,反而因削减工资降低了有效需求,会增加失业。同时认为充分就业只是资本主义经济的一种特例。二是在经济政策的认识与决策上否定传统的自由放任主义,强调国家干预社会经济的必要性。三是在分析研究方法上采取以总量分析为特色的宏观经济分析方法从而补充传统的微观经济分析方法。因此,他提出政府要举办公共工程,扩

---

① 凯恩斯:《就业、利息和货币通论》,徐毓译,商务印书馆1996年版,第28页。

大福利设施,并认为社会福利和保障不一定会成为社会负担,在一定的条件下,还可以正面帮助经济的发展。美国 20 世纪 30 年代大规模新政的根据就是这一理论。它为美国的经济繁荣立下了功劳,受到整个资产阶级的普遍欢迎,被作为官方经济学,成为资产阶级经济学的正统理论,也为西方发达国家推行福利国家政策奠定了理论基础。这表明政府可以通过就业保障制度等转移支付创造出更多的社会需求,增加就业量,从而促进经济的发展。

5. 福利国家论

和新福利经济学相联系的是二战后福利国家论的兴起。1942年 11 月,英国社会学家威廉·贝弗里奇在英国政府的委托下提出了《社会保险及相关服务》的著名报告。报告主张:"社会保险应旨在维持生存的最低限度的收入","社会保障就是对收入达到最低标准的保障","国家所组织的社会保险、社会救济的目的在于保证以劳动为条件获得维持生存的基本收入"。至于有些阶层要求保障超出最低生活标准的需要,那可以通过参加私人举办的自愿保险计划去解决。① 福利国家论主张:一是收入均等化,通过对不同收入阶层的赋税差别来实现再分配。萨缪尔森在其名著《经济学》中明确提出:"个人所得税是累进的,具有把收入从富人那里再分配给穷人的倾向。"二是社会福利化,即通过国家提出一整套津贴补助社会保险和公共救济制度,包括失业救济、退休金、养老金、家庭补助、医疗保险、卫生保险、住房补贴以及文化教育等社会服务和设施等,以期实现现代自由民主的国家,即高福利型的国家。三是充分就业化。四是国有化、计划化和工程社会化。五是

① 黄素庵:《重评当代资本主义经济》,世界知识出版社 1996 年版,第 245 页。

混合经济论。福利国家论比福利经济学更接近于社会保险福利的
实践活动。威廉·贝弗里奇报告的实践即福利国家制度。1945
年,英国工党执政,以部分工业国有化实现充分就业和社会福利为
纲领,先后施行了社会保险、工业伤亡、家庭补助、社会保障等四种
社会福利法案。1948 年,英国工党正式提出福利国家的口号,从
此,福利国家论开始在西方世界广为流传。而威廉·贝弗里奇被
誉为"福利国家之父",并被西方誉为 20 世纪世界上最有影响的
人物之一。

6. 新剑桥学派

　　1956 年罗宾逊《资本积累》一书的出版和卡尔多《可选择的分
配理论》一文的发表,标志着该学派的正式形成。该学派认为国
家必须采取措施调节国民收入分配,使之趋于合理,使个人收入趋
向均等化,才能够保持社会的长治久安。他们主张政府在短期内
实行合理税收(包括累进所得税和高额遗产税),用以改变分配不
均,补贴低收入家庭。另一方面减少军费开支,将资金用于环境保
护、民用工业教育和培训计划。他们主张通过财政拨款对失业人
员进行再就业培训,以提高他们的文化水平,使他们有更多的就业
机会,并能从事收入更高的技术性工作。通过国家财政预算,以失
业津贴补助,增加他们的收入。该学派的理论基础是收入分配理
论,它对普遍福利政策的社会保障有重大影响。

7. 新古典学派的理论

　　以庇古为代表的新古典学派,认为价值不取决于劳动,而取决
于使用需求效用。由于边际效用是递减的,劳动和资本投入的价
值也会递减直至无值,所以政府要宏观调控,用税收和补贴的方
法,维护市场运转。其中帮助社会创造就业机会和有效劳动,就自
然成了对社会经济发展有意义的社会保障功能,政府义不容辞。

政府不但要帮助不具有劳动能力的人,也要帮助有劳动能力但不能有效劳动的人。

8. 新自由主义思潮的观点

20世纪80年代以来,新自由主义思潮在西方国家盛行,哈耶克在其名著《通往奴役之路》中警告,西欧国家的社会主义化已经逐渐抛弃了个人自由、政治自由和经济自由,必须恢复古典的自由主义和个人自由,以免人们在不知不觉中在被奴役的道路上往下走,直至完全丧失自理能力。新保守主义在经济学界的代表人物弗里德曼强调要达到自由,就必须要小政府。这表明他们与福利社会大政府的干预等概念是不相容的,但也有共识,即现行的就业保障体制改革势在必行。

9. 新制度经济学派的观点

西方新制度经济学以交易费用理论为基础的企业理论解释了企业的形成,其理论内在地包含了企业内部工人权益的被损害。科斯认为企业与市场机制是两种不同的协调生产配置资源的方式:在企业外部,市场通过价格机制来配置资源;在企业内部是依靠以一个企业家为首的等级体系来配置资源。这就意味着在企业内部消除了市场交易,而由企业家来协调生产,由他的命令来配置资源,企业家取代了市场交易的功能。根据奥利佛·威廉姆森的资产专用性纵向一体化理论和剩余控制权理论,当契约不完全时,资产的专用性、不对称信息和机会主义行为相结合会造成效率损失。通过把资本所有者投资形成的固定资产与不具有专用性的工人的劳动实行纵向一体化,组成企业就可以避免由于不对称信息和机会主义导致效率损失。但由于劳动力不具有专用性的特点,因此,应该把剩余控制权交给专用性资产投资的资本所有者,从而资本家或其代理人就拥有工人和资本家在市场契约中没有或不能全部列举的对资产的例外处置权。由于是资本家拥有剩余控制权,从而保证了资本家的利益不会被劳动力的拥有者侵蚀,保证了企业经营的正常秩序,避免了效率损失。但是由于把大量的剩余控制权交给专用性资产的投资者,必然导致工人的部分权益的损失。即是说,如果劳动力所有者与资本所有者在劳动力市场上的交易是公平的,有完善的工会组织和国家法律的保护,工人的正当权益也可以得到较大程度上的保护。相反,如果这些措施都不完善,加上资本所有者及其代理人垄断了剩余控制权,工人权益的较大损失就不可避免。当然,新制度经济学的企业理论主要是探讨企业产生的问题,对农业产生的问题应在借鉴他国经验的基础上通过探索分析形成切实可行的保障制度。

10. 社会保障的数理基础

社会保障从根本上来说就是减少生活中的不确定性,化解生存的风险。因此,它必须坚持"大数法则"。在随机现象的大量重复出现中,往往呈现出几乎必然的规律,大数法则是用来说明大量的随机现象由于偶然性相互抵消所呈现的必然数量规律的一系列定理的统称。在社会保障中起作用的大数法则有三个:切贝雪夫大数法则、贝努力大数法则和泊松大数法则。一定大数的团体运用大数法则可以把每个成员面对的不确定性集合起来变成相对确定的风险。在成员足够多的情况下,团体可以按风险发生的概率收取一定的费用来补偿部分成员发生因风险事故而造成的损失。切贝雪夫大数法则保证了补偿金额的平均数与每个人期望赔偿额的误差很小。贝努力大数法则用比率代替概率,即当某个所需要求的概率不能通过可能分析、理论概率分布近似估计等方法加以确定时,则可通过观察过去大量实验的结果来予以估计,说明其正确性。反之,经估计某项结果得到的比率可在将来大量实验所得到的实际经验而修正,以增加其真实性。该法则能使团体根据过去风险事故发生的损失比率来预测未来风险发生的损失概率,从而保证未来的收支平衡。泊松大数法则保证尽管在团体内各个相互独立的风险单位的损失概率可能各不相同,但是只要有足够多的风险单位,仍可在平均意义上求出相同的损失概率,也就是说整体上的损失概率可由众多类别的损失概率求出平均数而得到。总之,三种大数法则是社会保障能够成为一种社会制度的数理基础。人们可以利用它们通过社会保障制度减少各自的不确定性,并改进合作者的福利状况,从而也决定了社会保障从非正式制度最终走向了正式制度,为社会的稳定和发展提供了有效的保障制度。

11. 风险社会学说

从字面意义上来理解,风险是具有一定危险的可能性,或者说是有可能发生危险、形成灾难。1986 年,德国著名的社会学家乌尔里希·贝克在他的《风险社会》一书中首次使用这一概念来描述当今充满风险的后工业社会并且提出了风险社会理论。他指出:"风险是个指明自然终结和传统终结的概念。或者换句话说,在自然和传统失去它们的无限效力并且依赖于人的决定的地方,才谈得上风险。风险概念表明人们创造了一种文明,以便使自己的决定将会造成的不可预见的后果具备可预见性,从而控制不可控制的事情,通过有意采取的预防性行动以及相应的制度化的措施战胜种种副作用。"贝克对风险概念作了总结:第一,风险既不等于毁灭也不等于安全或者信任,而是对现实的一种虚拟;第二,风险是指充满危险的未来;第三,风险具有全球性,因而它得以在全球与本土同时重组;第四,风险是指知识、潜在冲击和症状之间的差异。他认为,我们正处在从古典工业社会向风险社会的转型过程中,或者说,我们正处在从传统工业社会现代性向反思现代性的转型过程中。而且,这种转型正在以全球规模悄悄地进行。反思现代化意味着全球化,风险社会就意味着全球风险社会。风险总是与责任联系在一起的。责任归谁? 或者说,我们真的就生活在一个"有组织的不负责任"的社会里吗? 有学者认为,要迎接风险社会的挑战,就亟须沿着生态民主政治的方向发展,大体上来说,这种发展在某种意义上就是建立在公民广泛参与基础之上的协商式民主政治。其实,关注危险与安全是人类社会的永恒问题。目前,我们正承受着大量失地农民潮水般涌入城市的挑战,如何建立起防范风险的公共机制是风险社会的理论核心,也是各级党委政府所必须正视的重大社会问题。

第二节　马克思、列宁关于社会保障的理论

一、马克思关于社会保障的理论

马克思主义诞生于19世纪40至50年代,是资本主义正走向成熟、社会基本矛盾和阶级矛盾日益激化的时代,马克思在对资本主义社会的科学批判和对未来社会主义社会的科学预见中,阐述了关于就业保障的重要理论观点。它是建立健全当代中国农民就业保障体系的理论依据和行动指南。马克思关于就业保障的理论主要有以下几个方面:

(一)关于资本主义工资理论

马克思指出工人劳动力的价值是由生产、发展、维持和延续劳动力所必需的生活品的价值决定,劳动力价值的货币表现是劳动力价格,即工资。马克思的工资理论表明,即使资本家按劳动力价值支付工资,工人也只能维持正常的劳动力再生产,根本没有抵御生活中碰到的意外事故的能力;更何况资本家总是在劳动力价值

以下支付工资,工人的基本生活需要经常得不到满足,劳动力再生产有时只能在萎缩状态下进行,更谈不上应付意外风险了。马克思的这一理论虽然指的是在资本主义社会,雇佣工人已经失去个人家庭保障的能力,迫切要求由社会进行保障,但对解决当代中国农民尤其是失地农民的就业保障提供了理论上的指导。

(二)关于资本主义相对过剩人口的理论

马克思指出:资本有机构成的提高,即 C:V,引起对劳动力需求的减少,而资本主义社会劳动力的供给会不断增加,其必然会出现相对过剩人口,即产业后备军,也就是失业大军,造成了工人阶级失业和贫困的不断加深。马克思的这一理论进一步指明工人阶级已经失去了个人家庭保障的经济机制,只有实行社会化保障的机制,才能暂时相对减少失业带来的贫困。

(三)关于社会产品分配的基本理论

马克思在《哥达纲领批判》中阐述社会总产品的分配问题时,特别强调要在最终进行个人分配之前,扣除一部分社会产品,用来满足社会的保健以及丧失劳动能力者的需要。他在这里说的实际上就是社会保障,其主要内容有社会保险基金建立的必要性、来源、社会性质等方面。

马克思对社会保险基金理论的分析具有相应的历史背景:19世纪 60 年代,德国工人运动中的拉萨尔派代表人物拉萨尔在担任全德工人联合会主席后推行机会主义,并暗中与当时的德国首相俾斯麦相勾结,领取工人的津贴。马克思针对拉萨尔派的做法曾提醒李卜克内西派,并在回复哥达纲领的信中明确指出不要拿原则做交易。但是李卜克内西等人不听马克思的劝阻,仍然通过了哥达纲领。该纲领中对于劳动产品的产生与分配问题的论述是片面的。比如关于社会产品的分配,纲领指出:"劳动是一切财富的和一切文化的源泉,而因为有益的劳动只有在社会里和通过社会才是可能的,所以劳动所得应当不折不扣和按照平等的权利属于社会一切成员。"①马克思针对这一片面的观点提出了自己的看法,这就是后来著名的《哥达纲领批判》。马克思对这种不折不扣将社会产品分光的论点进行了强有力的批判。马克思指出在人类生产的分配之前,应该有一定的必要的扣除。他认为,社会总产品应该扣除以下三项:一是用来补偿消费掉的生产资料的部分;二是用来扩大生产的追加部分;三是用来应付不幸事故、自然灾害等的后备基金或保险基金。在以上三项扣除后剩下的总产品中的其他部分是用来作为消费资料的,在把这部分进行个人分配之前,还得从里面扣除以下三项:一是和生产没有关系的一般管理费用;二是用来满足共同需要的部分,如学校、保健设施等费用;三是为丧失劳动能力的人等设立的基金。②

很显然,马克思将不折不扣转变为有折有扣,马克思的这一著名论断为其社会保障理论奠定了坚实的基础,是其社会保障理论的主要组成部分。马克思认为,在物质生产过程中要消耗一定的生产资料,为了保证社会再生产的顺利进行,必须对消耗掉的部分以及折旧给予补偿。此外,在再生产的过程中,一方面人们利用自然资源来创造物质财富,另一方面自然灾害和意外事故又危害人的生命和物质财富,从社会总产品中扣除保险基金也是保障社会再生产顺利进行必不可少的。至于扣除多少,则要根据社会的经济力量和灾害事故发生的概率来确定。

马克思还正确地分析了社会保险基金的来源渠道。社会保险

---

① 《马克思恩格斯选集》第 3 卷,人民出版社 1972 年版,第 5 页。
② 参见《马克思恩格斯选集》第 3 卷,人民出版社 1972 年版,第 9—10 页。

基金来源问题是理论界研究的热点问题。许多人将马克思在《资本论》中对商业保险基金的分析直接引用到社会保险基金的分析中，是不对的。马克思在分析商业保险基金的来源时，认为它只有来源于剩余劳动所创造的剩余价值，据此有人认为社会保险基金的来源同样来源于剩余价值。应当承认马克思在《资本论》中分析保险基金时并没有区分商业保险和社会保险基金的性质，但是从其论述可以很明显地看出，马克思指的是商业保险基金，而不是社会保险基金。因此，我们不能用商业基金的性质取代社会保险基金的性质。

其实，马克思在剩余价值学说的论述中，运用价值规律，阐明了劳动力进行劳动所创造的价值所应该包括的三个方面：一是维持工人正常生活所需要的生活资料价值；二是维持工人家属即劳动力的接替者正常生活需要的生活资料价值；三是劳动力的教育和训练费用。这里虽然没有明确说明劳动力价值中包含在职工工作中的医疗、工伤和退休以后生存生活的费用，但是维持劳动者自身所必需的生活资料价值和劳动力赡养家属所必需的生活资料中本应该包含生育、疾病医疗和养老费用。

这三个方面为必要劳动，其超出部分为剩余劳动。那么根据马克思的上述阐述，社会保险基金究竟来源于何处？

我们认为，社会保险基金的来源在于必要劳动。其原因有：

一是从世界各国的社会保障实践可以看出，绝大多数国家推行的社会保障制度的缴费体制都是以三方付费制为主的，即国家、企业和个人，并且世界各国都在增大社会保障基金中个人负担的比重，这部分价值以社会保障基金的形态客观存在于经济生活中。从这个意义上讲，社会保障基金来源于公众在必要劳动时间内创造的价值。

二是从社会保障基金的具体用途分析,社会保障基金来源于社会必要劳动。社会保险的享受者具有一定的条件限制,其中最重要的是享受社会保险者必须在此之前为社会尽了义务,奉献了必要的社会劳动。

三是社会主义国家的社会保障基金更是来源于社会必要劳动,它体现了社会保障基金取之于民、用之于民的原则。任何社会公众的养老、医疗、工伤和失业补助都是以他为社会创造了一定的财富为前提的,这是处理好社会保障中公平与效率关系的关键。如果我们不承认社会保障基金来源于必要劳动,而错误地认为来源于剩余劳动,那么这种社会保障制度的受益人只会是懒汉和懦夫,无人会愿意创造社会财富。需要指出的是,虽然我们强调社会保障基金来源于必要劳动,但是并未否定社会保障基金中含有某些剩余劳动的成分。比如,社会保障基金中的社会救济就是由社会剩余劳动创造的。即使如此,我们认为社会保障基金从总体上讲仍然是由社会必要劳动创造的。①

（四）关于雇工权益保障的主张

马克思主义的企业和阶级理论揭示了资本主义条件下资本家和工人的利益关系。资本主义是建立在生产资料私有制基础上的,工人维持生存的唯一途径是出卖劳动力。当工人和资本家在劳动力市场平等的表象下达成交易后,劳动力的支配权就转移到资本家手中。在资本家的工厂里,工人被迫服从资本家及其代理人的指挥,当工人和资本家的利益发生冲突时,资本家利用其对劳动力的支配权侵犯工人利益就成为必然现象。从马克思相关理论中可以看出,在保障工人权益的制度安排中有三种途径选择:一是

---

① 蔡军:《社会保障制度与构架》,高等教育出版社 2001 年版,第 9—13 页。

通过单个工人保障其权益,但这种途径保护力度最弱。首先工人作为无产阶级必须出卖劳动力才能生存,而资本家可以用资本和技术替代劳动,减少对劳动力的需求,使劳动力供给大大超过劳动力需求。第二,当和约签订后,在资本家的工厂里劳动力的支配权转移到资本家手中,单独的工人无力抗衡资本家的侵权行为。第三,由于工人和资本家经济地位的不平等,资本家可以以解雇相要挟,迫使工人接受不利于自己工作的其他条件。二是通过国家法律对工人权益进行保障,但要转化为对工人利益的真正保护还需要一系列的中介环节。第一,国家通过的保障工人权益的法律法令等正式制度要借助于正式的国家机构才能实行。第二,借助正式机构维护工人权益还受到政府机构一系列委托代理环节的制约,执法者与最终委托者之间由于信息不对称很容易导致执法者偏离维护工人正当权益的目标。第三,由于工人缺乏维权意识,或者维权程序复杂成本高可能使工人被迫放弃通过正当途径维护自己的合法权益。三是通过组建工人自己的社团来维护自己的正当权益。这种途径在一定程度上具有可行性。第一,由于工人本身是相应社团的成员,通过组织行为维护权益不存在委托代理问题,至少委托代理环节比通过正式途径要少得多,付出的成本也少。第二,以组织的名义与资本家谈判交涉,一定程度上可以避免单个工人与资本家打交道的弱势地位,增强谈判能力。第三,由于工人与自己的组织联系紧密,可以方便地通过组织表达自己的利益要求。

马克思虽然论述的是在资本主义条件下雇工的权益保障的制度安排,却为我国广大农民尤其是广大的农民工阶层就业权益保障提供了理论上的指导。

(五)关于社会再生产的原理

马克思认为社会再生产是人类社会生存和发展的基础,物质资料的再生产是社会再生产的中心内容,劳动力再生产是实现社会再生产的必要条件。因为劳动力是社会再生产过程的承担者。没有劳动力的再生产,物质资料的再生产既不可能,也无必要。物质资料再生产和劳动力再生产两者互为前提和条件。两种再生产之间必须保持一定的比例,使社会得以协调发展。为了确保劳动力再生产能够正常持续进行,就必须对劳动者所遇到的困难给予必要的社会保障。物质资料再生产对劳动力再生产起决定作用。纵观人类社会历史的发展进程,从总体上看,前工业化社会可以说物质资料再生产的规模年复一年地在大体相同的水平上进行,属于简单再生产类型。与之相适应,劳动力再生产也属于简单再生产类型,表现为高出生率、高死亡率和极低的长期缓慢的自然增长率。产业革命后,物质资料再生产走上扩大再生产的轨道,在工业化初期,外延型扩大再生产构成经济增长的主体,客观上要求劳动力也要实现扩大规模的再生产;当工业化进入现代化发展的新时期,经济发展以内涵型扩大再生产作为基础了。这时对劳动力再生产的要求不仅表现为数量上,更重要的是要求劳动力的科学文化素质不断提高,以适应现代新型经济结构的需要,并把生产力推向一个更高的水平。一般来说,在劳动力基本停留在简单再生产水平时,家庭负担劳动力再生产的一般费用,劳动者在遇到丧失生活来源的风险时,主要依靠家庭保险度过。产业革命后的工业化社会,生产社会化了,劳动力的扩大再生产包括了一系列的费用开支,出于确保劳动力的扩大再生产适应现代经济发展的需求,劳动力在其生命历程中经受的风险,家庭已经不能承受,必须通过社会保障来保证劳动力的扩大再生产进程不致中断和受阻。

（六）关于人的需要的理论

马克思认为人的需要是人的本性,满足人的需要是社会生产活动的基本动力,是社会主义生产的目的,这一基本观点成为社会主义社会保障的理论基础之一。马克思说过,在现实世界中,个人有许多需要,他们的需要即他们的本性,人的需要是人的实际活动的内在动因,人的需要和满足人的需要的自由自觉的实践活动,把人们必然地联系在一起,形成人的社会关系,铸成人的社会本质或本性。人的自由自觉的实践活动的产生和满足人的需要,决定了人的本质需要是社会性的需要,即人的需要是互相得到满足的。同时,人的需要是多样性的,需要的层次包括自然需要、社会需要、经济需要、精神需要。需要的层次由低到高,一般认为在低层次的需要获得满足之后,才能发展到较高层次的需要。但是高层次的需要发展后,低层次的需要仍继续存在,只是对人的行为的影响作用减低而已。只有不断满足人的这些需要,才能充分发挥人在社会主义生产中的积极性和创造性。马克思关于人的需要的理论是社会主义社会保障的理论基础。

二、列宁满足人的需要理论

社会主义充分保证社会全体成员的福利和使他们获得自由的全面发展。不断满足人民日益增长的物质文化需要是社会主义生产的根本目的。只有满足人的需要,才能充分发挥劳动者在社会主义生产中的积极性和创造性。人的积极性与创造性的发挥必然要求作为手段的人的劳动与作为目的的人的需要的相互统一。这种统一表现为,付出劳动构成满足自身需要的前提条件和可靠保证,也表现为满足自身需要的程度直接取决于付出劳动的量和效果。这种统一关系使人的需要直接转化为人从事劳动的需要,人的劳动同人的需要的统一表现为一种客观的必然性。社会保障需要是一种最基本的需要,也是合理的需要。社会保障的对象不仅是消费者和收益者,也是生产者和供给者。在人民当家作主的社会主义社会,社会保障是人民自己对自己的保障,是政府的社会政策,也是人民在履行义务过程中所享有的生活权利。① 早在十月社会主义革命前,列宁对社会保障问题就十分重视。他提出要实行完全的国家社会保险,即由国家负担全部费用,而职工无须缴纳保险费的设想。这一设想在列宁亲自制定并在1903年俄国社会民主工党第二次代表大会上通过的党纲中得到了充分的反映。在1912年俄国社会民主工党布拉格代表会议上通过的《关于对杜马的工人国家保险法案的态度》的决议中,进一步阐明了列宁关于工人国家保险的基本思想,并把这一决议称为列宁的保险提纲。在决议中明确规定,对因年老残疾疾病等丧失劳动能力的职工给予物质帮助,对于分娩的女职工给予补助,对赡养人死后遗下的寡妇孤儿给予抚恤金,对因失业而丧失生活来源的给予物质保障,对一切雇佣劳动者及其家属都实行社会保险等。决议中还指出,社会保障基金的主要拨款来源是国库和企业主的所得利润,而支配这些资金的权利必须全部转归劳动者。列宁的上述思想是苏联建国以后建立和发展社会保障的理论基础。②

第三节　中国特色社会保障理论的形成与发展

早在土地革命战争时期,毛泽东对根据地进行调查研究并分析人民军队在极其艰苦的战争条件下能够得到发展的原因时就指出:"优待红军家属是红军发展壮大的重要条件。"到了抗日战争

---

① 齐海鹏:《社会保障》,东北财经大学出版社2000年版,第59—60页。
② 朱传一:《苏联东欧社会保障制度》,华夏出版社1991年版,第6页。

时期,毛泽东把社会保障与抗日救国紧密联系在一起,将改良工人、职员、教员和抗日军人的待遇,优待抗日军人家属,救济失业,赈济灾荒等社会保障问题作为抗日救国十大纲领的重要内容,有关论述体现在他的《为动员一切力量争取抗战胜利而斗争》一文中,突出了社会保障在抗日救国中的重要性。1942 年毛泽东在《经济问题与财政问题》一文中指出,为了革命必须给人民看得见的物质福利,这是我们党的根本路线、根本政策。明确提出革命时期实行社会保障的目的是要保障中国共产党领导革命胜利。这就把对社会保障的重要性的认识上升到一个新的战略高度。毛泽东还在《论联合政府》一文中指出:"在新民主主义的国家制度下,将采取调节劳资间利害关系的政策。一方面,保护工人利益,根据情况的不同,实行八小时到十小时的工作制以及适当的失业救济和社会保险,保障工会的权利;另一方面,保证国家企业、私人企业和合作社企业在合理经营下的正当的赢利;使公私、劳资双方共同为发展工业生产而努力。"①毛泽东这些关于社会保障的论述成为中国革命战争时期社会保障思想的重要组成部分。

　　新中国成立后,中国政府在企业建立了失业救济制度,同时对广大地方的水灾和旱灾也采取了大规模的救济工作,使人民群众从社会保障事业的实践中切身体会到新政权的优越性。1951 年,政务院颁布并实施了《中华人民共和国劳动保险条例》。它的实施深得广大职工的拥护,职工普遍反映"社会主义好,生老病死有劳保"。许多职工把劳动保险比作农民在土改中分得的土地。1954 年新中国制定了第一部宪法,以根本大法的形式确立了社会保障在国家生活中的地位和作用,标志着中国社会主义社会保障

---

　　① 《毛泽东选集》第三卷,人民出版社 1991 年版,第 1082 页。

制度的初步建立。

　　毛泽东社会保障思想的主要内容有：一是社会福利。1942年毛泽东在《必须给人民看得见的物质福利》一文中指出，一切空话都是无用的，必须给人民看得见的物质福利。提出了保障劳动群众基本生活的思想。如何提高物质福利，毛泽东在审阅关于经济建设的几项通知的初稿时特别指出，工人的福利提高要在发展生产繁荣经济中求得。在《论十大关系》一文更加明确社会福利提高的途径，并涉及广大农民的个人收入问题。他指出："工人的劳动生产率提高了，他们的劳动条件和集体福利就需要逐步有所改进。"①在农村，"我们要尽可能使农民能够在正常年景下，从增加生产中逐年增加个人收入。"二是社会保障水平的提高必须同发展生产相适应。1948年毛泽东在审阅《中共中央关于土地改革中各阶级的划分及其待遇的规定（草案）》指出："生活的改善不应当超越经济情况所许可的范围。"三是统筹兼顾。毛泽东指出："我们作计划、办事、想问题，都要从我国有六亿人口这一点出发"，②这是社会保障的出发点。在谈到如何进行社会保障时候，他指出："无论粮食问题，灾荒问题，就业问题，教育问题，知识分子问题，各种爱国力量的统一战线问题，少数民族问题，以及其他各项问题，都要从对全体人民的统筹兼顾这个观点出发，就当时当地的实际可能条件，同各方面的人协商，作出各种适当的安排。"③但是，"是不是要把一切人一切事都由政府包下来呢？当然不是。许多人，许多事，可以由社会团体想办法，可以由群众直接想办法，他们

---

① 《毛泽东著作选读》下册，人民出版社1986年版，第726页。
② 《毛泽东文集》第七卷，人民出版社1999年版，第227—228页。
③ 《毛泽东文集》第七卷，人民出版社1996年版，第228页。

是能够想出很多好的办法来的"。① 在谈到积累与消费的关系时，他指出，既要保证社会主义建设所需要的资金积累，又能保证人民生活的逐步提高。

邓小平继承和发展了毛泽东的社会保障思想，并在新的历史时期提出了具有中国特色的社会保障理论，其主要内容有：一是不能搞所谓的福利国家。他指出："我们也反对现在要在中国实现所谓的福利国家的观点，因为这不可能。我们只能在发展生产的基础上逐步改善生活。发展生产而不改善生活是不对的。同样不发展生产，要改善生活也是不对的，而且是不可能。"②二是温饱问题是社会保障的起点。邓小平在1987年10月《我们的事业是全新的事业》一文中指出："这一次改革首先是从农村开始的。占全国百分之八十的农民连温饱都没有，怎么能体现社会主义优越性呢？"③这说明他把温饱问题作为我国社会保障的起点。三是开发式扶贫救济。他依据中国农村的特点提出了开发式扶贫救济新模式。我国从20世纪80年代开始对贫困户、贫困县的救济从输血改为造血。到1990年全国人均纯收入在200元以下的贫困户从1.1亿降为4000万，这是邓小平提出的开发式扶贫救济的重要成果。四是高度重视社会福利问题。1978年10月邓小平在《工人阶级要为实现四个现代化作出优异贡献》一文中指出："我们的国家还很落后，工人的福利不可能在短期间有很大的增长，而只能在生产增长特别是劳动生产率增长的基础上逐步增长。但是这决不能成为企业领导不关心工人福利的借口，尤其不能成为工会组织

---

① 《毛泽东文集》第七卷，人民出版社1996年版，第228页。

② 参见邓小平同志1980年1月16日在中共中央召集的干部会议上的讲话——《目前的形势和任务》。

③ 《邓小平文选》第三卷，人民出版社1993年版，第255页。

不关心工人福利的借口。"①

江泽民主持中央工作以来十分重视社会保障工作。1989 年 6 月党的十三届四中全会以后,党和国家把建立社会主义保障制度作为构建社会主义市场经济体制的重要支柱,放在一个更加重要的地位。1990 年 12 月党的十三届七中全会通过的《中共中央关于制定国民经济和社会发展十年规划和"八五"计划的建议》提出了逐步完善社会保障体系的任务。1992 年 10 月,江泽民在党的十四大报告中指出:"要深化分配制度和社会保障制度的改革",要"解决建立待业、养老、医疗等社会保障制度"。1993 年 11 月党的十四届三中全会通过《中共中央关于建立社会主义市场经济体制的若干问题的决定》把建立社会保障体系作为构成社会主义市场经济体制基本框架的五个主要环节之一,并对建立多层次社会保障体系的资金来源、保障方式、管理机构等问题作了具体阐述。1995 年 9 月党的十四届五中全会通过的《中共中央关于制定国民经济和社会发展"九五"计划和二〇一〇远景目标的建议》提出了建立健全社会保障体系的历史任务。1997 年 9 月江泽民在党的十五大报告中提出:"在建立社会保障体系时,要实行社会统筹和个人账户相结合的养老、医疗保险制度,完善失业保险和社会救济制度,对人民群众提供最基本的社会保险。"特别是在 1998 年年底,他亲自主持了中共中央举办的社会保障法制讲座,并对社会保障工作作了重要的指示。他指出:"社会保障是一个很重要的经济和社会问题,要充分认识社会保障的重要意义,不断把社会保障事业推向前进。"2000 年 10 月,党的十五届五中全会通过的《中共中央关于制定国民经济和社会发展第十个五年计划的建议》提出

---

① 《邓小平文选》第二卷,人民出版社 1983 年版,第 37—138 页。

了完善社会保障体系的总目标和主要任务。

2001年7月,江泽民在庆祝中国共产党成立八十周年上的讲话中提出了三个代表的重要思想,使社会保障制度建设摆上了党和政府的重要议事日程。2002年11月,江泽民在党的十六大报告中提出了健全社会保障体系的任务。他指出:"建立健全同经济发展水平相适应的社会保障体系是社会稳定和国家长治久安的重要保证。"并提出"有条件的地方,探索建立农村养老和最低生活保障制度"。这是对我国社会保障理论的一个重大发展。

党的十六大以来,中国特色社会保障理论又有了新的发展,可以概括为两个方面:一是以人为本的思想;二是建设和谐社会、共享成果思想。

以人为本的思想。党的十六届三中全会提出了"坚持以人为本,树立全面、协调、可持续的发展观",内涵十分丰富。科学发展观是中国共产党在总结多年实践经验基础上提出的,是在邓小平理论和"三个代表"重要思想指引下所取得的重要认识成果,是发展观上的重大突破。科学发展观之所以把以人为本作为重要内容纳入其中,是因为我们所讲的发展,其外在形式虽然往往表现为物质的、经济的方面,但它的目的归根到底是为了满足广大人民的物质和精神生活需求。这个目的任何时候都不能忘记,忘记了就会迷失方向,就会使发展偏离正确的道路。一段时间内,一些人把GDP的增长当作衡量经济发展的唯一标准,这种"见物不见人"的片面认识,在实践中带来了危害。当然,GDP指标还是应当重视的,只不过不能把它当作唯一指标、唯一标准。如果说以人为本是发展的目的,那么中央提出的"五个统筹",就是全面、协调、可持续发展的内容。只有做到统筹城乡发展、统筹区域发展、统筹经济社会发展、统筹人与自然和谐发展、统筹国内发展和对外开放,才能保证我国经济建设和其他各项事业的发展不偏离健康轨道。

以人为本的含义和"三个代表"重要思想中的"代表中国最广大人民的根本利益"的含义没有实质上的不同,两者都体现了我们党立党为公、执政为民的本质要求,体现了历史唯物主义关于人民群众是历史的主体的基本观点。以人为本,可以诠释为"以最广大人民的根本利益为本"。

以人为本,要求我们认识到历史乃是人所创造的,历史的主体是人而不是物,发展的目的是推进经济社会全面进步和人的全面发展,发展应该是物质文明、政治文明、精神文明的协调发展。深化对共产党执政规律、社会主义建设规律、人类社会发展规律的认识,离不开以人为本,因为这些规律所反映的是人的合目的合规律的发展,反映的是人的社会实践和社会活动。衡量是否认识、把握、遵循了规律,终究只能以是否符合最广大人民群众的根本利益为标准。坚持这一衡量标准,把握好人民群众思想的脉搏,以人民满意作为制定和贯彻各项政策措施的出发点和归宿,接受人民群众的裁决,实现好、维护好、发展好最广大人民群众的根本利益。坚持以人为本,还要认识到努力满足人民群众经济、政治、文化的需要和促进人的全面发展,是一个不断推进的历史过程,只有随着社会财富的不断增加和社会主义的持续进步,这个目标才能愈益充分地得到实现。人民群众的实践是不断发展的,群众的利益要求也在不断变化,我们的认识应当随之不断发展和创新。坚持以人为本,就要求一切发展都必须以人为出发点,一切发展都必须以人为主体,一切发展都必须以人为目的。

建设和谐社会、共享成果思想的形成以 2006 年 10 月 12 日党的十六届六中全会通过《中共中央关于构建社会主义和谐社会若干重大问题的决定》为标志。

该决定提出,到2020年,构建社会主义和谐社会的目标和主要任务是:社会主义民主法制更加完善,依法治国基本方略得到全面落实,人民的权益得到切实尊重和保障;城乡、区域发展差距扩大的趋势逐步扭转,合理有序的收入分配格局基本形成,家庭财产普遍增加,人民过上更加富足的生活;社会就业比较充分,覆盖城乡居民的社会保障体系基本建立;基本公共服务体系更加完备,政府管理和服务水平有较大提高;全民族的思想道德素质、科学文化素质和健康素质明显提高,良好道德风尚、和谐人际关系进一步形成;全社会创造活力显著增强,创新型国家基本建成;社会管理体系更加完善,社会秩序良好;资源利用效率显著提高,生态环境明显好转;实现全面建设惠及十几亿人口的更高水平的小康社会的目标,努力形成全体人民各尽其能、各得其所而又和谐相处的局面。为了实现这一目标和任务,各级政府要把基础设施建设和社会事业发展的重点转向农村,国家财政新增教育、卫生、文化等事业经费和固定资产投资增量主要用于农村,逐步加大政府土地出让金用于农村的比重。实行最严格的耕地保护制度,从严控制征地规模,加快征地制度改革,提高补偿标准,探索确保农民现实利益和长期稳定收益的有效办法,解决好被征地农民的社会保障。

2007年10月15日,胡锦涛在党的十七大报告中提出,社会建设与人民幸福安康息息相关。必须在经济发展的基础上,更加注重社会建设,着力保障和改善民生,推进社会体制改革,扩大公共服务,完善社会管理,促进社会公平正义,努力使全体人民学有所教、劳有所得、病有所医、老有所养、住有所居,推动建设和谐社会。

加快建立覆盖城乡居民的社会保障体系,保障人民基本生活,要以社会保险、社会救助、社会福利为基础,以基本养老、基本医疗、最低生活保障制度为重点,以慈善事业、商业保险为补充,加快完善社会保障体系。促进企业、机关、事业单位基本养老保险制度改革,探索建立农村养老保险制度。全面推进城镇职工基本医疗保险、城镇居民基本医疗保险、新型农村合作医疗制度建设。完善城乡居民最低生活保障制度,逐步提高保障水平。

2008年3月5日,国务院总理温家宝在十一届全国人大一次会议上所作的《政府工作报告》中指出,要建立和完善覆盖城乡的社会保障体系,让人民生活无后顾之忧。一要做好社会保险扩面和基金征缴工作。重点扩大农民工、非公有制经济组织就业人员、城镇灵活就业人员参加社会保险。努力解决关闭破产企业退休人员和困难企业职工参加基本医疗保险问题。二要推进社会保险制度改革。完善社会统筹与个人账户相结合的企业职工基本养老保险制度,扩大做实养老保险个人账户试点,加快省级统筹步伐,制定全国统一的社会保险关系转续办法。规范发展企业年金制度。探索事业单位基本养老保险制度改革。抓紧制定适合农民工特点的养老保险办法。鼓励各地开展农村养老保险试点。加快完善失业、工伤、生育保险制度。三要采取多种方式充实社会保障基金,强化基金监管,确保基金安全,实现保值增值。四要健全社会救助体系。重点完善城乡居民最低生活保障制度,建立与经济增长和物价水平相适应的救助标准调整机制。健全临时救助制度。同时,积极发展社会福利事业。鼓励和支持慈善事业发展。做好优抚安置工作。

从以上讲话和报告来看,在国家整体经济实力雄厚的背景下开展社会保障工作,就是要贯彻发展成果"全民共享"的思想,以民生为核心,逐步形成惠及全民的社会保障公共服务体系,促进我国经济社会协调发展。

综上所述,新中国成立以来特别是改革开放后,我国的社会保障事业取得了举世瞩目的伟大成绩。我国于20世纪50年代开始仿效苏联实行了计划经济体制,并建立了与之相适应的社会保障制度。在20世纪80年代进行社会保障制度的改革,尤其是20世纪90年代中后期以来,随着国有企业改革的深入和社会主义市场经济体制的确立,社会保障制度的改革与建设步伐明显加快,目前初步建立起新型社会保障制度基本框架,城镇企业职工的基本养老保险和基本医疗保险实行了社会统筹和个人账户相结合的部分积累制模式。其主要特征是:基本保障广泛覆盖,多种层次逐步统一,与经济发展水平相适应,国家强制建立的基本保障主要满足人们的基本生活需要;社会保障逐步覆盖全体公民;在基本保险以外,国家积极推动其他保障形式的发展,力争形成多层次的社会保障体系;通过改革与发展,建立适合中国特色的社会保障制度。

农民的就业保障在新中国成立后发生了根本的变化。众所周知,历史上我国长期以农立国,传统的小农经济体现在农民的生活保障方面就是家庭保障,家庭为其成员在遭遇生活困难时提供最主要的生活保障,国家仅仅在特殊时期(如自然灾害、饥荒等)开展针对灾民、贫民的赈灾救济活动。而新中国的各级政府在组织、建立和管理农民就业保障方面发挥着重要作用。概括五十多年新中国农民就业保障的发展历程,大致可以划分为两个阶段:集体经济阶段和改革开放以来的改革和制度建设阶段。从本质上看就业保障应该是全民化的,不应该有市民和农民的差别。但是城乡差别,特别是在中国如泾渭之分明。我国社会具有城乡二元结构格局特征,这种结构导致的差别不仅体现在生产方式、经济水平、生活水平、思想观念等方面,同样也体现在就业保障制度方面,与城镇居民普遍享受就业保障的情形不同,农民享有的就业保障是极其有限的。因此建立健全农民就业保障体系是实现城乡一体化的迫切需要。

第四节　其他发展中国家的社会保障理论

自20世纪70年代以来，以往的社会保障模式在许多发展中国家遇到了挑战。一些发展中国家随着社会经济的发展，亦在考虑自己的社会保障发展道路问题。因此，社会保障理论逐渐向多元化、复杂化方向发展。下面列举具有代表性的几种理论观点。

一、管理私营化（商业化）

从广义上讲，社会保障商业化也属于民营化的范围，民营化侧重于社会保险费用的负担和归属，商业化侧重于社会保险的机制运作。社会保险基金运营商业化包含两方面的含义：一是保险基金政府减少补贴或不补贴，政府为社会保险制度提供法律保障，给予税收上的优惠，基金运营遵循商业化原则，自我平衡，最大限度地保值增值；二是将社会保险基金交由金融或非金融机构经营运作，基金的管理由公营管理趋向民营管理，政府的责任只限于基金投资的法律约束和最后担保。

综观世界各国的养老保险基金管理模式，主要有三种：一是建立养老保险信托管理基金，信托基金的管理由基金董事会负责，基金的营运与管理具有相对独立性，如美国；二是以建立养老保险基金会的方式实施基金的管理和运营，如新加坡的中央公积金制，这个机构既管理养老金的日常支付，又管理基金的投资运营事宜；三是完全实施商业化经营管理，以个人账户为基础，以民营化管理为特征，如智利。

　　该理论是基于政府管理社会保障事务效率不高,主张由私营机构来管理并自主地将社会保险基金进行各种投资,目的是让政府从日益沉重的社会保障压力中走出来。南美洲的智利社会保障制度就是基于这种理论。该国实行完全商业化经营管理,以个人账户为基础,以民营化管理为特征。其原因主要是:

　　第一,世界银行的数据表明,由于国有养老保险机构大多数依附于国家财政,其基金实体又因国家政策需要很容易被侵蚀,只有具有独立经营权或者交给具有利益约束的民营机构进行商业化经营,才能够保证基金的保值增值,保障缴费人的利益。

　　第二,社会保险基金的特殊性及资本市场的技术性,需要社会保险基金商业化经营。养老基金等社会保险基金投资的首要原则是安全性,同时又要追求收益性。在资本市场上,随着全球化及金融创新的发展,证券投资越来越需要专门的知识和技能。这就要求由专业投资机构来运作基金,以求最大限度地保值增值。

　　最后,政府管理效率低。从各国的实践看,养老保险基金由政府统一经营,便于风险控制和管理,基金安全性、社会性和流动性强。但是,由于政府经营受自身统筹兼顾、全面协调等宏观政策的约束,加之投资者背上国家财政"兜底"的包袱,以及缺乏外在的竞争压力和内在经济利益激励机制,其经营的收益性同民营相比,就低得多,有些国家甚至还出现了负收入。例如,1980—1990年,美国民营养老保险基金的实际收益率为8%,同期政府经营养老保险基金的实际收益率为4.8%,而肯尼亚的实际收益率则为-3.8%,埃及为-11.7%,委内瑞拉为-15.3%。

　　20世纪80年代以来,养老基金市场化程度不断加深,养老基金投资呈现出股市化和国际化的趋势。养老基金投入企业股票和债券的比重大幅度上升的主要原因:一是20世纪80年代以来各国金融业的现代化、市场化的加速发展,金融投资工具多样化和投资管理基金化,促进了养老基金投向的股票化和分散化;二是投资于企业股票和债券的收益率高于购买国债。如在美国,完全用于购买政府的特别国债券的养老基金年息仅为7%,而主要投入股市的产业工人养老基金在整个20世纪80年代的年收益率为12%—15%。随着世界范围的养老金体制改革,养老金民营化、采取基金制、允许私人部门管理公共养老金计划以及放松养老金资产投资限制的趋势越来越强。这些因素使养老基金对市场的敏感度越来越大,它们也更愿意通过证券市场和国际市场分散投资组合来达到最佳的风险收益搭配。

二、水平节制论

该理论在对社会保障水平过高(即高福利)所带来的负面影响进行反思后,认为需要对社会保障的规模与水平进行节制,即对社会保障支出进行削减,提出个人积累或自我保障论和商业经营理论。该理论基于西方发达国家尤其是福利国家所遇到的社会保障财政危机,认为传统的社会保障是政府过多地包揽了社会成员的福利,以致影响了发展效率,从而主张社会保障走社会成员个人积累或自我保障的道路。商业经营理论则是基于以往各国的社会保险基金基本由政府统一控制,难以自主运行并保值增值而提出来的,其主要内容就是主张让社会保险基金独立营运,以基金营运的收益来补充社会保障的亏损,并壮大基金。换言之,在社会保障中更多地由社会成员与企业缴费,政府则不承担直接责任。一些发达国家20世纪80年代以来对社会保障制度进行改革,就是以这些理论为依据的。但由于社会保障的刚性,这种理论在实践中往往处于矛盾的境地。到现在,只有很少国家(如新加坡)将社会保障制度建立在这种理论基础上,并且不少人对这样运作是否能确保基金安全提出质疑。

三、东西方国家社会保障理论的比较与借鉴

西方国家尤其是西方发达国家的就业保障是城乡一体化,因为它们已经实现了工业化、现代化。但是它们的一些社会保障的理论和实践为建立健全我国农民社会保障体系提供了借鉴。而马克思主义的社会保障理论尽管有些论述与当代中国农民社会保障的实际有一定的差距,但其基本原理仍然是建立健全当代中国农民社会保障体系的行动指南。

西方国家的社会保障理论多是从经济学的角度出发,研究的视野比较狭窄,而马克思主义的社会保障理论则是从社会学、管理学、经济学、法学、政治学等多种角度进行研究。本书就是以马克思主义的社会保障理论为指导,在借鉴西方国家、苏联及东欧国家的成功经验的基础上从多个角度出发构筑起具有中国特色的当代中国失地农民社会保障体系。

本书通过东西方国家社会保障的理论与实践的比较发现,当代中国失地农民不仅需要社会养老和医疗保障,还需要就业权利保障、就业教育培训保障、就业制度保障以及就业权益保障,更需要社会救助与社会福利保障。因此本书使用社会保障这一传统提法,采用的是广义上的概念。它既包括了保障失地农民的生老病死,又能够使广大农民规避就业中遇到的种种风险,保护劳动工作权利,还可以与其他国民一样共同享受经济社会发展的成果。这对于全面解决当代中国失地农民问题,尤其是对于构建全国统一的社会保障制度体系提供了理论上的依据和实践上的借鉴。

通过比较发现，苏联东欧国家尽管社会制度发生了变化，但是它们对农民社会保障所进行的实践为建立健全中国特色的失地农民社会保障体系提供了借鉴。这说明社会制度的变迁并不表明该国当时的所有做法都是错误的。

第五节　社会保障制度的基本原则

一、保障生存权和发展权原则

在《公民权利和政治权利国际公约》中，生命权是唯一一种被称之为每一个人固有权利的人权。该公约第六条规定第一款："人人有固有的生命权。这个权利应当受到法律保护。不得任意剥夺任何人的生命。"联合国人权事务委员会在其针对第六条所作出的第一个一般性意见中，将生命权称之为"最高权利"。即使是"在社会紧急状态威胁到国家的生命的时候"，依据这一公约的规定，生命权也是不得加以克减的权利之一。①《世界人权宣言》第三条规定："人人有权享有生命、自由和人身安全。"第二十三条规定："人人有权工作、自由选择职业、享受公正和合适的工作条件并享受免于失业的保障。人人有同工同酬的权利，不受任何歧视。每一个工作的人，有权享受公正和合适的报酬，保证使他本人和家属有一个符合人的尊严的生活条件，必要时并辅以其他方式的社会保障。"

作为一切人权的起点，韩德培先生在他主编的《人权的理论与实践》中认为"作为第一人权，是贯穿着基本人权发展始终的人权，它随着人类的进步和社会的发展，随着人类同自然界斗争的不

---

① 《国际人权法教程》(第一卷)，中国政法大学出版社 2002 年版，第 89 页。

断胜利而不断丰富和发展"。① 美国的《独立宣言》认为:"人人生而平等,他们都从他们的造物主那边被赋予了某些不可转让的权利,其中包括生命权、自由权和追求幸福的权利。"

关于生存权的主要内容,曹明睿在其《社会救助法律制度研究》②中认为,生存权的内容主要有:第一,生命权是生存权的自然形式。现代生存权与人的尊严权紧密结合,人不能够在屈辱的状态下生存残喘。第二,个人财产是生存权实现的物质条件。第三,劳动权是实现生存权的一般条件。第四,社会保障权是生存权的救济方式。第五,发展权是生存权的必然要求。

从国际公约到国内立法,再到学者见解的考察,我们可以得到这样的结论:生存权理论已经被世界各个国家所接受,它是人类的首要人权。而发展权是生存权实现的必然要求。这就意味着,发展权是一项基本人权,是实现自由、进步、正义和创新的前提。从某种意义上说,最本质的人权都是超越法律的。例如,生命权的产生既不依赖于国际法,也不依赖于国内法,它是先于法律而存在的。因此,生命权是统率一切人权的法律,发展权成为一项法律权利,也应当是不言而喻的,其原因就在于,发展权是生命权的必然结果。

正如联合国大会1986年12月4日通过第41/128号决议《发展权宣言》所指出:发展是经济、社会、文化和政治的全面进程,其目的是在全体人民和所有个人积极、自由和有意义地参与发展及其带来的利益的公平分配的基础上,不断改善全体人民和所有个人的福利。该宣言第1条规定,发展权利是一项不可剥夺的人权,

---

① 韩德培主编:《人权的理论与实践》,武汉大学出版社1995年版,第380页。

② 参见曹明睿:《社会救助法律制度研究》,厦门大学出版社2005年版,第107页。

由于这种权利,每个人和所有各国人民均有权参与、促进并享受经济、社会、文化和政治发展,在这种发展中,所有人权和基本自由都能获得充分实现。

发展权的内容,就个体而言,首先应当是生存发展权。《世界人权宣言》第 25 条第 1 款规定:"人人有权享受维持他本人和家属的健康和福利所需的生活水准。"《经济、社会和文化权利国际公约》第 11 条规定:"本缔约各国承认人人有权为他自己和家庭获得相当的生活水准。"《儿童权利公约》第 27 条规定:"缔约国确认每个儿童均有权享有足以促进其生理、心理、精神、道德和社会发展的生活水平。"有关国际法律文件没有给"适当的生活水准"这个词下更准确的定义,但是联系上下文可以在某种程度上知道它的含义。在《世界人权宣言》第 25 条中,该词指"足以维持他本人和家属的健康和福利,包括食物、衣着、住房、医疗和必要的社会服务";在《经济、社会和文化权利国际公约》第 11 条中,它包括"足够的食物、衣着和住房";而儿童则有权享有"足以促进儿童的生理、心理、精神、道德和社会发展的生活水平"。

食物、衣着和住房是基本必需品,但适当的生活水准则要求更多。要求多少不能作一般性的规定,而是取决于有关社会的经济、文化等条件。最本质的一点是,人人应当在不受羞辱和没有不合理的障碍的情况下充分地与他人进行一般的日常交往。这特别指他们应当能够有尊严地享有基本需求。任何人都不应当生活在只能通过诸如乞讨、卖淫或者债务劳动等有辱人格或者丧失基本自由的方法来满足其需求的状况之中。

从纯物质的角度来说,适当的生活水准意味着有关社会的贫困线以上的生活。根据世界银行的规定,社会贫困线由购买最低水准的食物和其他必需品所需要的费用以及购买更多的东西所需要的费用这两部分费用组成,这些费用反映了参与社会日常生活的费用,其费用因国而异。有关个人或者家庭为了自身消费而生产的必需品也应当考虑进去。因为他们通常不是买来的,所以不能够用金钱来计算。

获得适当的食物的权利核心是指能够获得在数量和质量上足以满足个人饮食需要的权利。食物不得含有有害物质并能为某一特定文化环境所接受。此外,食物还必须可持续地获得,这就要求能够达到长期的可提供性和可获得性。适当的生活水准还要求适当的照料,这种照料对儿童、老人、残疾人以及对儿童负有直接责任的人来说尤其重要。照料是指家庭和社区提供时间、关心和支持,以满足儿童和其他家庭成员的生理、心理和社会需要,它导致最有效地利用人力、经济和组织资源。

社会保障从本质上讲,是国民收入再分配的活动,国家和社会通过在不同社会成员之间的收入转移支付,保障所有公民的生产和再生产。从这个意义上讲,社会保障制度的根本宗旨是保障公民的生存权和发展权。事实上,社会保障制度的许多计划如养老保险、生育保险、灾害救济、失业保险等,都涉及对象的生存权;在就业培训、子女教育、儿童营养计划、公共卫生事业方面的投入则是为了保障公民的发展权。

二、政府责任原则

随着社会成员社会保障权利观念的形成,社会保障的责任和义务也同时从家庭、家族、宗教团体、企业和商业组织等主体转移到政府和国家身上。[①] 明确社会保障制度建设中的政府责任,很

---

① 郭士征:《社会保障研究》,上海财经大学出版社 2005 年版,第 351 页。

大程度上是因为政府在公共管理、经济生活、社会事务等社会政策、法律制度建设方面具有不可替代的作用。

政府作为社会保障的责任主体是国家对内职能的体现,是促使社会政治、经济、文化、科技等稳定、健康和可持续发展的需要。浙江省部分城市和上海市等发达区域对失地农民所构建的社会保障模式,从制度构建的角度来看,都是强化政府在社会保障体系中作为责任主体的结果。没有政府的政策指导、具体组织和相关文件的切实制定,就不会有失地农民社会保障制度的建立。相反,许多城市在征地过程中以货币一次性补偿农民的办法和社会保障制度的缺失,既是我国长期二元经济结构下忽视农民利益和未来保障等路径依赖的结果,也是政府作为社会保障责任主体其功能缺失和作用弱化的体现。所以,在建立失地农民社会保障制度过程中,加强政府的主体责任,使政府的主体地位和作用显性化就显得尤为重要了。

从法律的角度来看,《发展权宣言》第2条第3款规定,国家有权利和义务制定适当的国家发展政策,其目的是在全体人民和所有个人积极、自由和有意义地参与发展及其带来的利益的公平分配的基础上,不断改善全体人民和所有个人的福利。第8条规定,各国应在国家一级采取一切必要措施实现发展权利,并应为此目的竭尽全力。除其他事项外,所有人在获得资源、教育、保健服务、粮食、住房、就业、收入公平分配等方面机会均等。应采取有效措施确保妇女在发展过程中发挥积极作用。应当进行适当的经济和社会改革,以根除所有的社会不公正现象。各国应当鼓励民众在各个领域的参与,这是发展和充分实现所有人权的重要因素。第10条规定,应当采取步骤以确保充分行使和逐步增进发展权利,包括拟订、通过和实施国家一级和国际一级的政策、立法、行政及其他措施。1952 年国际劳工组织大会通过的《社会保障最低标准公约》（国际劳工组织第 102 号公约）也规定各个会员国应当保证履行义务，向受保护对象提供老龄津贴、失业津贴、残疾津贴等等，我国作为其成员国，应当履行相关国际义务。

作为社会保障制度责任主体的政府，当前的责任应主要侧重于以下两个方面。一是在征地过程中应积极指导和推进农地商用的市场化。加强政府在征地行为和土地市场化过程中具体主导操作的责任。这一方面可以防止处于弱势群体的失地农民的利益受损；另一方面，也能从土地市场化较高的收益中以费或税的形式征集社保基金，弥补资金缺口。二是大多数农民在货币消费上存在短期行为，有限的货币补偿对失地农民起不到社会保障的作用（朱明芬，2003）。许多城市所采取的一次性货币补偿固然简单易行，农民似乎也较容易接受，但却因此留下了许多社会不稳定的因素，所以，政府在以"土地换保障"中征集社会统筹部分的资金以外，还应强制性引导农民建立自己的社保个人账户，并把一些切实可行的措施规范化、制度化。

当然，正如美国经济学家保罗·萨缪尔森在其名著《经济学》所写：人类几千年的历史告诉我们，仅仅依靠热情是不能解决饥饿和治愈疾病的。一个自由和有效的市场经济并不必然使收入分配、社会保障得到全社会的认可。决定社会保障制度进程的最佳路径需要的是政府冷静的头脑，它可以客观地评估各个方法的成本和收益，而不受到各种一相情愿的空想的干扰。那种"各尽所能，按需分配"的乌托邦幻想在任何一个社会长期存在。为了维持经济的高效率，政府就必须让人们保持工作的激情和储蓄的动力，如果政府过于慷慨，人们就会依赖政府，他们会逐渐认为政府应当为他们的生活承担责任,这样就会使他们进取之剑日益锈钝。①

总之,国家责任在社会保障制度建设中,主要体现在建立社会保障法律体系、规范社会资金的来源与使用、强化社会保障资金的监督管理等方面。在当前,强调政府承担社会保障的责任,主要是因为我国不少地方政府还没有改变狭隘的政绩观,把发展经济视为第一要务,没有认识到政府在社会保障方面的责任,更谈不上对社会保障的内容、意义、作用等方面的认识。他们总是以我国人口众多、政府财力有限为由,而没有考虑到人们群众的迫切需要。

三、社会公平原则

公平是现代社会的首要价值取向,是现代社会保障制度的本质和核心,②社会公平是和谐社会发展的重要内容。它是指社会应当以公正的、不偏不倚的态度来对待每个成员。社会公平作为人类追求的最高目标,客观上反映在社会成员的收益分配和生活状况等方面。就社会公平本身而言,它包含着三层含义:一是起点公平;二是过程公平;三是结果公平。③

社会保障强调社会成员参与的机会公平性原则。在社会化的社会保障制度实施中,不存在任何特殊阶层,只有建立在权利平等基础上,即机会公平,任何成员只要符合法律规定的条件,不论地位、职业、贫富、民族等差异,都强制地纳入社会保障范围,其保障程度越高,这种机会公平性就表现得越充分。另一方面,社会保障

---

① 萨缪尔森:《经济学》,萧琛主译,人民邮电出版社2004年版,第4页。
② 郑功成:《社会保障学》,商务印书馆2003年版,第17页。
③ 郑功成:《论中国特色的社会保障道路》,武汉大学出版社1997年版,第57页。

在一定程度上维持着社会成员发展的起点与过程公平。社会保障的机会公平性决定了对全体成员基本生活提供保障,在解除后顾之忧的条件下,参与社会的公平竞争,不致因先天不足或者生活无保障而陷入生存困境,从而在一定程度上维持着社会发展的起点公平。例如通过职业培训,失业保险,能够使一部分成员重新参与社会竞争;通过灾害救济,使社会成员迅速恢复生产和正常生活等。再次,社会保障通过财政转移支付在一定程度上缩小了贫富差距导致的社会不公平。在市场经济条件下,由于社会成员拥有的资源有大有小,劳动技能有高有低,身体素质有强有弱,其社会发展的结果是不公平的,表现在收入存在很大差距。收入差距不断扩大、一部分成员的贫困化是市场竞争的必然现象,这就需要社会保障来维持竞争力弱小的群体的基本生活。

当然,这里的公平只能是相对的公平。只有相对公平才能够维护社会劳动力的再生产,确保市场拥有源源不断的产业后备军;①只有相对公平的实现,才能较好地协调物质利益关系,激发劳动者的生产积极性;才能实现人民安居乐业,维护社会秩序。历史已经反复证明,只有一定的社会公平,才能够实现国家的长治久安,我们的社会才能更和谐地发展。

社会公平体现在权利公平、机会公平、规则公平和分配公平上。社会保障首先体现在社会权利的公平上,它确认并且保证人权,尤其是人的生存权利和发展权利,这是每一个社会主体所必须具有的基本权利。机会公平是社会主体在参与社会经济活动时拥有同样的条件,它要求社会提供的生存、发展、享受机会对每个社会主体是均等的。具体表现在选择职业、职务晋升、资源利用等方

---

① 邓大松:《社会保险》,中国劳动社会保障出版社 2002 年版,第 350 页。

面都有自由选择、平等参与的机会,也表现为社会成员在接受教育、培训、获得信息等方面,都有获得平等发展、施展才华的机会。规则公平是社会主体在参与政治、经济、社会事务等活动的整个过程中所面对的行为规范和行动准则的公平性。例如选举法、民事诉讼法、行政诉讼法、刑事诉讼法等程序性的法律规范应确保所有参与主体都平等遵循。

就社会保障而言,是以保证所有社会主体的基本生活权利为目标,从多方面保障社会公平。我国宪法也明确肯定每个公民都有从国家和社会获得物质帮助的权利。社会保障制度设计强调社会成员参与机会公平,任何社会成员只要符合法律规定的条件,都应当有获得社会保障的机会。社会成员在获得工伤、医疗等方面的福利时,应当依照法定的程序申请和批准,其获得的保障水平也应当与经济发展的水平相适应。

四、社会连带责任原则

社会连带思想的主要代表人物是著名社会学家孔德、涂尔干(又译杜尔克姆、迪尔凯姆)和狄骥。孔德最早使用了社会连带这一范畴,提出了社会连带理论,并创立了社会学。涂尔干进一步发展了社会连带理论,提出了"法—社会连带关系"说,最终确立了法律和社会学的关系。狄骥以孔德的实证主义、涂尔干的社会连带学说等为基础创立了社会连带法学。孔德把社会作为一个有机整体来考察,认为社会和其他生命机体一样,各个部分之间必然是协调一致的,从而构成和谐、连带的整体。在他看来,社会起源于人类的利己和利他的社会本能或社会冲动。利己主义冲动是社会不可缺少的,它给人们的社会活动指出目的和方向。但是,还有一种高尚的本能和冲动,这就是人的社会感情,或者叫作利他倾向。

这种感情为理智所鼓舞,并随着智慧的增加而不断发展和加强。社会越向前发展,知识越增加,人的社会感情或者说控制自利的能力也就越发展。这种社会感情的表现就是相互合作和团结。①

社会连带主义者认为,社会是一个有机体,其成员是有机体的组成部分,每个人在不同部门发挥着不同的作用,执行不同的功能。社会的基础不是单个个人,真正的社会单位是家庭,社会实质上是按家庭基础和原则建立起来的。家庭的和谐和依从关系就是社会最好的范例和模型。社会是家庭的总和,社会的组织方式是家庭的组织方式的扩大。如果说家庭聚合在一起的黏合力是爱,社会聚合成一个有机整体的黏合力则是合作。人们在追求各自目的时,不知不觉地相互合作着。这种合作正是社会的根源或基础,社会的目的永远是要在这种合作中使每一个成员各得其所。

社会连带思想在社会保障立法中占有重要的地位,它强调了互助的重要性。社会连带思想是人类在长期的社会实践中形成的一种理性认识,它首先产生于人类在同自然界作斗争以求生存的过程中。社会连带思想经历了家庭连带思想、团体连带思想到社会连带思想的发展过程。

在社会连带主义法学派那里,无过失责任原则的理论根据得到代表性的阐发:"人是在社会中生活的,而且也只能在社会中生活,人由此服从一种行为规则,在它的基础上有社会性,而在它的实践上则有个别性。它所以不得不有一个规则,是因为规则是社会本身带来的,如果没有社会纪律,如果没有一种规则禁止社会成员做某种事情,如果不命令他们做某些其他事情,那就不可能有社

---

① 米健:《现代侵权行为法归责原则探索》,载《法学研究》1985年第5期。

会的存在了。"①狄骥在他的另一著作《拿破仑法典以来私法的普通变迁》中谈到归责原则时说："主观责任的范围逐渐缩小，而过失或疏忽的归属原则不复涉及个人与个人之间的关系，而只涉及团体或团体与个人间的关系。但是到了这个地步，不再是过失或疏忽的归属问题，而仅为危险的问题了……因此，就发生了一个客观的责任而不是主观的责任。在研究责任的时候，无须探求有无过失或疏忽，而仅在研究最后应由哪一个负担危险的责任。只须证明所发生的损害，损害一经证明之后，责任就自动成立了。"②以上说明社会连带责任原则在资本主义国家已从理论上成熟起来。

社会保险的功能和本质在于转移、分散危险和危险造成的损失，即某一社会成员或团体遭受的不幸损失，得以通过保险转移、分散给社会。在现代化物质生产和社会生活条件下，风险每时每刻都存在，一旦发生损害，常常非个体所能承受。事实表明，工业、交通和科技愈发展，意外事故和危险来源愈多，就更需要从整个社会的角度来看待和解决赔偿问题。只有这样，才能解除企业、事业部门乃至每个社会成员的后顾之忧，较大限度地调动物质生活和经济生产的能动性，保证全社会经济机制和效能的正常运转和发挥。

我国社会保险有工伤保险、养老保险、失业保险等，其适用的法律原则就是社会连带责任。社会保险制度对侵权行为法的意义在于它为无过失责任原则发展到社会连带责任提供了社会的现实基础。社会保险中，被保险人通过与第三者的保险契约，在失业、

---

①　狄骥：《宪法论》，商务印书馆 1959 年版，第 147 页。
②　狄骥：《拿破仑法典以来私法的普通变迁》，会文堂记书局 1937 年版，第 115 页。

工伤等产生时,由国家、企业和整个社会来承担其风险。其内容是由国家代表社会在全社会范围内,以国民收入的一部分及保险费收入作为基金,为保证社会生产和社会生活的正常进行,对社会上所生的局部损害提供最起码的补偿和保障。它以社会保险制度为实现社会安全的主要手段。社会保险制度使被保险人在正常合法的社会活动和社会生活中所遭受的损失,在侵权行为法得不到赔偿的情况下,从国家和社会得到物质帮助,借以维护正常生活。这就为社会连带责任原则的确立提供了条件。在资本主义国家,率先举办社会保险的是德国,1883 年德国颁布了世界上第一部社会保险法——《疾病保险法》,1884 年和 1889 年,又相继颁布了《工伤事故保险法》和《老年与伤残强制保险法》。这三部法律的颁布,标志着人类历史上以社会保险为核心的现代社会保障制度由此产生。

第三章　重庆失地农民的产生和影响

第一节　重庆失地农民的现状

一、重庆概况

重庆位于东经 105°17′—110°11′、北纬 28°10′—32°13′之间的青藏高原与长江中下游平原的过渡地带,地形属于四川盆地东南部丘陵地区和盆地周边地带。气候属亚热带季风性湿润气候,年平均气温在 18℃左右,冬季最低气温平均在 6—8℃,夏季平均气温在 27—29℃,日照总时数 1000—1200 小时,冬暖夏热,无霜期长、雨量充沛、温润多阴、雨热同季,常年降雨量 1000—1400 毫米,春夏之交夜雨尤甚,素有"巴山夜雨"之说。辖区东西长 470 公里,南北宽 450 公里。地界东临湖北、湖南,南接贵州,西靠四川,北连陕西。重庆幅员辽阔,域内江河纵横,峰峦叠翠。北有大巴山,东有巫山,东南有武陵山,南有大娄山,地形大势由南北向长江河谷倾斜,起伏较大。地貌以丘陵、山地为主,坡地面积较大,成层性明显,分布着典型的石林、峰林、溶洞、峡谷等喀斯特景观。主要河流有长江、嘉陵江、乌江、涪江、綦江、大宁河等。长江干流自西向东横贯全境,流程长达 665 公里,横穿巫山三个背斜,形成著名的瞿塘峡、巫峡、西陵峡,即举世闻名的长江三峡。

1997 年 3 月 14 日,经八届全国人大五次会议审议批准,重庆正式成为中国第四个、西部地区唯一的直辖市。其幅员面积 8.24 万平方公里,下辖 40 个行政区县(自治县、市),有 18 个区(万州区、涪陵区、渝中区、大渡口区、江北区、沙坪坝区、九龙坡区、南岸区、北碚区、万盛区、双桥区、渝北区、巴南区、黔江区、长寿区、江津区、合川区、永川区),22 个县(自治县、市)(南川市、綦江县、潼南县、铜梁县、大足县、荣昌县、璧山县、梁平县、城口县、丰都县、垫江县、武隆县、忠县、开县、云阳县、奉节县、巫山县、巫溪县、石柱土家族自治县、秀山土家族苗族自治县、酉阳土家族苗族自治县、彭水苗族土家族自治县)。重庆以主城区为依托,各区、县(自治县、市)形如众星拱月,构成了大、中、小城市有机结合的组团式、网络化的现代城市群,是中国目前行政辖区最大、人口最多、管理行政单元最多的特大型城市。总人口 3160 万人,其中农业人口 2350 万人,是我国的大城市、大农村"二元经济结构"的典型代表。2006 年,重庆市实现 GDP 总值 3486.2 亿元,人均 GDP1.1 万元;地方财政收入达到 529.5 亿元;城乡居民储蓄余额 2949 亿元;城市居民人均可支配收入 11570 元,农村居民人均纯收入 2874 元。

二、重庆城市化扩张而产生失地农民概况

20 世纪 80 年代、1992 年前后和 2006 年前后,中国先后兴起了三次轰轰烈烈的圈地浪潮,全国各地数以千计的开发区、工业园,侵蚀了大量的耕地。据资料显示,1987 年至 2001 年,全国非农建设占用耕地 3394.6 万亩,2002 年中国耕地面积净减少 2529 万亩,2003 年中国耕地面积再次净减少 3806 万亩。截止到 2004 年年底,全国开发区占地 3.54 万平方公里以上,已经超过现有城市建设用地总量。这场运动正在产生着大批"种田无地,上班无

岗,低保无份"的失地农民。目前,全国失地农民总数估计在 4000 万人左右,每年还要新增 200 多万人。按照《全国土地利用总体规划纲要》,2000 年至 2030 年的 30 年间占用耕地将超过 5450 万亩。一般每征用一亩耕地,就伴随着 1.5 个农民失业,这就意味着我国"失地农民群体"将从目前的约 4000 万人剧增至 2030 年的 1.1 亿人。如果不能对庞大的失地农民群体进行妥善的安置,必将产生巨大的社会问题。

就重庆的情况而言,由于主城区高度集中在渝中半岛狭窄的 30 多平方公里的范围内,让人施展不开手脚,必须有大动作,"腾笼换鸟"。结果是催生了高新区、经济开发区、长寿开发区、西永开发区这样 4 个国家级开发区,外挂一个"北部新区"。另外还有以九龙坡工业园区为代表的重庆市管理的 30 个工业园区,还包括为了城市建设而进行的道路改造、高速公路修建,江北国际机场扩建,重庆大学城、重庆钢铁集团的搬迁与修建,以重庆天元化工厂、重庆建设集团为代表的 40 多个污染企业的搬迁等一系列大动作。

这样下去,土地就成了矛盾的焦点:一方面是多种基础设施建设、工业用地对土地需求量的剧增,另一方面是农民对土地拥有承包权。而且随着土地大量被征占,社会上迅速催生出一个急剧膨胀的群体——失地农民。目前,由于经济发展水平、政策、管理体制、失地农民自身素质等多方面的原因,失地农民大部分就业困难,整体生活状况差,已成为城市新的困难群体,社会矛盾日益突出。

根据重庆市国土房屋管理部门的统计,重庆市从 1982 年以来开始征地,当时,重庆市还隶属于四川省管辖,1982 年 7 月—1992 年,征地文件是按重府发(1982)122 文件或四川省的相应期间的文件执行。因为征地而办理农转非(城市户口)的人员有 79809

人。1993 年 1 月 1 日开始实施重庆市人民政府(1992)31 号令,即《重庆市国家建设征用土地人员安置若干规定》,对被征地农民给予补偿安置,提出了养老保险安置的办法。文件执行期限是 1992 年 5 月—1994 年 11 月,按照这一文件办理农转非(城市户口)的人员有 60445 人,其中男性年满 60 周岁、女性年满 55 周岁的有 8375 人。

1994 年 12 月—1998 年 12 月 31 日,执行的是重庆市人民政府重令 64 号文件,按照这一文件办理农转非(城市户口)的人员有 176151 人,其中男性年满 60 周岁、女性年满 55 周岁的有 28116 人。

1999 年 1 月 1 日起实施《重庆市土地管理规定》,即重府发(1999)第 53 号令,1999 年 4 月 13 日蒲海清市长发布了《重庆市征地补偿安置办法》,即重府发(1999)(第 55 号)令,该办法于 1999 年 4 月 2 日市人民政府第 36 次常务会议审议通过,自 1999 年 1 月 1 日起施行。55 号令的有效期限为 1999 年 1 月—2004 年 12 月 31 日。按照这一红头文件办理农转非(城市户口)的人员有 371369 人,其中男性年满 60 周岁、女性年满 55 周岁的有 57313 人。

2005 年 7 月 5 日印发的重庆市人民政府文件《关于调整征地补偿安置标准做好征地补偿安置工作的通知》即渝府发(2005)67 号,按照该文件的要求,从 2005 年 1 月 1 日起实施这一征地补偿安置标准。

截止到 2005 年 12 月 31 日,因为征地而失去土地的农民,农转非人数总计有 716404 人。其中主城区有 347843 人。

(一)失地农民安置补偿标准

重庆市从 1992 年以来对征地农转非人员开始实行货币安置

政策,具体如表3—1:

表3—1

时间	执行文件	土地补偿费,安置助费合计(元)	全市农转非人数(人)	60、55人员
1992年5月至1994年11月	重令31号	5000元10000元	60445	8375
1994年12月至1998年12月	重令64号	17496元	176151	28116
1999年1月至2004年12月	渝府发53、55号	20700元22050元	371369	57313
2005年起	渝府发67号	20700—23920—27600元		
合计			607965	93804

说明:表3—1表明本方案确定已征地农转非人员参保起始时间定为1992年
　　　5月。

(二)失地农民安置情况

作者选择征地问题最多、矛盾最突出的重庆市高新区为例,重点说明失地农民安置的基本情况。按照重庆市政府的部署,失地农民的安置包括三个方面的内容:就业安置、住房安置和养老安置。

1. 失地农民的就业安置

重庆高新技术产业开发区是全国53个国家级高新技术产业开发区之一。自1993年动工建设以来,共完成征地21.2平方公里,随着工业园区开发的快速推进,近两年内预计还要征地26.8平方公里,共需要安置农民62579人。

　　到 2003 年年底,高新区失地农民总量为 34987 人,按照重庆市政府的要求,北部新区高新园区近两年全部完成征地,失地农民静态人口达到 62579 人。在已经征地的 34987 名农民中,其中高中文化 3439 人,占 9.83%;初中文化 13721 人,占 39.22%;小学及以下 16449 人,占 47.02%;大中专以上 776 人,占 2.22%。其人口空间分布如下:

表 3—2　2003、2005 年高新区失地农民人口分布表　　单位:人

	石桥铺街道	石桥镇	人和镇	大竹林镇	合计
2003 年以前	2104	9550	18411	4922	34987
2004 年以后	1122	8322	8067	10081	27592
失地农民总人口	3226	17872	26278	15003	62579
失地农民中的劳动力人口	1660	9197	13523	7721	32203

　　(1)应当安置的劳动力

　　按照劳动力的界定,男 16—60 岁、女 16—55 岁为劳动就业安置人口。根据高新区三镇一街道现有失地农民人口资料计算,劳动力人口占总人口比重为 51.46%。高新区 2003 年年底以前已经转为城市居民的人口中,需要安置的劳动力为 18004 人,2004—2005 年需要安置的劳动力 14199 人,共计转为城市居民的劳动力 32203 人。

　　(2)劳动力安置情况

　　失地农民劳动力安置有两种方式。一是由征地部门统一解决就业,具体做法是把安置补偿费直接给予接收就业单位。这种方式在石桥镇 20 世纪 90 年代初实行过,但是没有成功,许多接收企

业在接收一年内以各种理由开除辞退了这些失地农民。二是一次性发给就业安置补偿费,自谋职业方式安置。20 世纪 90 年代以来实行这种方式已经成为唯一选择。

(3)失地农民实际就业情况

在失地农民劳动力就业安置过程中,当地政府做了大量工作,包括就业培训、组织和介绍就业等,但是总体上看效果不明显。高新区三镇一街道大约有三分之一的劳动力能够自谋职业;有三分之一的劳动力需要政府帮助解决就业;还有三分之一的劳动力属于就业特别困难。从调查的情况来看,三镇一街道失地农民就业率在 50% 左右。

2. 失地农民的住房安置

高新区失地农民住房安置有两种方式。一是实物安置。按照每人 20 平方米的标准进行房屋安置。由征地部门委托建筑企业新建安置房(小区)进行统一安置,安置房屋价格按照略高于旧房拆迁补偿费的标准确定,高出旧房拆迁补偿费的部分由失地农民补足。高新区石桥铺街道、人和镇、大竹林镇全部采取这种方式。二是实物安置与货币安置相结合的方式。高新区石桥镇从 2000 年开始实行,部分失地农民采取这种方式。具体做法是,旧房拆迁按照略低于市场中低档商品房价格的标准进行补偿,仍由拆迁单位委托建筑单位修建经济实用房(小区)进行统一安置,还建房价格按照略高于综合造价的标准确定,每人 20 平方米,实行价格补差。

3. 失地农民的养老保险

养老保险开始于 1993 年。1992 年重庆市政府出台了《重庆市国家建设征用土地人员安置若干规定》,即 31 号令,提出了养老保险安置办法。参与养老保险的年龄,女性年满 40 周岁(包括本数)以上,男性年满 50 周岁(包括本数)以上,按照自愿原则办理。采用储蓄式养老保险,参保人员把征地补偿费交给人寿保险公司重庆分公司,年息按照 10% 计算,参加保险次月立即发放保险费(实际上按照利息支付)。五年一期。从人和镇的情况来看,1993—2003 年,失地农民参加养老保险的 4273 人,占失地农民总人数的 23%,占 40(女)、50(男)的失地农民的 100%。其他镇与人和镇的情况基本相同。1993—2006 年,重庆市政府关于征地补偿的政策,先后出台了 31 号令(有效期为 1993—1994 年)、64 号令(有效期为 1995—1998 年)、55 号令(有效期为 1999—2004 年),67 号令(有效期为 2005—),这些文件规定的征地补偿标准逐步增加,分别为 108 元/人/月(31 号令标准)、145 元/人/月(64 号令标准)、175 元/人/月(55 号令标准)、195 元/人/月(67 号令标准)。不足城市最低生活保障线的部分由当地区县财政按照最低生活保障标准补齐。

三、三峡水库修建的失地农民

(一)移民搬迁情况

三峡工程库区移民多达 113 万,其中农村移民占 40.5 万。按当时国家制定的三峡移民政策,60 多万城市和城镇移民全部在新城市和新城镇安置,40 多万农村移民主要采用"以土为本"的办法,通过开垦荒山荒坡、调整原有土地、改造贫瘠坡地等手段,将移民后靠安置,没有提及外迁安置事宜。

但就地后靠的安置办法在实践中遇到了挑战。首先是三峡库区开发早、荒坡地储量小。据长江水利委员会的调查,三峡库区开垦历史较早,向来存在人多地少的矛盾。三峡库区的垦殖率是全国平均水平的 200%,凡是能开垦的地方都被祖先开垦出来了,可供开垦的荒山荒坡的储量非常有限。其次,那些勉强开垦出来的土地,也是海拔高、土层薄、肥力小、灌溉难,无法满足移民"安得稳、逐步能致富"的要求。再次,库区的生态链条脆弱,开垦荒地将造成三峡库区大量的水土流失,给未来三峡工程的安全运营和下游群众的生命财产安全带来了极大的隐患。1998 年长江流域大洪水后,党中央国务院在深入调查研究的基础上,在 1999 年 5 月召开的三峡工程移民工作会议上,作出了"鼓励和引导更多农村移民外迁"的政策调整。

2006 年 11 月,根据重庆市移民局进行的移民身份清理,重庆库区移民总人数为 113.8 万人,其中农村移民 48.9 万人,城镇移民 64.9 万人。据有关部门初步调查统计,重庆库区城集镇和农村后靠移民劳动力总数为 47.0 万人(不含外迁),其中城集镇劳动力为 35.0 万人(其中居民劳动力 14.4 万人,占地移民劳动力 5.0 万人,搬迁企业下岗职工劳动力 15.6 万人),占 74.5%;农村后靠移民劳动力为 12.0 万人,占 25.5%。在 47.0 万库区移民劳动力中,按男女性别分:男劳动力人数为 26.0 万人,占 55.3%;女劳动力人数为 21.0 万人,占 44.7%。按文化程度分,城集镇劳动力 35.0 万人中,高中及以上文化程度 9.3 万人,占 26.6%;农村后靠移民劳动力 12.0 万人中,高中及以上文化程度 1.1 万人,占 9.2%。

(二)地理环境资源情况

从地理位置、地貌特征、资源状况、人口素质等综合因素来看,三峡库区在国内具有贫困地区的典型特征。贫困地区在其发展道路的选择上,大多数是粗放式经营,低水平重复建设多,资源浪费严重。近十几年来,三峡库区的经济有了一定程度的增长,但其产业的结构和等级决定其经济增长的模式总体上是粗放的,经济增长付出的环境代价是巨大的。水环境方面,除城市生产、生活废水排放造成库区水环境(以河流为主,包括湖、库、地下水等)受到不同程度的污染外,库区山地丘陵广布,泥石流、山体滑坡等灾害频繁,水土流失严重。全库区水土流失面积 4.35 万平方公里,占重庆市土地总面积的 52.8%,每年土壤流失量大于国家标准 3—10 倍,是长江上游水土流失最严重的地区之一。

农业资源方面,库区具有 4000 多种植物资源和 500 多种动物资源,形成了以桐油、生漆、柑橘为代表的一大批优质农林特产品。但是,库区耕地面积少并且坡耕地居多,1998 年库区人均耕地 0.81 亩,比全国平均水平低 0.32 亩,坡耕地占耕地总面积的 95.3%。三峡工程建成蓄水后,耕地面积进一步减少,土地资源更加短缺。矿产利用方面,库区矿产资源 40 余种,质量稳定,品位较高、分布集中、易于开采,特别是天然气、盐矿、石灰石等优势明显。

三峡库区山高坡陡、人多地少,农民的密集耕作对生态环境的破坏力越来越大,库区的森林覆盖率已由 20 世纪 50 年代的 26% 下降到目前的 17%,基本找不到成熟的森林。三峡库区共有土地 21667 平方公里,水土流失面积占 62%,库区总产砂量平均每年 1.55 亿吨,入长江的泥砂约为 4000 万吨。加之这一地区地质条件复杂,每年汛期山体滑坡、泥石流等自然灾害时有发生。水土流失和环境污染等问题,已是三峡库区的重大隐患。

(三)库区城集镇劳动力就业情况

到 2006 年 3 月底,库区城集镇移民劳动力已就业人数为 13.0 万人,占城集镇移民劳动力的 37.1%。其中:居民就业 7.5 万人,占居民劳动力的 52.1%;占地移民就业 1.0 万人,占占地移民劳动力的 20.0%;搬迁企业下岗职工 5.4 万人,占搬迁企业职工的 34.6%。从就业的渠道来看,城集镇居民主要从事服务业,搬迁企业职工主要在企业就业和从事服务业,占地移民主要从事建筑业和服务业。其中占地移民就业率最低,仅为占地移民劳动力的20%。从丰都县初步调查的情况看,全县城镇移民就业率不足30%;该县企业下岗失业移民、占地移民、城镇纯居民就业仅7925人,就业率仅为26.29%;无一人就业的家庭3876户,比例高达40.69%,移民就业压力大。

第二节　重庆失地农民的特点

一、重庆城市化速度快,失地农民数量增加迅速

在面积8.24万平方公里上,重庆既有广大的农村地区,又有特大型城市,具有典型的二元经济结构特征。1998年年末全市总人口为3059.69万人,其中非农业人口只有614.03万人,而重庆主城六个区的非农业人口就有222.79万人。成为中央直辖市以后,重庆市的城市化速度走上快车道。1997年重庆成为直辖市时城市化率为28%,2004年城市化率上升为36.4%,重庆城市化率每提高1%,净增城市人口为30万人,到2006年已经达到45%。当前每年城市人口的增幅是1.8%,而全国最近五年的平均增幅是0.8%—0.9%。也就是说,重庆城市化速度要高出全国平均值一倍。一个地方,农民更多地转化为城市居民,说明这个地方的城市化进程、工业化进程加快了,城乡经济更加和谐了。按照这个速度,十几年以后,重庆就有2000多万城市人口、1000多万农村人口,跟原来1000万城市人口、2000万农村人口的结构相反。根据重庆市国民经济和社会发展"十一五"规划,全市未来5年,城镇化率将达到52%(目前为45%)。这意味着今后5年,每年重庆城镇化率将提高1.5个百分点以上,每年将约有50万农村人口因城

市化转为城市人口,按现有人均住房建筑面积水平(24 平方米),每年将有 1000 多万平方米的住房需求。未来 15 年内重庆城市化率还将达到 65%,这就意味着将产生 750 万失地农民。上述预计在 2007 年重庆市统计局公布的人口抽样调查结果当中得到证实。根据《重庆时报》2007 年 3 月 30 日第 9 版的报道:重庆 2006 年常住人口为 2808 万人,与上年相比,增加 10 万人。居住在城镇的人口为 1131. 29 万人,占常住人口的 46.7%,与上年相比,全市城镇人口增加 45. 34 万人。去年外出人口 680. 61 万人,比上年增加 43. 35 万人,其中外出到市外的人占六成以上。到外面闯的人口多来自三峡库区,占全市外出人口的 53. 2%,其中 61. 2% 的人是流动到市外。

如何使这样庞大的失地农民真正城市化而成为城市人,的确值得各级党委政府认真思考。

二、失地农民基本生活普遍困难

由于重庆地理位置相对偏僻,经济不发达,商业、工业发展缓慢,小农经济依然占据农村经济的主体地位,农村人口占重庆总人口的比例为 60% 以上。农民在失地以前,单凭种植农作物要维持简单再生产就已经非常困难,许多农户大多利用农闲时间外出打工,以补贴家计。在农村承包的土地上所产的如水稻、小麦、红薯还基本可以解决吃饭问题,虽然收入不多,但总的来说,一家三口维持生计是不成问题的,而且在粮食上还可以略有节余。但失地以后,由于失去了具有生产资料功能和生存保障功能的土地,再加上农民再就业困难,养家糊口问题几乎成为失地农民苦苦挣扎的唯一的也是最大的目标,绝大部分失地农民在失地以后处于收入的绝对下降及完全无保障状态。由此,也使失地农民的生存和生活变得更加困难。

从我们对 100 户农户的调查结果来看,有 57% 的失地农户的收入水平下降。在接受调查的 100 户农户中,耕地被占用前的年人均纯收入为 3043.3 元,耕地被占用后的年人均纯收入 2758.6 元,减少 284.7 元,下降 9.35%。其中,年人均纯收入持平和增加的分别有 22 户和 21 户,分别占调查总户数的 22% 和 21%。进一步分析表明,生活没有受太大影响的农户,其本身的收入来源中,绝大部分来源于二、三产业收入;而生活水平有下降的农户,原有的家庭收入主要来自土地经营,土地被征收后,收入来源减少。与此同时,耕地被占用前的年人均生活消费支出为 1596.2 元,而耕地被占用后的年人均生活消费支出为 1735.3 元,增加 139.1 元,增长 8.71%。主要由于失地后,一部分农户搬进楼房,取暖费、电费、水费、物业费、车费、饮食费等支出增加,导致生活消费支出增大。

失地农民主要集中于城市近郊的区位特点,使其保障问题更加严峻。与偏远地区相比,近郊区农民既可以利用区位优势向城市提供经济作物,又可以发展观光休闲娱乐性农副产业,对土地的依赖性更重。土地征用不仅造成了大批失地农民,而且使一些相对比较富裕的失地农民返贫致贫。

许多失地农民凭借补偿安置费做点小买卖或者其他事情,以维持生计,但是有相当一部分人因为经营不善、竞争激烈等原因而亏本,或者因为花销增加、生老病死等,很快就花光了这些补偿费用,成为城市边缘群体的新成员,产生新的城市贫困问题。还有些人,拿着这些钱进行赌博、吸毒、嫖娼等,也很快挥霍一空。这样一来,城市以往的下岗工人问题、旧城改造问题、环境污染问题等还没有解决,又增加了失地农民的问题,这不但给城市社会秩序带来危险,而且制约了城市的发展。

三、失地农民就业矛盾十分突出

重庆市工业基础非常薄弱,其工业主要根基还是"三线建设"时期建设起来的,成为直辖市之后才有比较大的发展。但是相对东南沿海发达的工业而言,无论是发展速度,还是发展规模与水平都有很大的差距。以重庆市九龙坡区华岩镇为例,华岩镇中梁山街道地处重庆市主城区西部近郊,渝怀铁路、成渝铁路南北纵向贯穿全境。全镇面积52.43平方公里,耕地面积9072亩,城镇人口65000人(含农转非人员6000人),农村人口近2.3万人。凭借地理位置和交通环境的特殊优势,有着良好的发展空间。为了促进经济发展,九龙坡区政府决定建立九龙工业园区,2000年征地207.975亩,2001年征地99.285亩,2002年征地394.665亩,2003年征地566.875亩,4年时间征地6370.65亩,耕地面积所剩无几。截至2004年6月,该镇征地农转非总数为6000人,其中18—55岁的有劳动能力者4000人以上,占总数的68%。按照"农村相对剩余劳动力=农村劳动力总数-农业实际需要劳动力-已转移的劳动力"的公式计算,该镇农村富余劳动力约在6000人。

重庆市处于城市化高速发展时期,由于城镇扩建、道路建设、科技园区建设等原因,造成辖区内征地农转非激增。同时,技术的发展使农业劳动生产率大幅度提高,农业劳动力需求量大大减少,加之目前正处于劳动年龄人口增长高峰期,一定程度上加速了本辖区农村富余劳动力的大量产生。

重庆市各级地方政府劳动与社会保障部门多次组织失地农民、下岗失业职工到一些经营效益较好的民营企业就业,但是职工基本上以这样那样的要求予以拒绝,企业也由于多次虚位以待耽搁正常生产,不太情愿将岗位留给政府部门推荐的失地农民。其中,最典型是2004年春节后,华岩镇中梁山街道知道有些企业要大规模招工,经多次协调,恳请辖区某效益很好的摩托车配件企业(工人工资一般在千元左右,多的能上2000元)解决一些就业名额,企业在反复考虑后同意考虑挑选20名职工,通知报名时只来了不到30人。带到企业去后,这些人提出了诸如休息天数、保证金、是否签订劳动合同、夜班住宿、工伤赔付、养老保险、医疗保险、试用期工资、劳动强度等劳动和社会保障问题。由于企业无法全面满足,最后只有2人就业,余下的岗位当天下午就被来应聘的外地农民工填充完了,当时在场的社区工作人员十分尴尬,就是再就业的2人也在不到一个月的时间自动离职了。失地农民对此有意见,认为休息时间少,劳动强度大(实行计件工资制),无后续社会保障,不办理工伤、医疗等社会保险;企业也有意见,因为经常去联系耽误工作,给的岗位又不去,由于是政府联系的没缴保证金,说走就走,厂里是人停机不停,又要赶紧找人顶工。从中可以看出,目前就业中劳资双方的矛盾还是很尖锐,最主要的是企业居于资本的强势地位,大多数用人单位违反劳动和社会保障方面的法律法规,而很少受到相应的处罚。另外,随着城市产业结构的不断升级,产业发展对劳动力的素质要求也越来越高,但城市郊区的失地农民由于文化程度低,劳动技能差,就业观念落后,对劳动条件和劳动报酬的要求比较高,很难适应这种变化和需要,也很难与"肯吃苦、低报酬"的外来农民工竞争就业岗位,实现劳动就业存在着很大的困难。已就业的人员其工作的稳定性也较差,大多数是企业临时工,收入也很难得到保障。

四、失地农民就医困难

当前国家的养老保险、医疗保险现覆盖到国家企事业单位和部分集体企业,而私营企业、民营企业,只有部分效益较好的企业缴纳了养老、医疗保险,而大部分的企业未为职工缴纳养老保险、医疗保险。纯居民的养老保险和医疗卫生保障就更无法解决,只能靠低保解决养老和生活,有意愿缴纳养老保险和医疗保险的个人也不知到哪个部门缴纳。

国家对享受城市低保人员的医疗问题规定,"对市、区县、镇医院及社区卫生点就诊的,免收门诊挂号费,医院诊疗费、手术费每次降低30%",可是卫生部门真正实行的极少,或者几乎没有,而且大病情况,此政策又能解决得了吗? 所以解决低保人员的医疗保险问题的机制也应该逐步建立。

就九龙坡区华岩镇而言,2001 年前有农民 31069 人,2006 年有农民 23413 人,其中劳动力 16107 人;2001 年前,华岩镇农民人均收入 2620 元,2003 年农民人均收入 3150 元。农民收入增长非常缓慢,而失地农民农转非以后的收入更是大幅度倒退。主要存在的问题是:

1. 农民生活无固定收入,因为农民是靠天吃饭,靠土地耕作为生,加之华岩镇随着城市化进程的加快,大量土地被征用,人均耕地较少,而且受自然灾害影响,农民生产量不多,价格随市场而不稳定,因此,农民收入不高,又不稳定,使生活无法保障。

2. 农民生活来源无政策保障,没有低保费,没有政策性基本生活费。目前,农民的基本生活、医疗、养老等均靠有限的一点土地补偿费用来维持。土地没有就什么也没有了,成为真正的"无产阶级"。

3. 无医疗保险和保障。现在医院的药费、治疗费偏高，90%以上中低收入农民生病后根本不敢进医院看病，还有少数患重大疾病的农民，为了治病，甚至倾家荡产，一贫如洗，变成新生困难户。"小病自己扛，大病等着见阎王"也成为普遍现象。

4. 养老问题严重不足。一是农民无政策性养老；二是实行计划生育，子女只有一个。因此，子女要承担双方二老生活确有实力不足。因此，年老农民现有生活费不足，又无基本保障来源。

五、失地农民从主动边缘化到被动边缘化

由于众所周知的原因，自中华人民共和国成立以来，中国城乡二元社会经济体制逐渐形成并通过户籍管理等制度使城乡处于相互隔离的状态，其结果是"城里人有上百种优惠待遇，农村人有上百种负担"（辜胜阻、简新华，1994）。城乡之间这种巨大的利益落差，使农民在有农转工机会时，尽管明知进入城市将处于城市的边缘，也渴望农转工，成为城市人，这种主动边缘化的现象普遍存在于全国各地，在一些地方甚至出现了农民花钱买城镇户口的现象。

随着计划经济体制不断向市场经济体制转化，城乡二元社会经济结构开始松动，城乡之间尤其是首先富裕起来的城郊与城市之间的比较利益缩小，甚至倒挂。城市本身也在发生利益分化，计划经济体制时期工人与干部以及其他阶层相对均质化的格局已经发生很大的变化。工人地位明显下降，沦为城市边缘群体；农转工群体多数下岗失业，成为边缘群体中的边缘者。许多农转工希望回去种庄稼，但是由于我国制度的安排，农转工的身份具有不可逆转性，这种希望自然会落空。

农转工群体的生活困难与城郊地带农民经济收入的明显上升形成反差，使得城市征地越来越困难。一方面，城市发展要求不断

向周边农村地区扩张,借用麦肯齐的话,即不断侵入农村地区,改变其土地的性质,这就使征地具有必然性;另一方面,面对城乡比较利益的差距,失地农民转为城市居民的条件已经失去往日的诱惑,主动边缘化失去了存在的客观基础。在这种情况下,当农民清楚土地的价值时,必然利用其土地和其他资源与征地方对抗。但是,"钉子户"通过"非制度性抗拒"的形式进行讨价还价的可能性不大,因为他面对的是强大的政府,最终还是按照计划征地。这些失地农民通常只得到1万—2万元的补偿安置费,就与原来的村落社会脱离了关系。

六、失地农民的市民角色转化困难

在我们的调查对象中,大部分失地农民对自我传统身份的判断与未来归属倾向不一致,其直接原因在于失地农民是被动城市化的,而其更本质和深层的原因则需要我们从当代中国社会变迁的社会结构层面予以分析和认识。城乡二元分割、由传统社会向现代社会急剧变迁、计划体制与市场体制的双轨制等独特制度性安排及其变迁的社会实践背景,使得无论是失地农民还是流动农民,传统清晰的身份界限变得模糊,他们既不同于传统的农民,又有别于现代的市民,他们到底是谁? 未来怎样?

"现代性就是产生差异、例外和边缘化"(吉登斯,1998)。失地农民内心中自我的边缘化是可以预见的。在调查中,我们发现,54.5%的调查对象觉得"前途渺茫,不知道将来会是什么样子",认同失调所导致的焦虑与不安溢于言表。

从社会学角色理论的视角来看,从农民转为市民有一个角色转换的过程,失地农民在进城后角色转换过程中会遇到角色不清与角色中断两种问题。所谓角色不清是指失地农民在进入城市以后对于市民这一角色的行为标准不清楚,不知道市民这一角色应该做什么、不应该做什么和怎样去做。角色中断指失地农民在他原来的"农民"角色和进入城市以后的"市民"角色这两个角色之间发生了前后矛盾的现象。农民角色与市民角色之间相差太远,角色转换的难度大。如果失地农民不能顺利地完成这种角色转换,最终会造成市民角色扮演的失败,影响失地农民的市民化。造成失地农民角色转换及融入城市的困难是内外方面的原因造成的,内在因素主要是心理、个人素质问题,外在因素则是社区差异与生活方式的不同。

(一)心理意识的影响

一部分失地农民在从农村社区走进城市社区后还会对角色转换产生心理抵触情绪,融入社区困难。这部分失地农民既有实力走进城市,也有想搬迁到城市的愿望,但个人受传统思想的影响较大。他们对于农村的生活方式比较认同,但又不习惯农村社区生活的某些方式,他们希望过上那种游离于两个社区之间的生活;同时他们乡土观念较强,怀旧心理严重,不能向前看,总觉得自己原始生活的地方是比较好的选择,这是一种小农思想的误导。一般情况下他们不容易融入城市社区的生活,市民化较难。由于失地农民迁入到城市社区居住后,丧失了长期在乡村建立的社会网络资源,在相当长的时间里,心理适应困难。

(二)自身素质的影响

失地农民角色转换的成败与否还与个人自身适应能力有关。这部分失地农民角色转换困难则是自己对角色的理解不清造成的,农民角色于市民角色是两个绝然不同的角色。市民角色是市民社会地位的外在表现,有其相应的一整套权利义务的规范和行为模式,人们在心中对其有约定俗成的行为期待。而部分失地农民由于个人能力和文化水平的差异,不能准确把握市民角色的内涵,对于市民角色的行为实践不成功,在日常生活中体现得更多的是农民角色形象。

(三)日常生活方式的转换滞后

入乡随俗,进入新的环境,生活方式也应该有所改变,但已有的调查表明失地农民进入城市后并没能很好地完成生活方式的转换。从农民生存、发展的角度来看,农民生活方式的转换包括劳动生活方式、消费生活方式、闲暇生活方式、交往生活方式、家庭生活方式的转化。失地农民劳动生活方式由以前的农业到从事非农业职业(有的失地农民没有职业安排),转换上不适应,消费生活方式停留在原来农村的消费生活方式,穿着打扮农村化,一日三餐全部吃饭等农村习俗,闲暇生活方式习惯性地打麻将、看电视,不愿意参与到社区生活中去,不习惯城市人的娱乐方式,这种情况以老年人为多。农村的社会交往方式是基于血缘与地缘为主、业缘为辅,而城市社区的交往方式更多的是以业缘为主。有的农民进城后,还保留着农村的家庭生活方式。在重庆市涪陵区,一些失地农民在还建房的阳台上养猪、养鸡等,用房子堆放垃圾、收购废品,洗的衣服随便晾晒等。结果,在这些失地农民聚居的小区、街道上,生活垃圾遍地、污水汇流,养猪养鸡的粪便随处可见,臭气熏天。这些与城市生活方式不相符的做法都是农民融入城市过程中生活方式转换上的困难,如果不能够进行这方面的转化,失地农民进城只是形式上而已。

(四)对社区差异的适应慢

失地农民进入城市以后,还可能遇到城市文化与农村文化差距导致的问题——"文化震惊"(Culture Shock)。城市社区与农村社区是两个完全不同的社区,相比农村社区,城市社区有几个主要特点是进城农民不能适应的：(1)城市社会关系具有匿名性与非人情性，城市社区理论上人与人的联系交往多，但由于精力时间有限，多次相遇的机会较少，因而城市居民对人一般较为冷淡，人与人之间的关系变得以事为本。人际关系变得越来越支离破碎，直到冷漠和疏远。而农村社区生活的整体一般是紧密关联的，初到城市，失地农民往往不能适应。(2)城市社会文化世俗化。目前城市居民以个人为中心的价值观得到进一步强化，对于与己无关的人或事，一般不做反应，或表现冷淡，对社会表现出疏离感。而农民对于他人一般较为热情，对社会事务较关心，在城市表现出来反而往往不会受到太多的欢迎。(3)城市生活方式的快节奏也是对他们的一种挑战。在农村，农民保持生活快节奏只有特定的几个时期；而城市生活全年保持生活的快节奏，精神压力大，农民短时间内也很难适应。(4)城市社区文化有着比较强的异质性。而农村的人们有着大体相同的生产活动，同样的历史传统，并且祖祖辈辈长期居住生活在一起，因此彼此的文化也大致相同。对进入城市的失地农民来看，时钟和交通信号是城市社会秩序基础的象征。他们虽然在身体上彼此靠近，但是在心理上却相距甚远。

总体上看，失地农民的市民化过程面临个人再社会化、个人自我认同、角色转换三个任务。失地农民从乡村社会系统进入城市社会系统，被迫放弃原有的乡村生活方式而去适应另一种对他来说全新的城市生活方式，这是一个再社会化的过程。失地农民被迫市民化，对城市生活缺乏应有的思想上和精神上的准备。在他们的观念中，自己仍然是个农民，对陌生的城市生活心存恐惧；其在经济层面的相对贫困和在文化层面上所受到的文化歧视使他们感到自卑，低人一等，无法以平等的心态融入城市生活，在再社会化过程中自我认同失败。

七、失地农民受到城市的社会排斥

目前,我国有几大特定弱势群体的社会权利严重不足:(1)灵活就业人员,以及未与用人单位签订正式劳动合同、不享受社会保障,只挣工资的人。(2)流动人口(主要是农民工)。由于流动人口不能享有与城市居民同等的工作机会与工资报酬,他们的权利往往严重受损。(3)中年人(专指40—50岁的群体)。目前用人单位普遍存在的严重就业歧视,导致许多下岗失业工人再就业困难,没有工作,收入中断,他们就愈加贫困。(4)失学儿童。城市贫民和农村留守儿童由于家庭经济困难,其义务教育权利往往遭到剥夺。(5)失地农民。

这些群体在社会流动过程中往往受到社会排斥。由于长期实行的城乡隔离政策和二元社会结构的存在,农民失去赖以生存的土地后,被动市民化是一个艰难的过程,必然受到来自城市社会系统多方面的排斥。社会排斥起源于社会剥夺。社会排斥(social exclusion)的概念最初是在研究贫困问题的过程中出现的,其概念多种多样,有代表性的是指由于经济、政治及社会的原因,某些社会群体被排挤、被边缘化为弱势群体的机制、过程和状态(石彤,2004)。从社会层面看,经济因素、文化因素都影响着相关主体能否顺利发展以及发展的程度、速度。在市民化的过程中,经济因素、文化因素对失地农民都有重要影响。

失地农民在市民化过程中首先遭遇到的就是经济排斥。首先体现在就业选择上。一方面由于失地农民自身文化素质相对较低,其熟谙的农业生产的劳动技能在城市中无法找到用武之地;另一方面,由于城乡隔离和二元社会结构的长期作用,城市职业系统在惯性的作用下排斥失地农民进入。即使部分失地农民有相关城市就业的技能,城市居民也在心理上歧视、在行动上设置障碍,本能地排斥失地农民进入城市居民就业领域。因此,失地农民只能在那些低声望、低技术劳动、低社会参与的职业领域中就业,收入低、社会声望低。与失地农民不同的是,进城农民工虽然大部分也是从事低声望、低技术劳动、低收入的职业,但他们的参照群体主要不是城市居民而是家乡的那些种田务农的农民,相比之下,他们比农民的收入、地位都还要高,因此进城农民工的相对剥夺感并不是十分强烈。而失地农民的参照群体是城市居民,而且失地农民已经在户籍上取得了城市居民的资格,城市已经成为他们安身立命之所。因此从事这种低收入、低社会声望的职业会导致他们产生强烈的相对剥夺感。其次体现在消费领域上。由于失地农民长期的乡村生活经历,其消费习惯、消费方式迥异于城市居民。在城市灯红酒绿的各种休闲娱乐方式面前,失地农民无所适从,被自然地排斥在外。

从某种意义上说,决定城市化进程的是支配人们行为的城市精神文化和城市价值观念。由于长期的城乡隔离政策和国家对城市倾斜的政策,我国农村和城市形成各自不同的文化系统。这两个文化系统长期以来各自运行,处于相对封闭的状态。失地农民市民化的过程就是实现从农村文化系统撤离、进入城市文化系统的过程。失地农民在跨进城市文化系统时,遭遇到了城市文化的排斥:首先是城市居民的文化歧视和抵制。在城市居民的眼中,农民的形象总是文化素质低,没有修养,不注意自身形象,穿着土气,有着随地吐痰、乱扔垃圾等不良行为习惯,与城市现代文明格格不入。这种歧视的眼光之下,作为文化融合机制的社会互动难以正常实现。失地农民难以融入城市现代文明中,他们或拒绝接受而偏安一隅,或我行我素,时常与城市文明发生冲突。

第三节　失地农民问题产生的原因

一、征地补偿政策缺乏连续性,补偿标准太低,资产严重贬值

重庆市在征地方面的政策,从 1982 年以来就有多个政府文件,主要有:重府发(1982)122 文件;重庆市人民政府(1992)31 号令,即《重庆市国家建设征用土地人员安置若干规定》;重庆市人民政府重令 64 号文件;《重庆市土地管理规定》,即重府发(1999)第 53 号令;《重庆市征地补偿安置办法》,即重府发(1999)(第 55 号)令;重庆市人民政府文件《关于调整征地补偿安置标准做好征地补偿安置工作的通知》,即渝府发(2005)67 号。由于这些文件是以重庆市人民政府的名义发布的,具有权威性和一体遵循的法律效力,在规范征地方面的确发挥了重大的作用,为重庆经济社会的发展产生了重要的影响;也改变了数十万世代为农的普通农民的人生轨迹,使他们离开了世代居住的田间山野,脱离传统的农业生产方式,来到城市的厂矿、车间,大大小小的企业,投入到城市建设的大军之中。

这些文件从 1982 年到 2005 年,历时 20 多年。在此期间,由于经济形势、国家宏观调控、领导换届等多方面的原因,存在着政策不连续、彼此之间衔接不顺畅、内容缺失和矛盾等问题,直接影响到征地工作的顺利开展,影响到失地农民的根本利益。

从征地补偿的费用来看,从 1982 年征地开始没有补偿,到 1992 年的补偿安置费用为 5000 元,2005 年为 27600 元,补偿标准增加了 2 万多元,征地补偿费用增加的力度还是比较大的。不过仅相当于同期普通公务员一年的工资收入标准。然而,在此期间,重庆市的经济得到飞速发展。1982 年,重庆市生产总值为 100.1

亿元,1992 年,重庆市生产总值为 417.87 亿元,2004 年为 2665.39 亿元。2006 年 5 月,城市居民人均可支配收入是 5048.59 元,同比增加 11.8%,城市居民人均可消费性支出是 3866.26 元,同比增加 8.1%。地方预算内财政收入为 180.94 亿元,同比增加 30.06%。从重庆市统计局提供的这些数字,我们可以看出,地方政府对失地农民的补偿相对于其经济发展的水平来讲,是远远不够的。

在对农民的自留地、房屋、宅基地、承包地等的征地过程中,由于农民本人对处置这些资产不具有发言权,就是形式上的资产评估,也由于农民不具有这方面的知识,双方处于信息严重不对称的境地,其结果是,农民的资产被严重低估,一定程度上损害了农民从事新事业的资源准备。

二、重庆工业化水平低挤压其生存空间

按照重庆市改革发展委员会进行的研究,目前重庆市总体上处于工业化中期的第一阶段,全市工业化正面临全面加快推进的重要时期;但发展不平衡,大体可以分为三大经济区。三大经济区在全市经济发展中所处的地位差异致使都市发达经济圈的工业化进程明显快于渝西经济走廊和三峡库区生态经济区。

第一,以主城区为中心的都市发达经济圈已进入工业化的中后期。其工业化进程起步早,推进快,技术密集,工业重型化、高加工度化明显。2002 年都市发达经济圈人均 GDP 达 14052 元,高于全市平均水平的两倍多,折合成美元为 3122.67 美元。

渝西经济走廊正处于工业化初期向中期的过渡阶段。渝西经济走廊以特色工业园区为支撑,发展与都市发达经济圈紧密联系的城郊型产业密集带,工业化已经起步并初见成效。2002 年渝西

经济走廊人均 GDP 低于全市平均水平,为 1348 美元。

三峡库区生态经济区目前仍然处在工业化的初期阶段。三峡库区生态经济区包含重庆广大的农村地区,其工业化进程落后于都市发达经济圈和渝西经济走廊。2002 年人均 GDP 还不到都市发达经济圈人均水平的三分之一,仅为 850.67 美元。以渝东和渝东南的万州、黔江为代表的广大地区,第一产业比重仍然很大,工业化水平低,仍处在落后状态,呈现出东西部地区发展极不平衡,形成两种不同的经济单元和经济特点。城乡差距进一步拉大。1998 年以来,重庆全市农民纯收入增长幅度一直低于城市居民可支配收入增幅,城乡居民收入比例从直辖时的 3.13∶1 增大到 2003 年的 3.65∶1,城乡居民收入存在明显差距。

由于重庆市产业资本有机构成较低,虽然有汽车、摩托车为代表的机械工业的崛起,但以电子技术、信息技术、生物工程为代表的高科技、高附加值产业比重很小。同时,对劳动力素质要求较高的技术密集型产业无法缓解日益严重的就业问题。

初级产业就业比重较高,劳动力转移压力重。在经济发达国家中,初级产业就业比例一般都低于 10%。2001 年全国第一产业就业人员比重为 50%,比同期重庆(54.5%)低 4.5 个百分点。截至 2002 年年底,重庆市农业人口为 2392.4 万人,其中农村劳动力约为 1360 万人,全市农业人口人均耕地仅 0.96 亩。根据重庆目前的生产力水平,按全国通用标准,农村劳动力人均耕作 4 亩计算,重庆市第一产业只需劳动力 520 多万人,农村富余劳动力多达 840 多万人,预计重庆市农村富余劳动力还将以每年 10 余万的数量增长。庞大的农村劳动力剩余造成人力资源的闲置,使劳动力转移的压力相当沉重。

第二,有报道说:自 1997 年建直辖市以来,重庆共 126 户企业纳入破产计划,涉及职工21.6万人,资产总额70亿元,这对重庆市政府是一个不小的负担。"十五"之初,随着改革向纵深发展,重庆不可避免地出现了"三多一大"的严峻局面——破产关闭企业多、下岗职工多、失业人员多、就业与再就业压力大,下岗职工数量连续4年维持在40万—45万人之间。2003年,重庆市顺利实现国有企业下岗职工基本生活保障制度向失业保险制度并轨,成为西部实现并轨的第一个城市。国有企业职工从144.25万人减少到67.9万人。此后,失业保险覆盖面稳步扩大,全市参加失业保险的职工人数达到200多万人。

重庆,最让人焦急的,是老工业基地的改造。目前的重庆,其工业所有制结构不合理,国有企业比重太大;产业结构和产品结构不合理,传统产业比重太大,高新技术比重太小。实施新型工业化,改造传统产业,这是关乎重庆经济前途与命运的"坡"和"坎"。由于整体工业化水平低,失地农民进入城市的工作岗位非常缺乏。

第三,三峡库区是一个十分特殊的地区,目前存在以下不利因素:一是经济发展滞后。三峡库区属我国18个连片贫困地区之一。二是"三空"问题严重。即产业"空心化"、城市"空壳化"、财力"空洞化"。三是人地矛盾严峻。随着库区蓄水和移民迁建,库区耕地正在急剧减少,许多地方人均占有耕地不足0.6亩,低于联合国规定的人均0.8亩的警戒线。四是移民存在"三过半"现象。即半数移民就业无门、半数移民生活水平下降、半数移民相对贫困。五是不少移民回流仍然较重。根据2005年第16期《凤凰周刊》的调查发现,2002年以来,部分外迁的三峡农村移民相继出现回流。重庆渝移办(2002)251号文件称:2001年,云阳县移民15000人,其中迁重庆江津、铜梁两市各2000人,出市外迁11000人。但截至2002年,高阳镇外迁江津、铜梁两地移民8721人。据此,移民代表称高阳镇至少有4000名"空挂移民"。另外,到广东、江西等地的移民由于土地、房屋等具体没有解决妥当,也有不少农民回流。这些特殊的失地农民也增加了重庆的就业压力。

三、失地农民整体素质低,就业和创业能力弱小

（一）失地农民整体素质低下致其寻找工作难度大

以人力资本的收益看,重庆与东南沿海发达地区相比较,辖区内收益显然要低得多,在利益机制的作用下,人力资本会自然地由内地向沿海地区流动,而绝不会是相反。一个地区的人力资本收益率高,说明这个地区对人力资本的利用率高。人力资本作为最重要的生产要素的流向,根本上还是取决于企业收益水平的高低。重庆生产经营系统收益水平总体不高,难于吸引人力资本要素,同时,也使其能够容纳人才并使人才发挥应有作用的岗位数量极其有限。

由于重庆经济发展落后,短缺财政的预算约束,在教育方面的投入不足。而重庆尤其是三峡库区19个区县,本来就是国家贫困地区,其教育主要是初等和中等教育,造就的是人力资本的"上游产品",这些上游产品通过高考到外地学习毕业后,其中的绝大部分流向了沿海经济发达地区,即使重庆自己培养的大中专毕业生每年也大量地流向辖区外发达地区,其结果是重庆在极其困难的情况下投资于教育所形成的人力资本"成品或半成品"大部分流失,形成了"经济发展水平低——教育投入少——要素收益率低——人力资本流失——经济发展水平低"的恶性循环。恢复高考制度以来,每年都有大量学生通过高考离开重庆,学后不归的为数不少,特别是有见地、有造诣的青年人才大多数流到了东南沿海地区。由于工作条件和环境以及待遇的差距,外地人才不愿来,而

本地人才纷纷"孔雀东南飞"。在毕业后返回重庆的学生中,又有一部分人常常陷入找不到合适的岗位而无法就业的困境,这使得人力资本的积累陷入了又一个陷阱,即"人力资本匮乏——企业素质低——就业岗位少——人力资本匮乏"的怪圈。

在重庆内部的人力资本使用上,同样存在低效率的问题。重庆的非生产经营系统与其生产经营系统相比,规模过大,但其人员作为一个群体凭借权力或智力得到的收益,比在生产经营系统得到的收益大得多,而且稳定。这样,在重庆内部非生产经营系统和生产经营系统分配时,人力资本往往被吸引到医疗系统、教育文化系统和党政机关。在利益机制的作用下,越是需要高素质人才的生产经营系统,越是得不到分配,甚至原有的存量也流出了。结果导致重庆地方企业缺乏高水平的专业技术人才、经营管理人才,发展十分缓慢。而留下来的这些大量失地农民因为没有技术和文化,看不懂图纸,不熟悉机械操作流程,许多被拒之于厂门之外。所以,在重庆本地,人们常常听到失地农民把找工作叫作"找活路",这个词语最初听起来觉得很震动,觉得这样的说法,说出了生命的本质,说出了他们把工作视为安身立命的根本。然而,对于工业化的社会内在高素质要求,许多失地农民要找到"活路"恐怕就会失望了。

(二)失地农民就业和创业能力弱小

当前,以"市场就业"为取向的劳动用工制度改革和以"知识经济"为基础的产业结构调整,对求职者的年龄、知识、技能和市场竞争意识要求较高。与此相对照,失地农民在就业方面明显处于劣势地位。

一是自身条件的影响。这集中表现在失地农民大多年龄偏大、文化程度不高和缺乏非农劳动技能三个方面。根据 2007 年 4

月 23 日《重庆时报》报道,1997 年重庆成为直辖市时,全市平均受教育年限为 6.67 年,到 2007 年人均受教育年限为 8.30 年。而农民平均受教育年限就更短,失地人员大多数文化程度低,平均受教育程度不足 7 年,除具备种田的技能以外,大都只能靠出卖劳动力谋生。据我们对九龙坡区巴福、石板、金凤、铜罐驿等镇的调查统计,由于财政紧张,这些镇在就业培训方面既无规划,又没有必要的经费投入,使这些剩余劳动力长期处于低文化、低技能的水平上,与重庆的产业调整、整体水平的提升,以及城市化进程的推进严重不相适应,基本没有竞争力。

二是土地控而不征、征而不用,使农民长期处于待业状态。重庆九龙坡区地处主城区中心地带,市里的规划和区里的规划用地直接向城郊的农村地区拓展,由于种种原因,这些被规划和征用的土地长期不能投入开发使用,致使农民有地不能种,其身份又不能改变,相应的待遇、保障全无,处于两难境地。最为典型的是九龙坡区杨坪一、二队,20 世纪 80 年代土地被征用,至今尚未开发,不少人处于无工作、无保障、生活困难的境地,反映多次,却久拖不决,也成了较严重的社会不稳定因素。

三是失地农户资产萎缩严重。在农村尤其是城郊结合部地区,失地农户最宝贵的资产主要有两类:一是房屋和宅基地;二是作为土地转化物和替代品的集体资产,如土地征用后的土地补偿费和以集体土地入股、联营形式兴办的各类乡村企业。大量的实证研究表明,房屋和小块宅基地不仅是许多农民的安身之所,也是家庭经济收入的重要来源和实现就业的重要途径,如中年女性农民可利用房屋或房前屋后的宅基地发展养殖业、传统手工业等庭院经济,城乡结合部的农户可利用自有房屋兴办第三产业或出租来发展"瓦片经济"、"楼宇经济"或"房东经济"。集体资产及其收益在提高失地农民收入、发展村民福利和增加就业岗位等方面发挥着重要作用,是他们维持家庭生计的可靠保障。

　　资料显示,房租收入和集体经济分红已经成为城郊结合部失地农民全年收入的主体,房屋租赁市场和集体经济的好坏直接影响他们的收入水平。据统计,重庆九龙坡区、高新区的郊区农户的收入总额的50%来自于自有房屋租赁。房屋出租收入高的家庭,租金年收入在6万元以上,一般在2万元左右,房屋出租收入约占一般农转非人员家庭收入来源的50%以上。经济发达的村,年终分红可达每户万元以上,一般村在5000元左右。小孩读书上学、农民就医等费用就全部由村集体解决了。

　　然而,随着非农用地大量被征用和拆村建居配套改革试点的进行,失地农民的上述两类最重要的家庭资产要么毁于一旦,要么收益明显减少。以村级集体资产为例,非农用地大量被征用后,村集体经济组织不但不能发展新的村集体经济,其原有的集体资产也大多面临两种命运:一是撤村并居后,村集体经济组织被撤销,原有的村级集体资产上交所辖街道或进入国库。二是集体所有的乡村企业被迫关闭、搬迁、拆除。村级集体资产被平调或严重萎缩,对失地农民的长远生计影响深远。首先,农民失去了一条重要的增收途径。其次,大批乡村企业被迫关闭、搬迁和拆除,一方面会造成大量已安置就业的征地劳动力集中下岗待业,另一方面,以往安置征地劳动力的主渠道变窄甚至被堵塞。再次,极大弱化了个人和村级集体对社会保障的支持能力。

四、失地农民社会保障制度不健全

　　由于土地被征收后农民的就业、收入等方面的稳定性差,养老、医疗、失业等社会保障便成了他们特别是大龄失地农民一块很大的心病。

应当说,目前各级党委和政府对失地农民的社会保障问题非常重视,在解决失地农民社会保障问题方面也做了大量工作,进行了一些有益的探索和尝试。但从全国情况看,中西部地区除个别经济实力较强的城市(如四川成都市)外,基本未建立失地农民的社会保障机制。重庆 70 多万失地农民的养老、医疗、失业、生育、工伤保险等保险没有完全建立。这些基本制度与政策安排的缺失,必然影响到失地农民的长远生计。

按照重庆市的规划,到 2010 年,重庆的城镇化率从现在的 35% 提高到 50%,达到全国平均水平。这意味着重庆将新增 600 万失地农民。由于经济发展水平比较低,失地农民在失地之后,失去生存发展机会的队伍将越来越庞大。其主要原因就是社会养老保险制度没有建立,而重庆市已经专门针对失地农民建立的商业养老保险也存在信誉低、覆盖面小、保险养老资金偏少、管理不规范等问题。这主要表现在以下三个方面:

一是覆盖面窄。据重庆市劳动和社会保障局的统计,未参加任何保险的有 30 余万人,占全部征地农转非人员的 60% 以上。进一步分析发现,未参加社会保障的失地农民,大部分是中青年劳动力。年龄达到“4050”的人员参加商业养老保险的也不多,占该年龄段的 50% 左右。由于适用的对象相当严格,必须年龄具备才能够享受,其余年龄段的失地农民就没有资格。

二是资金可持续性面临危险。以社会保障资金融资为例,目前重庆市采取的“三个一点”(政府出一点、集体补一点、个人缴一点)的资金筹集模式,明显存在资金空账的隐忧。首先,个人缴费部分是失地农民所无力承担的。现行征地补偿标准普遍偏低,不足以支付养老保障费用,或者即使能够支付也会对失地农民的生产生活造成很大影响。其次,集体缴费部分也是一些村所无力缴纳的。从现行方案看,集体缴费部分一般比例较高,数额较大(不低于保障资金总额的40%),除了从土地补偿费中列支外,一般还需要集体经济支持。由此引发的问题是,一方面存在与集体经济发展争资金的矛盾;另一方面,一些区县远郊村集体经济基本上是空白,无力缴纳巨额费用。第三,政府资金落实到位难。政府出资部分(不低于保障资金总额的30%)大都从土地收益中列支,而土地收益能否按期取得,直接影响到政府资金的及时足额到账。从实际支付能力来看,也面临不可持续问题。

三是对历史遗留问题解决办法不多。大量的调查资料反映,建立失地农民社会保障机制以后,近几年和今后发生的问题较容易得到解决,最难处理的是在1992年以前出现的失地农民的问题。这是因为,以往征地时不仅地价低、补偿少、涉及的人员情况复杂,而且征地补偿费目前大多已经被用完,现在要解决他们的社会保障问题难度很大,矛盾较多。同时,重庆市在那时还由四川省政府管理,适用的是四川省政府当时的政策文件,现在重庆单独成为直辖市,这些遗留问题增加了重庆财政的负担。

五、失地农民缺乏利益表达的正式渠道

我国农民表达利益诉求可供选择的渠道主要有:(1)通过在各级人大和政协的代表、委员表达自己的意见和要求。现实情况是,从中央到地方,农民的代表比例越来越低,本来4个农民相当于一个城市市民的选举权利,加上以农民代表身份出现、实际上非农民的代表不断挤占农民代表名额,造成农民在政治上的弱势地位。(2)通过行政系统层层向上传递。问题在于,直接与农民打交道的县乡村三级政权组织并不能够真正代表失地农民的利益。

因为在城乡二元结构中，直接与农民打交道的县乡村三级基层政权权力组织在与农民的博弈和互动中结成利益同盟，具有高度的利益共同性和行动一致性。农民的意见、要求或者直接被打压，或者被隐瞒不报，信息扭曲，无法完整准确传递到更高层决策和管理机构那里。例如著名的"铁本"、"丰城"事件等已经证明这条渠道难以畅通。(3)信访。各级信访部门是负责受理人民群众来信来访的投诉机关。从多年的实践来看，失地农民通过信息访问方式去反映和表达自己利益诉求的实际效果非常有限，这主要是由于信访机关自身角色和实际功能之局限所决定的。(4)媒体。通过新闻媒体例如报纸、电视、广播等方式反映自己的利益和要求也是失地农民一条主要的利益表达渠道，许多征地拆迁中受到损失的失地农民事件被揭露出来都与媒体的作用是分不开的。另一方面，新闻媒体在传达失地农民利益诉求方面受到许多限制，特别是地方政府对媒体的直接控制，往往导致媒体无法在本行政区域范围内公开披露相关问题。(5)司法救济。在农村土地征收问题日益成为社会焦点的背景下，在于有关学者和官员极力为农民"求权"，即呼吁和主张改革征地制度，落实失地农民的"知情权"、"参与权"、"话语权"的同时，许多失地农民拿起法律武器与征地的地方政府和开发商对簿公堂，然而，绝大多数都以失败告终，有的官司历时4年仍然败诉，有的失地农民甚至因为组织集体上访被定为聚众扰乱社会秩序罪而判刑入狱。这样的案例不仅发生在重庆，也同样发生在浙江、山东、陕西、河南等地。这就从另外的角度揭示，失地农民"求权"不易，"维权"更难。

在正式渠道狭窄、不畅通的情况下，农民通过上访，甚至越级上访、游行、示威、静坐等更激烈的方式进行非制度性抗争成为一种无奈的选择。根据调查，现在信访上访的案件中，60%以上是因为征地引起的。而设立信访制度的初衷是建立一条民意"上达"的渠道,而不是民意"表达"的渠道。这个制度在计划经济和阶级斗争时代是能够起到一些积极作用的,原因是那个时代的民怨往往是因为最高决策的失误。上访高峰的出现与中央路线的转变是同步的,并且随着中央政策的转变而消失。这种冤有头、债有主的信访,不会从根本上伤害政治认受性。这正是我们在"文革"结束后看到的现象。但是,在这种驭民的思路下建立的信访,到了以规则平等、程序正义和利益集团为根基的市场经济时代,到了执政党不能再以赢得内战为其政治认受性的主要根基的时期,到了革命党必须转变成执政党的时期,就必然出现捉襟见肘、南辕北辙的现象。其结果,正如于建嵘先生看来,现行失地农民的不断信访制度成了政治认同性流失的渠道,消解了国家机关的权威,从体制上动摇了现代国家治理的基础。

在城市化、工业化进程中,地方政府、征地农民、农民所在的集体经济组织、土地开发商共同构成了利益博弈的主体,失地农民在其中力量最为薄弱。在现行的法律和管理体制刚性约束下,失地农民无法以平等身份参与到征地拆迁谈判之中,其利益、事项是由政府以代言人的形式完成的。处于支配地位的政府是不需要与农民进行平等协商的,即使有与农民协商的制度,也是以征求意见的方式为多。其特点是带有较大的随意性和结果不可预见性。这样,地方政府和农民往往成为城市化进程中矛盾的两个主体。在这样的体制安排下,农民的利益如何能够得到最大限度的维护?

显然,中国的城市化、工业化是地方政府主导下带有强制推进的浓厚色彩。政府在这一运动场上扮演的是运动员、同时也是裁判员,双重角色使政府处于矛盾的中心。谁来监督地方政府、谁来制衡地方政府才是全部问题的症结所在。

六、市场经济的快速发展对失地农民的消极影响

市场经济本身是优胜劣汰的经济,也是世界经济一体化经济。我们越让市场规则发挥作用,市场越向自由贸易与竞争开放,市场经济就越有效繁荣,结果就是自由市场资本向全球所有国家扩展。经济全球化导致一个不可抗拒的市场一体化。市场经济的本质是"创造性破坏",即不断地摧毁陈旧的和效率低下的生产方式,用新的更有效的生产方式代替之。只有想方设法赶在他人前面一步的人才能够生存,那些依靠政府保护以对抗时代潮流的人们肯定是要落在时代的后面。

然而,许多生活在这个世界上从未出门50里远的农民,他们的生活多少年来都是一成不变的,圈定在一个固定承包田地的狭小范围内,一旦没有了土地,他们就真正一无所有了。我们无法保证让那些沿用几千年的牛犁田、锄头、镰刀的耕作方式的一下子适应到电脑、鼠标和电子邮件为标志的现代生产方式上来。这就好像让一个裹脚走路的老人参加100米田径赛,那样,他赢得奖牌的机会就很渺茫了。由于经济一体化来得太快了,2001年我国加入WTO以后,没来得及对农民和其他群体进行培训,没有适应和领悟它强大的威力,就被迅猛的市场经济卷入其中了。结果,力量弱小的失地农民首先落入其旋涡之中而无法自拔。

这里,我们想到了老舍的名著《骆驼祥子》,骆驼祥子与当代农民进城具有惊人的相似性。市场经济的发展,必然会瓦解那种自给自足的生产方式,同时,也会冲击与之相伴的勤劳致富的人生观念,甚至导致稳定的人生价值观的破灭。这也是一个转型社会所遇到的最深刻的危机之一。放远点讲,如果这种价值观念的破

灭，一旦扩散成为一种普遍的社会情绪，就可能导致整个社会秩序的混乱和解体。骆驼祥子的故事已经成为过去，但是失地农民进城的故事依然在延续。二十世纪八九十年代以来的中国社会，生活安定，经济发展，进入城市的失地农民当然不可能再遇到类似败兵、侦探一类恶势力的劫夺，但无可否认的是，实际生活中仍然存在着另外一些袭扰、加害他们的人和事，除了近年来时有耳闻的种种名目的乱收费之外，户口制度的阻隔也使他们在享受城市生活的教育、医疗等服务方面，付出了更大的成本与代价。另外，由于他们中的相当一部分人，居无定所，改造也有很大的流动性，这就难免使他们中的一些人不知不觉地沾染上游民习气。王学泰在《游民文化与中国社会》一书中指出："游民"主要是指脱离了当时社会秩序的人们，其重要的特点就在于"游"。也就是说从长远的观点看，他们缺少稳定的谋生手段，居处也不固定，他们中间的大多数人在城市乡镇之间游动。迫于生计，他们以出卖劳动力为主，也有以不正当的手段牟取财物的。他们中间的大多数人有过冒险或者非常艰辛的经历。所以，游民是导致社会无序性激增的恶性肿瘤，是社会无序化和社会制度腐败的产物；反过来它又进一步加速社会的腐化与无序，两者是互动的。失地农民悲剧的最可怕之处，也就在这里。

　　面对汹涌而来的失地农民进城大军，老舍的文章给我们的启示或将是：社会（国家）如果不能够建立一套有效的吸纳机制，从物质的、制度的层面维护和保障这些失地农民的利益，并且对他们的精神生活给予适当关注，就很难阻止他们沦为"游民"或者流氓无产者，并且因之给城市生活和整个社会秩序带来令人意想不到的混乱。

第四节　失地农民问题对经济社会发展的影响

尽管重庆市各级党委政府为了解决失地农民的问题而耗费了大量的人力、物力,但是由于这问题本身的复杂性,长期性,收效并不明显。

一、对经济发展的滞后效应

失地农民由于自有资产减少、稳定的收入来源终止,导致其消费水平低下,极大地影响其消费能力和购买水平,制约了经济发展的速度。其社会保障制度的缺失,加上庞大的就业压力,已经成为影响中国经济可持续发展的"动态变量",并且成为最大的变量。中国的老龄化已经提前到来,60 岁以上的人已经占到人口的10%,这对于人均国民生产总值刚刚超过 1000 美元的国家来说,负担是相当重的。我国社会化养老刚刚开始,覆盖面较小,过去养老金也没有积累。目前基本养老保障正由现收现付制向社会统筹和个人账户相结合的方向发展,这些问题如果解决不好就会影响到经济的可持续发展。

失地农民的就业问题是关系国家经济安全的前提性问题。人类社会发展的一般规律是越来越人本化,人的劳动保障权、就业实现权越来越受到政府和社会的高度重视。经济理论研究证明,失业率与经济增长率有着负相关的关系。没有就业增加的经济增长没有任何价值。居民对未来经济形势的信心度首先反映在就业方面,不能增加就业的经济增长不可能提高居民对经济的信心度。在市场经济条件下,失业率与经济增长率、通货膨胀率并列为反映宏观经济运行状况的三大经济指标,而失业率与通货膨胀率之和被经济学家称为"痛苦指数"，是反映居民生活水平变化的主要指标值。

分配是国民经济循环的重要环节，是生产的结果和延续，但分配对生产又有重要的反作用。马克思主义经济学认为，生产就意味着消费，但消费也生产着生产。收入是消费的前提，收入差距拉大对经济发展产生紧缩的束缚作用并难以解脱。

收入分配对劳动者的劳动积极性有直接影响。鼓励靠诚实劳动和合法经营取得收入，合理、合法且适度拉开收入差距有利于调动人民群众的生产积极性，有利于促进生产力的发展。有利于鼓励知识创新、科技创新，也就有利于经济持续稳定的发展。相反，收入分配关系严重失衡，在一个单位内部同工者不能同酬，在全社会收入向少数人倾斜，就会使多数人产生不满情绪，降低劳动者的劳动积极性，也就会制约经济的发展。

社会保障制度有着调节经济发展的功能。正如德国首相俾斯麦曾断言的："一个想从社会那里得到养老金的人是最安分守己的。"社会保障制度对社会稳定所起的作用，资本主义社会的发展已得到证明，社会主义社会的发展也将同样得到证明。社会保障具有十分有效的平衡需求的作用。在经济衰退时期，社会保障通过给失业者、老弱病残者的扶助，增强了这部分人的购买力，抑制了个人收入的减少趋势，消费需求随之增加，社会总需求也相应扩大，一定程度上促进了经济的复苏；在消费需求不足的特殊时期，加快社会保障体系建设，也有利于改善居民的心理预期，扩大消费，促进经济持续快速增长；当经济高涨而失业率下降时，社会保障支出相应缩减，社会保障基金因此增大，减少了社会需求的急剧膨胀，最终又使社会的总需求和总供给达到平衡。

就业、收入分配、社会保障是三个相互联系的问题。就业是前提,没有就业,就谈不上收入分配,个人的生活也就没有保障。要积极促进充分就业,通过收入增长的途径,抑制收入差距的扩大,从源头上解决社会致贫的根源;收入分配是建立在就业基础之上的,但国家可以通过制定法规政策调节收入分配;社会保障是最后一道"安全网",它能够调节由于失业、分配不公等带来的经济和社会问题,从而促进经济的健康稳定增长,保持社会的基本稳定。

二、对社会稳定构成危险,增加社会管理成本

各国研究证明,社会收入分配差距大小与社会治安案件发案率有着较强的正相关关系,收入分配差距大则治安刑事案件发案率高,反之则低。分配政策与我们党的宗旨密切相关。我们党代表了最广大人民群众的根本利益,具体讲,就是要使最广大人民群众过上富裕美满的生活。坚持"效率优先,兼顾公平"的原则,有效调控收入分配差距,会使绝大部分人民群众生活水平随着生产的增长而提高。但如果收入分配差距过大,甚至是两极分化,让极少数人过上奢华的生活,而大部分人的生活却未能改善,将会失去广大人民群众对党的支持和信任,这将直接威胁执政党长期执政的合法性,这是我们党所绝对不能允许的。从这个意义上讲,失地农民社会保障制度的建设同时亦有着维持社会稳定的功能。

2004年11月29日《南方都市报》以"重庆铜梁茶馆发生爆炸"为题进行的报道即是说明这一问题的经典案例(全文附后)。报道称:2004年11月18日下午3点50分许,重庆铜梁县洗马村一间新近开张的茶馆里,一次突然的爆炸将15个生命活生生地埋葬了。在死者名单中,除了一个1岁的女婴外,包括肇事者袁代中在内的其他14个死者均是案发地附近的青壮年居民,以三四十岁的人居多,死者中没有年龄超过 50 岁的中老年人。对铜梁县的上万名失地农民来说,茶馆和麻将是他们与土地剥离之后最容易寻找到的寄托。从这个角度看,"爆炸案发生在茶馆一点都不偶然"。茶馆中打麻将的人,很多是没有了土地,又找不到工作的失地农民,农转非并没有把他们彻底地改造成城里人,反而把他们改造成了拥有城镇户口的失业者。

据了解,铜梁县共有 81 万人,县城约有 10 万人。近 5 年来,随着城市化进程的发展,该县共约 2 万农业人口办理了农转非手续。换句话,在这五年中,约 2 万人失去了土地。但是,他们的生活出路却成了一个难题。

铜梁县一位政府官员说,铜梁征用县城周边农民土地后,完全按照国家法律,将各种补偿发到了农民手中。在招商引资的过程中,政府也和许多企业达成协议,要求其用工尽量使用本县剩余劳动力,并动员失地农民到外地打工。此外,政府也鼓励他们自谋生路,卖菜、摆摊、做简单生意等等都可以。

但是,该官员也坦言说,尽管政府已经做了大量工作,但面对农村剩余劳动力的问题,仍感到了很大压力。据统计,该县目前登记在册的城乡人员的失业数是 2028 人,全县总体剩余劳动力是 65000 多人。而这些人正是全县大大小小几百个茶馆、麻将馆的主要光顾者。如今铜梁城乡各地的麻将馆里,热闹仍在继续着。铜梁县这位政府官员说,在城市化过程中,失去土地的农民在心理上、在生活方式上,一时之间很难适应过来。政府如果不积极解决他们的劳动力出路问题,将会有更多的农民走进茶馆寻找寄托,将更多的矛盾带进茶馆造成悲剧。这不仅是铜梁县的问题,而是全国性的普遍问题。

三、对失地农民的婚姻家庭伦理造成严重伤害

按照重庆市政府 1999 年颁布的 55 号令《重庆市征地补偿安置办法》，安置人员每人可补偿 20 平方米的房屋；离婚的家庭可以分成两套房屋，多的面积以 750 元/平方米购买；如果离婚后再婚，而配偶是城镇居民且无房屋居住的，还可以征购 12 平方米的房屋，价格为 240 元/平方米。

以一个三口之家为例，按照人均 20 平方米计算，他们可以分到 1 套 60 平方米的 2 室 1 厅。如果离婚，分户一方可增购 1 套 40 平方米的 1 室 1 厅，多出的房屋面积，以 750 元单价补缴，成本仅 3 万，而 40 平方米的类似房屋，在人和地区的市场价为 8 万元左右。

如离婚后再婚，再婚后只有一室一厅的原配偶，可换一套 60 平方米的 2 房 1 厅。这 60 平方米，有 12 平方米按 240 元单价计，另 48 平方米单价为 750 元，付出不到 4 万元。而同类的 2 室 1 厅房屋，在人和的市场价为 11 万元左右。

如此算来，一个离婚的家庭通过一系列的婚姻形态变更，所得安置房由一套 2 室 1 厅变成了两套 2 室 1 厅，并可多赚 7 万元。

这样的账，人和镇三期安置村民都能倒背如流。这是个有着丰厚获利、又符合国家政策的捷径，很难不受诱惑。于是从 2005 年，轰轰烈烈的"婚变"开始了。

据重庆市北部新区人和街道民政所统计的数据，第三期安置涉及 4000 多村民，2005 年下半年，离婚的 1789 对，结婚的 564 对，离婚率达 98%。

人和街道第三期征地始于 2003 年 10 月，征地近 900 亩，共涉及 18 个社，约 1900 户人。征地补偿费和安置补偿费的发放，同样适用重庆市政府的 55 号令。

根据 55 号令,对每位安置农民征地补偿费和安置补偿费的发放,其标准是该市确定的每亩统一年产值 2100 元的 10—30 倍发放。为保持补偿平衡,人均占地多,适用倍数越低,人均占地越少,补偿标准越高。最后人均补偿总额大多维持在 10 倍,即 2.1 万/人。有专家测算过,按目前重庆城镇居民人均消费支出计算,2.1万元仅能维持 3 年多的生活。

张勇一家三口,夫妻二人,一个 6 岁儿子,征地后,仅获 4.2 万现金赔偿。"我们夫妻都没读过什么书,闲了几年也找不到工作,付了房钱,生活没保障不说,小孩读书怎么办?"张勇说,"我们只是想通过离婚的方式摆脱困境而已"。

再次的婚姻登记不都像张勇那么顺利。有的人不愿离,有人要更多回报。原人和同光村 50 多岁的女村民,她 30 岁的"丈夫"认为 8000 元钱太少,至少要分 4 万元才肯离婚,如今已经对簿公堂。

查士丁尼的《法学总论》主张:"婚姻是男与女的结合,包含有一种不能分离的生活方式。"黑格尔认为,婚姻的特质是将两个人以互爱互信为纽带结合为一个伦理共同体,并且由于产生新的生命使之更加牢固。而家庭是指以婚姻、血缘和收养为纽带,以共同生活为目的联结起来的亲属团体。

在我国现阶段,家庭仍然具有两大社会职能。一是进行人口再生产的职能,另一个是组织生活和生产的职能。这里的生活既包括物质生活,也包括精神生活。就物质生活而言,不但人们的衣食住行往往离不开家庭,而且家庭所发挥的养老育幼功能也是在短时间内无法全部转移给社会的。就精神生活而言,家庭不但为满足人们的日常文化、教育需求提供必要的条件,为满足人们的情感生活提供特定的环境,而且还是进行家庭教育和精神文明建设的重要空间。

作为社会最基本的细胞，婚姻与家庭在最多 7 万元补偿款的诱惑下就轰然解体了。由于我们的地方政府制定的征地政策存在缺陷导致婚姻和家庭解体，它所带来的消极社会效应是破坏了中国古老的家庭传统。它引起家庭成员内部之间和每个家庭为了获得更多财产而互相竞争。在他们争取人们普通欲求的财产等社会稀缺品时，不惜冲破传统伦理、习俗或者政府规则与制度，其结果导致冲突各方的不信任、相互憎恨、猜疑和恐惧的情绪；其消极后果却要让离婚父母和他们的子女、亲友来承担，增加了社会治理的成本，这样的教训实在是值得我们去思考。

这件事情和类似的事件，让我们产生许多联想。我们不仅要注意国家社会治安表面稳定，更加需要高度关注"风平浪静之下的暗涌"，失地农民大量的微不足道的小行动就像成百上千万的珊瑚虫日积月累造就的珊瑚礁，最终可能导致国家航船的搁浅或倾覆。

四、大量土地被征占，严重威胁着 13 亿人口的生存空间

第一，大量优质耕地被占用，耕地面积大幅度缩减，仅剩 19 亿亩能种粮食，危及 13 亿人口的粮食安全。

从发展趋势看，我国粮食需求由以下因素决定呈现刚性增长：一是全国人口总量庞大，基数高，每年增长 1000 多万不会变。二是人口城市化率不断提高不会变，到"十五"期末人口城市化率将由目前的 30.4% 提高到 40% 以上。三是居民食物结构将进一步改善不会变，居民消费由饲料粮转化为动物蛋白质食品的数量将越来越大。四是改善生态环境、实施可持续发展的战略不会变，到2006 年，全国退耕还林的面积将达 2.2 亿亩以上，涉及农民数亿

之众,需要提供的退耕粮食补助超过2000亿公斤。五是畜牧业作为我国农业发展的战略重点不会变,由此对饲料粮的需求大幅度增长。上述"五不变"决定我国对粮食的需求将不断增长,保障国家粮食安全的担子也将越发沉重。

然而,地方政府大规模圈占耕地,各类开发区、大学城,冲击正常的土地市场秩序,导致土地供过于求和大量良田被占用、被贱卖,剥夺农民土地承包经营权,使其无法种植粮食作物以发展经济,出现大量的失地农民,严重侵害农民利益,导致失地农民困难化、流浪化。一旦粮食歉收,就会危及这些人的吃饭问题。记得《李自成》中有:"吃他娘,穿他娘,开了大门迎闯王,闯王来了不纳粮。"这不是动乱吗? 这不是造反吗? 这不是……这就是历史规律:老百姓的生存权高于一切。

第二,中国现阶段人口流动以进城务工的农民工占主体(占85%以上),每年数量达1.3亿,这些人计算在城镇人口里面,但又不是真正的市民或者是城镇人口,数量巨大的农民工形成相当数量的虚假城镇化和贫困的城镇化。

第三,土地被非法圈占后,因为不当利用,还会产生生态恶化、影响人类的生存的环境问题。任意侵占耕地建设厂矿企业,往往给周边环境带来严重的空气和水体污染,有的耕地甚至被租用来倾倒城市垃圾,结果大量的良田最后竟然变成了垃圾场,其所产生的严重后果可想而知。前段时间据媒体报道:内蒙古绿洲现代农业开发有限责任公司在没有进行项目可行性研究、没有提交环境影响报告书的情况下,仅凭与阿拉善右旗政府签订的开发合同,于2001年8月启动了计划占地4万亩、投入经费3000万元的大型农业开发项目。在项目实施过程中,绿洲公司盲目引种,致使开发种植接连失败,大面积开荒后又大面积撂荒,土地裸露2100亩。从现场情况看,已修建的 8 横 9 纵的道路以及 2100 亩土地现已全面沙化。据专家分析,类似此类不当圈占土地行为与北京等地的沙尘暴有着直接关系。

第四,大规模人口流动导致流入地和流出地社会结构发生变化,引起突出的社会安全和人口安全问题,带来城乡对立、社会冲突。失地农民由于资产被贱卖,与政府和开发商发生矛盾增多,进行着制度性和非制度性抗争。当前很多上访都是由土地问题引发的。

这些失地农民大量涌向城市,必然为城市的生活环境带来更大的压力,同时容易产生系列的社会治安问题,造成更多的社会不稳定因素。失地的农民在农村无事可做,必然纷纷涌向各大中小城市寻找生存和发展机会,而目前我国城市又不像西方工业革命时期那样缺乏劳动力,创造就业本身就不充分,城市每年下岗人数都在不断增加。太多的农民涌入城市后必然加剧了城市人口就业机会的竞争激烈程度和限制了城市居民平均工资收入水平的提高,同时也造成了交通拥堵、供水供电紧张等问题。盗窃、抢劫等犯罪案件也在飞速上涨,甚至城市中大量的黑社会组织的产生都与失业农民的涌入有关。农民大量涌向城市的原因除了城乡差别外,恐怕与政府征地和农民失地有着更直接的因果关系。

重庆已经有 30 多个市属工业园、4 个国家级工业区等大规模的建设,然而九龙坡区的金凤镇也公开宣布要征地建设金凤工业园。该镇人口 1 万 9 千余人,其中农业人口就有 1 万 6 千余人,基本上没有什么工业基础。

修建工业园区与三峡水库一样,其发展计划将带来的可观收益是所有政治家和经济学家都乐于谈论的话题。但是,每一项发展计划制定的背后,正如我们的改革一样,不可能只产生赢家而不产生输家。移民(失地农民)作为这所有发展计划中不可缺少的一环,"被迫迁移"将输家带到了舞台的中心,不同形式的"被迫迁移"以及由此而产生的问题是发展所留下的"后遗症"之一。经济要发展,水利要建设,工业要大上快上,在发展过程中必然会导致部分人的利益受损,这些我们都理解。但有一点必须明了:弱者不能老是成为输家,他们是最无力承受失败的人。移民(失地农民)本来就使某些弱势群体面临生活方式被打乱、原有财产被迫置换的困境,土地失去了,山林也没有了,他们不得不涌进城市,可是城镇不但没有给他们比较体面的工作,也没有给他们基本的社会保障,甚至没有应有的尊敬。当移民"二次被害",成了"多次输家"时,这个地方的政府就必须彻底检讨。

经济学的核心是保护计划实施后会遭到损失的人。经济学家提出的"赔偿原则",目的就是用赔偿来满足计划中受损失的人。然而补偿措施在现实中不但有时不彻底,就是彻底也显得力不从心。正如拉维·坎布尔在他的《发展经济学与补偿原则》中所写的那样:"即使对发展过程中被迫迁移的人进行赔偿,发展计划仍会造成输家和赢家……这是发展分析和政策研究的中心问题之一。"

附案例　2004年11月29日《南方都市报》报道"重庆铜梁茶馆发生爆炸"

2004年11月18日下午3点50分许,重庆铜梁县洗马村一间新近开张的茶馆里,一次突然的爆炸将15个生命活生生地埋葬了。他们被炸得血肉模糊的躯体与刚刚还在手中把玩的麻将牌一起,飞散在一片瓦砾和废墟中。

在拿到的死者名单中,可以看到除了一个1岁的女婴外,包括肇事者袁代中在内的其他 14 个死者均是案发地附近的青壮年居民，以三四十岁的人居多，死者中没有年龄超过 50 岁的中老年人。

"如果不是田地被征走了，大家没事干都去打麻将，啷个会死那么多人呢。"茶馆附近的一位居民叹息道。而对铜梁县的上万名失地农民来说，茶馆和麻将是他们与土地剥离之后最容易寻找到的寄托。从这个角度看，"爆炸案发生在茶馆一点都不偶然"。

一个小村四家治丧

突然之间，洗马村有四个家庭同时在忙着治丧。他们的家相距不远，断断续续的小雨中，互相可以听到治丧的锣鼓声。11 月 23 日，重庆市铜梁县洗马村李吉忠家，杂乱的院落中纸钱飞舞，屋内道士念着经文，屋外亲属摆放着花圈，众多乡亲在他的家中来来往往，悲伤的情绪笼罩着山坡上的这户人家。11 月 18 日，在距离李家几百米远的洗马村 4 社一家茶馆中，一名当地年轻农民引爆炸药制造了一起特大爆炸案。48 岁的李吉忠被炸身亡，同时遇难的还有另外 14 名附近居民；并有 28 人被炸伤，目前尚在医院治疗。

李吉忠的四弟李吉文在重庆城口县开出租车，得知哥哥身亡的噩耗后，他开上出租就往家奔丧。奔波几天下来，没有关闭的打表器上，已经显示有近两千元。在西藏开出租的李吉忠的三哥李吉平也赶紧坐飞机回来了。两个在外地打工的兄弟都没有想到，老实巴交的大哥会死得如此悲惨，在家门口打麻将突然被炸身亡。

小小的洗马村被一场爆炸改变了模样，与李家一样，这些天村里有四个家庭突然之间都在忙着治丧。有的家庭妻子被炸身亡，丈夫被炸伤躺在医院抢救，家中悲伤的亲人不知道是该先照顾医院的伤者，还是先为死者治丧。

在李吉忠家，他 22 岁的儿子李忠强头上带着白孝，望着父亲的遗像,眼眶一会儿就红红地湿润了。爆炸案发生时,他正在浙江一家工厂打工,准备挣点钱,在春节前和未婚妻成婚。

"我们准备了一年的喜事到年底变成了丧事。"他说,"现在家中就剩下我多病的妈妈和年老的奶奶、外婆。"父亲出事后,家中的重担一下落在他有点稚嫩的肩膀上。他说,现在他不能再出去打工了,只能在家照顾妈妈和两位老人,可是家中土地几乎全被征收,他不知道该做什么。

11月24日,到了李吉忠下葬的日子,他的妻子突然开始疯疯癫癫,嘴里不停地骂着人,众多亲友围着她转,不知道该如何劝说她。

洗马村就在铜梁县城郊区,附近几个被炸身亡的死者的家相距不远,互相可以听到治丧的锣鼓声,几天来,天一直灰蒙蒙的,断断续续下着小雨,路上不时有一些乡亲在几位死者家走动,悲伤笼罩在铜梁县这个不大的小村上。

麻将桌旁突来爆炸

位于洗马村319国道边的爆炸现场已经没有了当初众多的围观者。11月24日,记者看到,一辆推土机开过来开始拆除这栋已经被炸药分解得支离破碎的两层楼房。茶馆门口尚堆积着一堆被炸得黑糊糊的麻将桌,仿佛一座小山,桌面上隐约还有一些死伤者的血迹。

这起爆炸的制造者名叫袁代中,是巴川镇岳阳村人。11月18日下午,他骑着摩托车冲入公路旁的这家茶馆,拉响了炸药包。

"这家茶馆刚刚开张没几个月,听说还没有办理手续。"目前尚在医院治疗的伤者朱昌林回忆说,18日那天下午,在里面打麻将的人特别多,还有一些人在旁边的小店铺买东西。他当时也正在茶馆中打麻将,看到袁代中先来茶馆中转了一下,过一会儿,大约在下午 3 点 50 分,袁代中突然骑着一辆摩托冲进了茶馆,摩托车后面还拖着一个蛇皮袋。

"我当时忍不住说了一声:'你咋把摩托车开进来?'后来爆炸就发生了。"朱昌林说,"我一下就被炸飞了,倒在地上爬到门口就昏过去了。"居住在周围的现场目击者介绍说,爆炸的威力相当巨大,许多人被炸得惨不忍睹,有的人则被炸成碎片,几十米外的马路边上都有人的血肉。被炸死炸伤的 40 多人中,绝大多数都是附近村庄的居民。他们或因为农闲,或因为没有土地耕种,聚集茶馆打麻将消磨时间,惨剧随即发生。

附近居民反映,袁代中因打麻将等问题曾多次与其妻发生争吵。在制造茶馆爆炸案之前,他在家中砍了妻子 12 刀致其死亡。

悲剧为何发生在茶馆?

"如果不是田地被征走了,大家没事干都去打麻将,哪个会死那么多人呢。"事发茶馆附近的一位居民叹息道。

在被炸死的人中,从死者名单中可以看到,除了肇事者袁代中和一个 1 岁的女婴外,其他 13 个死者和多数的伤者均是案发地附近的青壮年居民,以三四十岁的人居多,死者中没有年龄超过 50 岁的中老年人。

11 月 23 日中午,在桐梓村的伤者陈伟的家中,破旧、昏暗的屋内没有开灯。几位老人和一些乡亲木讷地坐在小凳子上,借着屋门口的亮光,大家互相看着,很少有人说话。陈伟被炸住院,他的 35 岁的妻子崔道琼被炸身亡,一声爆炸声后,夫妻两人从此成了两世人。陈伟的弟弟陈久兵告诉记者,他家以前有三亩多地,但因为靠近马路边,被政府征收了。现在,他家 9 口人,只有在山坡上还剩下一点菜地。四五年前地没被征用的时候,他和哥哥主要靠务农为生,每天在田里忙农活,嫂嫂身体不好,就在家用粮食喂鸡、喂猪,照顾老人。日子过得很忙碌,很少有"耍"的时间。农闲时候,兄弟两人就在铜梁县附近建筑工地打散工,挣点零用钱。但是,土地被征后,他们虽然获得了一笔征地款,但也没有农活可干了,突然闲下来,精神特别空虚。在村里,没有了农活,除了看电视还能干什么? 看电视看得头都大了,也只有去打打麻将。陈久兵说,"我不知道他们什么时候开始打的麻将,但知道他们俩都喜欢,我大哥是那天早晨 9 点多出的门,中午都没回来吃饭,没有想到下午就发生了爆炸案。"

麻将:失地农民的寄托

在铜梁,塞满麻将桌的茶馆是失地农民消磨时间的好地方。"土地被征走了,闲着没有活干,不打牌能干什么?!"

"农村人没什么寄托,茶馆和麻将是生活中不可缺少的。"在铜梁生活了 20 多年的出租车司机叶梁富说。

在铜梁,茶馆是一道独特的风景。尤其是近两年,县城附近的郊区地段,比如洗马村,岳阳村,不少农民土地被征用,没有土地的农民有些人外出打工,没有能力打工的人成了无业人员,经常到茶馆打牌打麻将消磨时间。因此,铜梁县周边的郊区,近两三年增加的茶馆非常多,几乎随处可见。"全县最少也有几百家茶馆。"叶梁富说。特别是在村镇,茶馆经常是一片一片地出现,上午和下雨时人比较少,过了中午,如果天气好,茶馆常常人满为患,甚至在马路边就支张麻将台,打牌的围观的,一堆一堆的人围在一起。

众多死伤者家属和其他不少县城郊区居民也都持此种说法——没有出事,茶馆是大家消磨时间的好地方;出了血案,茶馆成了众多死伤者家属心头的伤痛。"农民没有土地,闲着没有活干,不打牌能干什么?!"许多村民都这样说。

11 月 23 日,就在爆炸案中的死者家庭忙于发丧的当天,洗马村死者黎有成家附近,一家没有招牌的茶馆照常营业。这家茶馆的墙上,挂着一份工商营业执照,名称一栏简单地写着"茶园",营业范围就两个字——"茶水"。屋外小雨连绵,屋内却坐着四五桌人,其中一桌人在打扑克牌,其他几桌麻将打得热火朝天,满屋的人几乎全是三十岁左右的青壮年,他们有的打扮干净时髦,有的穿着破旧脏乱。

正在忙着给哥哥办理丧事的弟弟黎友兵说,土地被征用后,多数农民用征地款盖了房子后,钱基本就用完了。没有事情做,就天天打麻将混日子。他盖了3层楼后,在自家一楼也开了一家打麻将的茶馆。

在铜梁的茶馆中,极少数是纯粹喝茶聊天的,大多都是用来打花牌、麻将的。大家通常玩得不大,最常见的也就是三角两角,一元两元,但玩的时间长了,输赢问题常常引起争端。

爆炸案发生之后,铜梁县一度传令严查茶馆,然而,直到11月24日,记者在城区看到,街头小巷、河边两岸,不少茶馆中依然麻将盛行,一个100平米的临街茶馆,可以满满地摆上一二十桌。

驱车走上四五公里,来到县城郊区地段,可以看到一片片土地的边上,通常都竖立着几栋三至五层崭新的农民房。在这些房子一楼的门面,很容易发现里面有一两家茶馆,里面支着几张麻将桌,不少人在悠闲地打着麻将,打麻将的人多为三四十岁的当地村民。

在郊区玉泉村9队一栋新盖楼房一楼的小店铺,除了一位50岁左右的老人外,其他人全是30多岁的青壮年,而且以带着小孩子的妇女居多。

看店的刘大婶说,玉泉村的土地几乎全被征用了。现在进工厂要35岁以下的,进不了工厂都只能自己想办法。妇女没有活干,只好在家带孩子,平时没有事,除了看电视,就只能打毛衣或者打麻将了。在村中每个队,都有一两家可以打麻将的茶馆。

一位姓谭的村民告诉记者,他家五口人,只有一亩多田,而在现在的年代,地是不会越种越多的;修路、建房、政府征用等都要占地,他家仅有的这点地也是越来越少。地少了,人就更加闲散了。没有地的,不想种田的,有时间有钱的,都喜欢到茶馆打打麻将消磨时间。

在失去土地的同时失业

没有了土地,又找不到工作,农转非并没有把他们变成城里人,反而把他们甩进了失业大军。

在麻将盛行的背后,是农民失去土地后无所适从的现实。

在铜梁县郊玉泉村旁边一个公路旁边,记者看到了一两片用围墙围着的约数百亩的荒芜土地。在附近挑水的村民说,那块田去年政府就征用了,后来就围起来一直没有用。在洗马村中也有一块类似被围墙围起来的土地,里面种着蔬菜。附近居民称,这里的几百亩田原来都是良田,是用来种水稻的,被征用后一直闲弃着,有人看着可惜,就在围墙边上打了个洞,在里面偷偷种点菜。

这样的情景在铜梁县的县郊农村随处可见。洗马村一位村民告诉记者,大约10年前,当地政府就开始陆续征地,把土地收为国有。到2003年12月份,洗马村能征的土地基本都已被征完。在征地过程中,洗马村约2000个村民中,有1000多人办理了农转非手续,上交土地的结果是每人获得1.6万元征地款。不少土地被征收后,没有建工厂也没有引来投资,随后就闲置起来了。

每个人1.6万元征地补偿款,一个三口之家就是4.8万。然而,按照李忠强的说法,征地款并没有让他们迅速富裕起来。

"一次性发下来可能还好些。"他说,"因为土地是陆续被征用的,征地款也是陆续发放的,所以直到去年征地款才全部给清。家里基本上是随发随用,现在家里的土地被征完了,征地款也基本用完了。"李忠强说,1.6万元包括了所有的费用,没地可种之后,找工作等所有的事情都要自己解决。他尝试着外出打工。

1997年,他15岁初中没有毕业就到县里化肥厂打工。当时,他从征地款中拿出了2000元,交了押金后进厂打工,当时他一个月可以挣到两三百元钱。"干了三四个月,我刚刚可以一个月拿300块钱了,可是化肥厂突然倒闭,老板跑了,押金到现在我也没有要回来。"他说。后来他又到西藏跟三叔学开车,结果不小心出了车祸,赔偿对方一万多元,又用掉了一些征地款。没有办法,他只好在家待了两年,去年9月又到浙江打工。

而他的父亲48岁,因为年龄偏大起初打工没人要。为了维持生计,他父亲只好到外村租了几亩田种,但是到年初也被对方收回了。因为在家闲着无事可做,父亲就天天到茶馆玩,结果不幸被炸身亡。

土地对有能力外出打工的人来说不算什么,但是对留下来走不出去的人就很重要,它是一家人吃饭的口粮田。"像我大哥这样,没有田找不到活干,只能闲着。"李吉忠的弟弟李吉文说,茶馆中打麻将的人,很多是他大哥这样的人。没有了土地,又找不到工作,农转非并没有把他们彻底地改造成城里人,反而把他们改造成了拥有城镇户口的失业者。

按照李吉文的分析,在被炸死炸伤的打麻将的人中,约有1/3的人是没有地没有事做的人;1/3是农闲的没有事情干的人;另外1/3是看热闹、路过、有钱有时间消磨时间的人。

据了解,铜梁县共有81万人,县城约有10万人。近5年来,随着城市化进程的发展,该县共约2万农业人口办理了农转非手续。换句话，在这五年中，约 2 万人失去了土地。但是，他们的生活出路却成了一个难题。

铜梁县一位政府官员说，铜梁征用县城周边农民土地后，完全按照国家法律，将各种补偿发到了农民手中。在招商引资的过程中，政府也和许多企业达成协议，要求其用工尽量使用本县剩余劳动力，并动员失地农民到外地打工。此外，政府也鼓励他们自谋生路，卖菜、摆摊、做简单生意等等都可以。

但是，该官员也坦言说，尽管政府已经做了大量工作，但面对农村剩余劳动力的问题，仍然感到了很大压力。据统计，该县目前登记在册的城乡人员的失业数是 2028 人，全县总体剩余劳动力是 65000 多人。而这些人正是全县大大小小几百个茶馆、麻将馆的主要光顾者。如今铜梁城乡各地的麻将馆里，热闹仍在继续着。

爆炸案发生在茶馆一点都不偶然。铜梁县这位政府官员说，在城市化过程中，失去土地的农民在心理上、在生活方式上，一时之间很难适应过来。政府如果不积极解决他们的劳动力出路问题，将会有更多的农民走进茶馆寻找寄托，将更多的矛盾带进茶馆造成悲剧。这不仅是铜梁县的问题，而是全国性的普遍问题。

第四章 失地农民土地保障制度

第一节 农民土地权益保障的现状与问题

一、农民土地权益的立法现状

根据 2003 年 3 月 1 日起施行的《中华人民共和国农村土地承包法》第 2 条规定:"农村土地是指农民集体所有和国家所有依法由农民集体使用的耕地、林地、草地,以及其他依法用于农业的土地。"农村土地到底属于什么人所有? 这一问题似乎已经由法律解决好了。翻开我国《宪法》、《民法通则》、《土地管理法》、《农村土地承包法》等都有相应的规定,但是法律规定却不能够实现土地所有权主体明确的目标①。

《宪法》(2004 年 3 月 14 日第十届全国人民代表大会第二次会议通过的《中华人民共和国宪法修正案》修正)第八条:"农村集体经济组织实行家庭承包经营为基础、统分结合的双层经营体制。农村中的生产、供销、信用、消费等各种形式的合作经济,是社会主义劳动群众集体所有制经济。参加农村集体经济组织的劳动者,有权在法律规定的范围内经营自留地、自留山、家庭副业和饲养自

---

① 参见陈亚东:《农民土地制度思考》,载《求索》2005 年第 4 期。

留畜。"第十条规定："城市的土地属于国家所有。农村和城市郊区的土地,除由法律规定属于国家所有的以外,属于集体所有;宅基地和自留地、自留山,也属于集体所有。国家为了公共利益的需要,可以依照法律规定对土地实行征收或者征用并给予补偿。"作为根本大法,宪法从确立我国基本经济制度的角度对农村土地权属进行了规定,这种农村土地集体所有制构成了我国社会主义公有制的重要组成部分。这一规定具有浓厚的政治色彩,并且这个"集体"的含义是非常模糊的。它与"全民"这些政治术语相对应。当然《宪法》本身的高度概括性、抽象性也无法就此"集体"的内涵进行说明。这就需要部门法律来规定。

《民法通则》第74条规定："劳动集体组织的财产属于劳动群众集体所有,包括……"该基本法进一步强调了"劳动群众集体"为集体土地的所有权的主体。如果土地已经属于乡镇农民集体经济组织所有的,可以属于乡镇农民集体经济组织所有。乡镇集体经济组织主要是指乡镇企业所占用的土地。明确排除了农村农业合作社等其他经济组织或者村民委员会作为土地所有权的主体。这些组织只是具有经营管理权。村委会以及农业合作社等集体经济组织的法律地位至今也没有什么法律来规范,所以,他们的法律地位、职责、任务等都是比较尴尬的。因为现行《村民委员会组织法》于1998年11月4日经九届人大五次会议通过,共30条,仅3100多字。该法一开始就规定,村民委员会是村民自我管理、自我教育、自我服务的基层群众性自治组织,实行民主选举、民主决策、民主管理、民主监督。从这些规定来看,村民委员会的政治目的是村民自治和民主,即通过民主的方式自我管理,它同时兼具经济发展和道德提升的目的。这说明,现行《组织法》有关村民委员会性质和职能的规定存在缺陷。因为它无法回答村委会在农村实际所起到的作用。

那么,《土地管理法》(全国人民代表大会常务委员会2004年8月28日修订)对于农村集体所有权制度又是如何回答的?该法第八条规定:"城市市区的土地属于国家所有。农村和城市郊区的土地,除由法律规定属于国家所有的以外,属于农民集体所有;宅基地和自留地、自留山,属于农民集体所有。"第十条规定:"农民集体所有的土地依法属于村农民集体所有的,由村集体经济组织或者村民委员会经营、管理;已经分别属于村内两个以上农村集体经济组织的农民集体所有的,由村内各该农村集体经济组织或者村民小组经营、管理;已经属于乡(镇)农民集体所有的,由乡(镇)农村集体经济组织经营、管理。"可见,该法继续确认"农民集体"是农村土地的所有者。同时,确定了我国农村土地不同所有者主体并存的局面:第一,农村集体土地所有权的主体包括农民集体、村内的二个以上的村民小组或者其他集体经济组织、乡镇。《土地管理法》承认了我国农村土地大部分归村民小组所有的局面,进一步明确了"农民集体"与"村集体经济组织"或者"村委会"之间的区别,农民集体是所有者,村集体经济组织或者村委会仅仅是管理者。问题是,根据这一法律,如果一村有三个以上的村民小组,这样的情况的确在农村是比较常见的。七八个村民小组可以分别享有一定的土地所有权,那么村集体对于这些土地又享有什么样的权利?这一权利的性质又该如何认定?按照现有的法律规定是无法作出解答的。同时又引申出另一个问题:如果村民小组对土地享有所有权,该权利受到侵犯时,是不是可以以村民小组的名义起诉?如果进行诉讼,它的法律依据是什么?既然《村民委员会组织法》规定村委会是群众自治组织,那么,村民小组就是该村委会的组成部分了。这样就出现一种奇怪的现象,村民小组依照该法可以享有土地所有权,而村委会因为是自治组织,不是农村集体经济组织,反而不能够成为农村集体土地的所有权者。

所谓的村民小组是不是真正就是农村土地所有权的主体?实际上,它根本就不可能是,甚至代表的资格都不具有。因为家庭承包责任制实施后,村小组的组织基本上解除了,况且,它仅仅是集体经济组织的成员,不是一级集体组织,因而它也不能够成为集体经济组织的代表。关于这一点,我们可以看看 2002 年 8 月 29 日通过的《农村土地承包法》第十二条的规定:"农民集体所有的土地依法属于村农民集体所有的,由村集体经济组织或者村民委员会发包;已经分别属于村内两个以上农村集体经济组织的农民集体所有的,由村内各该农村集体经济组织或者村民小组发包。村集体经济组织或者村民委员会发包的,不得改变村内各集体经济组织农民集体所有的土地的所有权。国家所有依法由农民集体使用的农村土地,由使用该土地的农村集体经济组织、村民委员会或者村民小组发包。"从这一条可以看出,村委会、村民小组最多只赋予了如发包权这些经营、管理的权利。

2007 年 10 月 1 日起实施的《物权法》仍然没有对"公共利益"作出明确的界定,给地方政府机关打着"公共利益"的幌子侵犯公民的财产所有权留下了法律上的漏洞。同时,物权法没有对集体所有权归属作出决定,使得集体所有制财产依然处于不稳定状态。

值得注意的是,法律规定了"乡镇"还是农村集体经济组织。由于原有的三级所有、队为基础的政社合一的体制已经被历史所淘汰,乡农民集体经济组织在事实上不存在。现有的乡镇政府作为最低一级的国家行政机关,在法律上不可能成为农村集体土地的所有权者。如果由乡镇政府来行使这一所有权,就会导致乡镇政府对土地的管理职能与所有权合二为一,集体土地事实上成了国有土地。这又与宪法这一根本大法的规定不符合。

由以上分析可以看出,农村集体土地的所有权主体在我国现行法律规定中缺乏可操作性。尽管土地的集体所有与国家所有,都属于土地公有制的形式。但是与国家所有权能够找到对应的权利行使主体所不同的是,集体土地所有权似乎要面临极为困难的命题:"农民集体"究竟是何物,能否成为民事主体? 如果真的存在一个"农民集体"的民事主体,那么该如何把握它的内部结构,也就是,它是如何运行的,它的决策者是谁,与成员之间的权利义务关系又该如何界定? 事实上,"农民集体"虽然在立法上被授予集体土地所有权主体的资格,但是却无力行使其全部权利,包括从事经营、管理。所以,要解决好农村土地权属问题,必须明确界定村民委员会的权限和村民的权利义务关系,这涉及重构农村基层政权组织与经济组织的体制问题。

二、农民土地所有权权益保障现状的评价

财产所有权是指所有人依法对自己的财产享有占有、使用、收益和处分的权利。土地所有权是一种特殊的财产所有权,但仍具有财产所有权的基本特征,即具有占有、使用、收益和处分的权能。对土地所有权权能的一定限制是各国立法的通行规定。我国实行土地利用总体规划制度、土地用途管制制度、耕地特殊保护制度和土地执法监察制度来对土地的利用作出限制。所以,集体土地所有权是受限制的所有权。但是这样的限制性规定不应该成为排斥和剥夺本属于所有权的权能的充分理由。我们可以从所有权的权能来考察集体土地所有权。首先,使用和收益是所有权中很重要的权能。但是,在现实生活中,通过承包合同取得集体土地承包经营权的农民的使用和收益的权利却常常受到侵害,例如基层人民

政府常常以各种名义,用行政命令的方式,强行要求或者禁止农民从事某些属于自主经营权范围内的生产经营活动。这方面的例子举不胜举,例如霸道地拔掉农民已经栽种好的麦苗、蔬菜,强行要求农民大片栽植桑树、花椒树等,名义上是发展多种经营,带领农民致富,实际上是为了自己的"政绩工程"、"形象工程",后果是耽误了农时,劳民伤财。而"打白条"和"乱摊派"更是对农民的收益权的粗暴侵害。其次,集体土地所有权缺乏核心权能,即处分权。我国法律规定,农村集体所有的土地不能出让,只有被征用为国有土地后方可出让。根据《宪法》规定,"国家为公共利益的需要",可以依法对集体所有的土地实行征用,征用后转为国家所有。新修改的《土地管理法》对此进行了比较具体的规定,第二条第四款规定:"国家为了公共利益的需要,可以依法对土地实行征收或者征用并给予补偿。"第四十三条第二款、第四十五条、第四十六条、第四十七条、第四十九条、第五十一条、第七十八条、第七十九条中只是把的"征用"修改为"征收"。实践证明,国家征用和征收的土地实际上只有一部分用于"公共利益的需要",而其他部分则用于商业性目的。由于我国对土地征用的补偿费比较低,因此造成许多地方政府利用差价大赚外快,低价征用集体所有的土地,拆掉农房,高价出让,严重损害了农民的利益。据了解,一块农地,一旦成为城镇或工业用地,其市值上升几十倍甚至百倍。根据现行法律,如果农民的土地按合法途径由国家征用,相关补偿费用包括土地补偿费、安置补助费以及地上附着物和青苗补偿费。其中,土地补偿费和安置补助费的总和,按规定最高不得超过土地被征用前三年平均年产值的 30 倍。而按照我国东部地区一般耕地年产值 800 元左右计算,每亩土地补偿费至多 2 万多元,仅相当于普通公务员一两年的工资收入。如果说农村集体建设用地的流转是给农民"赚点零花钱"的话，那么征地的补偿收入则就是他们的"养老钱"、"保命钱"，但他们目前所得到的这笔钱还不足以承担这两项重要职责。所以，必须改变征地补偿原则，被征地的价值溢价应当同被征地农民分享，才符合公平正义原则。

三、农民集体土地所有权益保障存在的缺陷

我国实行农村改革之后，集体土地所有权的性质开始为广大学者所关注。但是，对于农村土地集体所有权的性质的认定，学者们的观点并不一致。主要有以下种观点：第一种观点认为，"集体土地所有权是一定社区范围内的农民共同共有的所有权"。[①] 第二种观点认为，集体土地所有权是一种新型的总有性质的所有权。集体成员对集体财产（土地）享有占有、使用和收益权，并且依法按平等、自愿原则来行使对集体土地的所有权。[②] 第三种观点认为，"农民集体的形式是什么？法律并未明确。但可以肯定，农民集体所有权不是共有，不能适用民法通则关于共有的规定。农民集体的成员不能依民法通则关于共有的规定决议将土地分割为个人所有"。[③] 第四种观点，从合作制的角度来诠释集体土地所有权，认为"集体所有权是以一定的团体、组织为主体，通过其组织机构形成团体、组织成员的集体意志，以共同占有、使用、收益和处

[①] 肖方扬：《集体土地所有权的缺陷及完善对策》，载《中外法学》1999 年第 4 期。

[②] 金锦萍：《农村集体土地所有权的困境与出路》，载王利明主编《物权法研究》（下），吉林人民出版社 2002 年版，第 977 页。

[③] 江平主编：《中国土地立法研究》，中国政法大学出版社 1999 年版，第 253—254 页。

分集体财产的权利"。① 第五种观点,否认集体土地所有权存在的实在性,认为"农民集体所有权的主体就是一定组织范围内的全体农民","农民集体"既非个人,也非法人,不是一种独立的民事主体,不能作为人格者享有土地所有权②。目前,这些观点依然没有取得一致。

在收益分配中,地方政府往往得到的收益最多,而农民得到的收益最少。贾生华、张红斌根据在浙江绍兴的调查,对收益分配情况作了测算,③他们的研究结果证实,村集体和农户在征地收益中所占的比例相当低,只占到总收益的15.66%,根本不能体现土地所有人的财产利益;与此相反,地方政府所占比例达到63.79%,远远高于农民所得收益。

吕彦彬、王富河在中实证考察了落后地区的利益分配,其各个利益集团收益分配与前面的学者研究大体相似(见表4—1)。④

表4—1　B县各个利益集团土地农转非收益分配

数额 ＼ 类别	农民利益集团	县级政府	县级以上政府	政府所得
绝对额(元)	34464.12	56202.70	16482.50	72685.20
相对额(%)	32.17	52.45	15.38	67.83

① 马俊驹:《论合作制与集体所有权》,载《吉林大学社会科学学报》1993年第5期。

② 韩松:《我国农民集体所有权的实质》,载《法律科学》1992年第1期;《我国农民集体所有权的享有形式》,载《法律科学》1993年第3期。

③ 贾生华、张红斌:《中国农地非农化过程与机制实证研究》,上海交通大学出版社2002年版,第159页。

④ 《落后地区土地征用利益分配——以B县为例》,载《中国农村经济》2004年第2期。

从表4—1可以看出,在 B 县土地农转非过程中,政府集团所得近68%,而农民集团所得仅占32.17%。其中,土地农转非过程中农民所得构成如下:

表4—2 政府所得土地农转非过程中农民所得构成

数额 \ 类别	土地补偿费和安置补助费	青苗补偿费	树苗等土地附着物补偿费	拆迁地面附着物的奖励费	合计
绝对额(元)	29683.50	270.70	4290.0	220.0	34464.20
相对额(%)	86.1	0.8	12.5	0.6	100

从上面的实证研究可以得出结论:土地农转非过程中政府获得绝大多数土地收益,而农民群体仅仅获得一小部分。有人曾经把地方政府称为"土地财政"。由于我国对土地安置补偿费用分配一直缺乏权威的法律规范,造成各个地方政府对土地低价征收高价出卖所获得的收益分配相当混乱,这是导致地方政府滥征乱占的根源所在。

四、农民土地征收补偿的法律缺陷

在法治社会,公权限制、干预私权是必要的,但必须依法进行。征收补偿是典型的公权对私权的限制和干预。由于法律缺位,导致政府行为缺乏法律边界,行政权力在干预私权中过大且缺乏有效的监督制约,各级政府在征收补偿法律关系中,集规则制定者、参与者、裁判员与处罚机关等多种身份于一身,公平受偿权利至少从法律及程序上受到不当限制。从农民土地征收补偿的制度建设来看,主要的缺陷表现在:政府行政权力的失范,公共权力被滥用,农民在法律上成为弱势群体。轻法律规范重规章政策,基本上采

用一些应急性的行政规章,限制农民土地承包使用权和处分农民私有财产。具体表现在以下几个方面:

(一)制定征收补偿标准的权力层层下放,各自为政

我国《宪法》第 10 条和第 13 条规定了保护私有财产和征收补偿的基本原则,该法规定:"国家为了公共利益的需要,可以依照法律规定对土地实行征收或者征用并给予补偿。"但是国家立法机关至今尚未制定关于农村征收补偿的专门法律,以调整征用补偿法律关系。《土地管理法》第 47 条涉及征用补偿问题,却没有对农民最重要的财产——房屋等私产的补偿标准作出具体规定。在现行处理农民私产中除了极为少量的法律涉及此问题外,主要参照由国土资源部、建设部、各级地方政府部门发布的行政规章。更多的是依赖大量的各级党委、政府颁发的文件来干预处分在征用过程中涉及的农民私产,补偿标准不衔接,高低无据,随意性极大。

《土地管理法》第四十七条第二、三款对土地征用的补偿费、安置补助费的规定比较明确,有具体的计算标准。但对以房屋为主的农民私有财产权则采取忽略或放任态度,甚至根本就没有独立的房屋概念,房屋仅被包含在"附着物"之中。在执行过程中,有些被授权的省级机构依法制定了补偿标准,如上海和北京两地。但有些被授权的省级机构并未制定相关的补偿标准,而是又将此项权力再度转授下级政府,如某省人大常务会 1999 年 12 月 10 日制定的我国土地管理法实施办法中规定,地上附着物和青苗补偿费的补偿标准由市、州人民政府、地区行政公署制定,报省人民政府批准后执行。根据《立法法》第十条规定,被授权机关应当严格按照授权目的和范围行使该项权力。被授权机关不得将该项权力转授给其他机关。转授权力的结果导致征用补偿工作失范,本无

权制定补偿标准的基层政府及有关部门以行政文件、命令、通知处分农民私产。

（二）非法剥夺了农民的私产所有权主体地位

由于缺乏法律对征收补偿法律关系的界定和规制，有的地方由乡镇政府与村组签订《土地征用协议书》，协议中不仅处分了农民的土地承包使用权，而且"打包"顺带处分了农民的房产、树木、青苗等私产。这类协议的违法性显而易见。依照《土地管理法》确立的征收土地制度，实行由县级以上地方人民政府统一征地。乡镇政府不能充当征地方；同时，在征用补偿关系中，农民是房屋等私产所有权的主体，关于这部分财产的补偿协议应由他们与征地方签订，村组非经农民授权不能代理。

（三）非法剥夺了农民的诉权

依据现行诉讼程序法精神，被征收方与征收方就征收补偿有关问题达不成协议，对行政裁决又不服，可以向人民法院起诉。但有的地方却由镇党委、镇政府联合发文：要求党员、干部、人大代表在拆迁征用及补偿标准问题上，不得有任何异议。接踵而至的便是强制拆迁。2004年湖南嘉禾县委、县政府就是典型代表，他们甚至提出"谁影响嘉禾发展一阵子，我影响他一辈子"。看了湖南嘉禾县政府为促进拆迁而挂出的横幅，感到这"掷地有声"的口号好生眼熟。找来末代皇帝著的《我的前半生》一查，果不其然，慈禧就有一句类似的"名言"："谁叫我一时不痛快，我就叫他一辈子不痛快。"这两句"名言"内容不同，但其中包含的霸气，却如出一辙。在这样的情况下，地方法院还敢不听话？！

五、建立农民土地财产所有权

中国几千年来农民的梦想就是能够拥有属于自己的土地，回顾中国历史上的所有农民起义,平均地权对农民的吸引力超乎一般的强大。而历史也表明,土地与劳动者之间结合程度的紧密与否也决定了土地的利用效率。当土地政策赋予农民以比较完整的权利的时候,往往是农民安居乐业、勤于劳作、合理而又充分地利用土地的时候;反之,当土地与劳动者之间的关系变得疏远的时候,耕者无地,而有地者无心耕作的时候,也往往是社会动荡、土地荒芜的时候。人民公社化运动时低下的生产效率和土地承包经营后激发的巨大活力之间的对比就可见一斑。

　　完整的农村土地产权制度是构建新的土地征购制度的基础。为了构建符合市场经济体制的新的征地制度,必须要对农民集体土地中的各项产权,包括农村土地所有权、土地承包经营权、集体建设用地使用权、集体土地各项有限处分权以及政府对农民集体土地所拥有的征购权,即强制购买权等进行明确的规定。而在这些权利群中,最重要的是农村土地所有权的归属。土地归属的明确对社会生产的促进是有目共睹的,因为只有能确定归属,有可靠保障的所有权才可以进行正确的计算、比较和交换。①

第二节　土地的征收与征用

一、土地的行政征收与征用

（一）土地的行政征收

　　所谓行政征收,是指行政主体凭借国家行政权,根据国家和社会公共利益的需要,依法向行政相对人强制地、无偿地征缴一定数额的金钱或实物的单方具体行政行为。具有可诉性。行政征收最

---

① 　参见陈亚东:《农民土地制度思考》,载《求索》2005 年第 4 期。

典型的两个特点就在于国家在获得一定数额的金钱或实物的时候的无偿性和非对价性。强制性、无偿性、非对价性以及法定性是行政征收的主要特征。① 其特点是强制性、无偿性、法定性。

就土地征收而言,我们认为,土地行政征收是指国家或政府为了公共利益而强制将私有土地收为国有并给予补偿的法律制度。一般认为,土地征收具有以下几个特点:征收权主体法定性、强制性、补偿性、公益性、权属变更性。上述特点中,补偿性、公益性、权属转移性这三个特点是最核心的,因为这是土地征收制度里保护被征收人、防止政府滥用征收权力的最重要的制度安排。

我国的土地征收,则是国家对集体土地所有权的征收。简言之,我国的土地征收实质上即集体土地征收。② 土地征收作为土地法中的一个基本制度,对社会经济生活及民事主体的财产权都具有重要的影响。另外,由于土地是稀缺资源,对其征收即意味着对土地资源的重新利用,从资源利用的效益最大化出发,也有必要对土地征收持十分谨慎的态度。

2007 年 10 月 1 日起正式实施的《物权法》第四十二条规定,为了公共利益的需要,依照法律规定的权限和程序可以征收集体所有的土地和单位、个人的房屋及其他不动产。征收集体所有的土地,应当依法足额支付土地补偿费、安置补助费、地上附着物和青苗的补偿费等费用,安排被征地农民的社会保障费用,保障被征地农民的生活,维护被征地农民的合法权益。征收单位、个人的房屋及其他不动产,应当依法给予拆迁补偿,维护被征收人的合法权

---

① 王连昌、马怀德主编:《行政法学》2002 年修订版,中国政法大学出版社 2002 年版,第 161 页;姜明安主编:《行政法与行政诉讼法》,北京大学出版社 1999 年版,第 217 页。

② 梁慧星主编:《中国物权法研究》(上),法律出版社 1998 年版,第 332 页。

益;征收个人住宅的,还应当保障被征收人的居住条件。本条规定没有明确"公共利益"的范围,有待于立法和司法予以解释。学者对公共利益有不同的理解,我们认为,正面列举公共利益是比较困难,如将"不得具有商业目的"作为衡量公共利益的一个构成要件,就能剔除那些伪公共利益。

(二)土地的行政征用

行政征用是行政主体为了公共利益目的,按照法定的形式和事先公平补偿原则以强制方式取得私人不动产的所有权或其他物权的程序。显然,行政征用也具有主体的特定性、强制性、公益性、补偿性的特点。这里,我们认为不发生财产所有权的转移问题,而闫桂芳、杨晚香认为具有权属转移性的特点①值得商榷。

我国已经制定了许多涉及征用的法律法规。例如,1988 年 1 月 21 日通过的《中华人民共和国水法》规定,防汛指挥机构有权在其管辖范围内调用所需的物资、设备和人员,事后应当及时归还或者给予适当补偿。随着《中华人民共和国防洪法》的出台,防洪征用补偿制度在该法中有了专门性的规定。该法四十五条规定:为防洪调用的物资、设备、交通运输工具等,在汛期结束后应当及时归还;造成损坏或者无法归还的,按照国务院有关规定给予适应补偿或者作其他处理。取土占地、砍伐林木的,在汛期结束后依法向有关部门补办手续;有关地方人民政府对取土后的土地组织复垦,对砍伐的林木组织补种。

1997 年 3 月 14 日通过的《中华人民共和国国防法》规定,国家根据动员需要,可以依法征用组织和个人的设备设施、交通工具和其他物资。县级以上人民政府对被征用者因征用所造成的直接

---

① 闫桂芳、杨晚香:《财产征收研究》,中国法制出版社 2006 年版,第 40 页。

经济损失,按照国家有关规定给予适当补偿。

1996 年 3 月 1 日通过的《中华人民共和国戒严法》规定,根据执行戒严任务的需要,戒严地区的县级以上人民政府可以临时征用国家机关、企业事业组织、社会团体以及公民个人的房屋、场所、设施、运输工具、工程机械等。在非常紧急的情况下,执行戒严任务的人民警察、人民武装警察、人民解放军的现场指挥员可以直接决定临时征用,因征用造成损坏的,由县级以上人民政府按照国家有关规定给予相应补偿。

1995 年 2 月 28 日通过的《人民警察法》规定:"公安机关因侦查犯罪的需要,必要时,按照国家有关规定,可以优先使用机关、团体、企业事业组织和个人的交通工具、通信工具、场地和建筑物,用后应当及时归还,并支付适当费用;造成损失的,应当赔偿。"这里的赔偿实质上是指补偿。1998 年 4 月 29 日通过的《消防法》规定公安消防机构在统一组织和指挥火灾的现场扑救时,火场总指挥员有权根据扑救火灾的需要,决定划定警戒区,实行局部交通管制,利用临近建筑物和有关设施,为防止火灾蔓延,拆除或者破损毗邻火场的建筑物、构筑物等。但是,对于因采取上述措施而对行政相对人造成的损失,《消防法》并未规定给予补偿。

二、土地的行政征收与行政征用比较

（一）土地征收与土地征用具有相似性,但并非同一概念

两者的相似性,在于土地征收和土地征用都是国家以公权力强制地对他人的土地权利予以剥夺,使得他人的土地权利因征收或征用而消灭或终止。就土地征用而言,则是国家因公共事业的需要,以给予补偿为条件,对他人土地所有权以外的土地他项权利

为利用,待特定公共事业目的完成时,仍将土地归还原土地所有人。① 他人的土地所有权并不因国家的征用行为而消灭。同时,二者在实施的时候还必须遵循三个原则。一是公共利益需要的原则。公共利益是指社会整体利益和全体社会成员的共同利益,在实践中要严格区别是社会公共利益需要还是商业利益或某部门、某集体、某单位利益需要。二是依照法律规定的原则。征收、征用在一定程度上限制了公民的私有财产权。要正确处理好公共利益需要同私有财产保护的关系,征收、征用必须依照法律规定进行,按照法律规定的原则、条件和程序办理。三是依法给予补偿的原则。根据宪法规定,征收、征用都要给予补偿。补偿的标准,需要在相关法律中作出明确的规定。征收对象是不动产,而且是所有权的改变,要给予金钱补偿或相应的财产以及其他形式的补偿。征用的对象是物,使用结束后要物归原主,对物的价值减少的部分要给予补偿。补偿要及时,不能因补偿的延误给被征收、征用人造成损失。

(二)土地征收与土地征用的区别

二者的区别也是明显的。第一,产生的法律后果不同。征收是被征收对象的所有权发生改变,征用只是使用权的改变。征收是国家从被征收人(行政相对人)那里直接取得财产的所有权,其产权发生了实质性的转移;而征用则主要是紧急情况下对私有财产的强制征调使用,一旦这种紧急状态(例如战争、自然灾害)结束,被征用的财产将"完璧归赵"。其次,对二者的补偿不同。征收不存在返还原物的问题,对原财产所有人的补偿一般比较高,一般而言,应当采取充分补偿原则,这一原则对赔偿数量要求较高,

---

① 梁慧星主编:《中国物权法研究》(上),法律出版社1998年版,第330页。

是指补偿的价值至少不得低于被征用财产的价值,这是补偿的最高标准。按照我国行政法的规定,是对所有权的"合理补偿",适当或合理补偿是最低补偿标准,只要给予补偿即可,因为认定何为适当与合理的权力显然操于国家之手,被征用财产的人无权要价。而征用则不一样,如果标的物完好没有损坏或者毁灭,就应当返还原物,只是对其使用权益进行补偿。第三,适用的条件不一样。征用一般适用于临时性的情况紧急的状态,不如此就无法保护更大的利益,例如在海上抢救落水的旅客,海上巡逻的海事局官员需要征用正在捕捞的渔船;而征收不需要一定存在紧急情况,只要是为了公共利益的需要,就可以依照法律程序征收。第四,行为的客体不同。征收的客体主要是土地等不动产,而征用的客体除此之外,还包括劳务、动产等。在战争、自然灾害、社会动乱等紧急情况下,为便于政府集中使用全国或一定区域内的人力、物力,以取得战争胜利、抵御灾害或恢复秩序,动产就成为征用的对象。动产征用只适用于特定情形,因而政府行使动产征用权不仅应遵循宪法关于财产征用的一般规范,而且还应符合戒严法关于政府在紧急状态下行使紧急处分权的特别规定。概括而言,首先,紧急情况的出现是征用动产的事实依据;其次,国家元首、政府首脑与行政首长依照宪法和戒严法宣告战争状态、紧急状态或总动员,是行使动产征用权的形式要件;最后,按照宪法和有关法律对征用财产的一般规定给予补偿,是动产征用的实质要件。与动产一样,人力资源一般也不在政府的征用范围之内,除允许国家在依法惩罚与改造罪犯时使用强制劳动外,各国宪法通常都严格禁止强制劳动。只是为应付战争、灾害或动乱,政府才可以在宣告紧急状态后依法征用个人劳力。再次,在特定情况下,征用会转化为征收。如在抗洪抢险中,国家征用民用船只运送抗洪抢险物资,这是征用;在堤防出现缺口时,国家动用包括民用船只在内的船舶沉船堵险,这就从征用转变为征收。

三、我国的正确模式选择

实际上,现行法所规定的土地"征用"确实引起了土地所有权的变更,即集体土地所有权变更为国家土地所有权。《土地管理法实施条例》即规定了"国家依法征用的土地"属于国家所有。《确定土地所有权和使用权的若干规定》亦明确了"国家建设征用的土地,属于国家所有"。这样,现行法的土地征用客观上就是一般所指的土地征收。

(一)明确界定公共利益的边界

现行法名义上为土地征用,实际上却是土地征收。都是国家凭借公权力对他人土地权或土地他项权利予以强制性剥夺,但这种强制性剥夺须以存在公共利益为条件。公共利益具有较为广泛的范围。国防、交通事业、水利事业、公共卫生、教育、政府机关及慈善事业等,即其适例。公共利益并非都具有永久性,如军事工事可因特定军事目的已完成而无存在的必要。在此情况下,是否无需将他人的土地所有权予以强制征收而是对他人的土地他项权利予以征用,并非无考虑的余地。从公共利益的性质及需要出发,对具体的公共利益事项进行衡量,将土地征收和土地征用予以恰当划分,使集体土地所有权不致遭受国家公权力的过分干预,应是保护土地资源的一项重要内容。对土地征收和土地征用予以界定,将土地征用从土地征收中分离出来,使土地征收名副其实,是物权和土地立法中应注意的一个问题。

在我国,公共利益的判断应当考虑以下几点:第一,"公益性"。公共利益不是个人利益的简单集合,也不是多数人利益在数量上的直接体现,它是社会共同的、整体的、综合性和理性的利益。第二,"个体性"。公共利益的价值理念是个人尊严的保护。第三,"权责统一性"。如果行使公权力后不承担责任,任何公权力掌控者都会滥用权力,故须完善相应的责任机制。当某个公权力掌控者以公共利益为由克减和限制公民的基本权利,之后通过监督机制判定所谓公共利益之理由不成立,则应严格追究且能够追究其责任,包括法律责任、政治责任、道义责任、社会责任,使其付出相应代价。这是建设责任政府、法治政府的要求。[①]

(二)建立土地征收的法定程序

正当程序或者正当法律程序(due process of law),最初起源于英国的普通法,在1215年《大宪章》中就得到确认。1789年法国的《人权宣言》第7条、1791美国宪法第5条修正案进一步丰富了正当程序的含义。[②] 英国上诉法院大法官丹宁勋爵认为,正当法律程序"系指法律为了保持日常司法工作的纯洁性而认可的各种方法:促使审判和调查公正地进行,逮捕和搜查适当地采用,法律救济顺利地取得,以及消除不必要的延误等等"。[③] 丹宁勋爵的说法只涉及司法权的运用,未能揭示正当程序概念的全部含义。

---

① 陈亚东:《"公共利益"在征收补偿中的确认和维护》,载《农村经济》2006年第3期。

② 《大宪章》第39条规定:"任何自由人,如未经其同级贵族之依法裁判,或经国法判决,皆不得逮捕,监禁,没收财产,剥夺法律保护权,流放,或加以任何其他损害"。宪章第52条规定了保护财产权的正当程序:"任何人凡未经其同级贵族之合法裁判而被余等夺去其土地,城堡,自由或合法权利者,余等应立即归还之……"《人权宣言》第7条指出:"除非在法律所规定的情况下并按照法律所指示的手续,不得控告、逮捕或拘留任何人。"第17条强调了征用财产必须以"合法认定的公共需要所显然必需"为条件。美国宪法第5条修正案和第14条修正案分别指明了联邦和各州保护权利的正当程序。

③ [英]丹宁勋爵:《法律的正当程序》,群众出版社1984年版,第1页。

　　无论在大陆法系还是英美法系各国,正当程序都是一个内涵丰富、外延广阔的概念。从最一般的意义上,可以把正当程序看成是法律为了保障个人权利所规定的政府行使权力必须经过的步骤、应当采取的方式、不可缺少的过程等。确切地说,当政府行使权力的行为可能对个人的权利与自由构成剥夺、限制、侵害或减损时,就应当由代表民意的机关根据宪法原则与要求,经过充分辩论,制定必要的法律规则;再由行政机关依照法定权限与程序,并在法律规则约束下行使权力;在行使权力的政府行为作出后,认为自己的权利与自由被非法剥夺、受到限制、侵害或减损的个人,有权诉请司法机关撤销行政机关采取的措施,司法机关依照法定程序审查争议双方的事实与理由后作出最终裁决。可以说,没有正当程序,政府权力的滥用就不会遇到任何障碍,一切法定权利都将因其不可操作性而变得毫无意义。美国有学者不无道理地指出,正当程序本身就是对财产权重要的实质性的保护,它"包括了所有对政府干预财产权的行为所作的来自宪法的明示和默示的限制"。①

　　正当程序不仅在保障个人的一般权利和自由方面发挥着关键作用,在保护财产权利、限制政府征收征用权方面也是不可缺少的。在我国法学和法律术语中,没有与正当程序完全对应的概念,"依照法律规定"可以算是比较接近的说法。但由于我国法学受分析法学影响较大,法律完全被视为国家意志,政府权力更体现了国家意志,二者的同质性使得权力行使即使"依照法律规定",也难以真正受到法律的实质性制约。因此,采取正当程序概念,健全

---

　　①　[美]伯纳德·施瓦茨:《美国法律史》,中国政法大学出版社1990年版,第117页。

保护权利、约束权力的法律程序是必要的。财产征收征用必须在立法、行政和司法各机关的参与下,全面经受正当程序检验。政府要行使宪法特别授予的征收征用权,首先要有立法依据。立法机关制定法律,就征收征用的目标、行政机关及其权限、征收征用补偿与争议裁决等问题作出专门规定,是征收征用的前提条件。在英美法系国家,征用都是根据议会法案进行的。自 18 世纪以来,英国的土地强制征收征用一直是由议会通过私法法案决定的,这种法案对征用哪块土地、征地的目的都要作出明确的规定。法律不仅要规定赔偿估算的规则,而且要指定确保能够遵循这些规则进行公平的赔偿估算批准的机构。

在我国现阶段,要认真执行征地听证程序,确保农民的意愿得以充分地表达。按照国土资源听证规定的有关规定,完善各省市的征地听证程序,切实履行征地程序中的告知义务,积极引导土地权利人和农村集体组织积极参与征地听证,从而将被征地人的意愿表达纳入合法有序的轨道,杜绝采取"征地先行、争议后决"的做法,没有执行征地听证程序的坚决停止征地。

要扩大征地信息发布渠道,加大征地前有关政策法规的宣传力度。完善政府征地政策的发布平台和传播渠道,保证让被征地农民及时、全面、正确地了解有关征地的政策法规,增强政策法规的透明度,确保政府依法征地。

(三)实施充分、及时、有效的补偿标准

关于这一点,本文将在后文中专门阐述。

(四)要建立完善征地纠纷的调处机制

按照目前法律规定,发生土地补偿费用争议的,应由县级以上政府协调,协调不成的则由批准征收土地的人民政府裁决。这种由政府既当运动员又当裁判员的做法,不符合国外通常是由独立于政府的机构来仲裁征地纠纷的国际惯例。政府是征地的决策者和行为人,自然不能保持客观中立。所以必须在现有的制度框架下,充分发挥人大监督和司法监督的作用,探索建立征地补偿安置争议的协调和裁决机制,稳步推进土地征收制度改革。

为此,要推进土地等资源市场建设。规范发展土地使用权市场。建立健全土地权利体系,完善土地调查和登记制度,规范土地交易行为,建立土地权属争议调处机制。全面落实征地的统一年产值标准或区片综合地价补偿办法,拓宽安置途径,完善征地程序,规范征地行为。经营性用地要全面推行招标、拍卖、挂牌出让制度,非经营性用地要建立公开供地机制。进一步加强土地市场调控,健全土地收购储备制度。认真贯彻落实《国务院关于深化改革严格土地管理的决定》(国发[2004]28号)及配套实施办法。

具体来看,要完善征地调处机制,首先就要完善征地程序。然而,我国在征地程序方面还存在许多问题。主要表现在以下几个方面:

首先是批次审批方式不甚合理。根据规定,在规划确定的建设留用地范围内,可以实行分批次征地。存在的问题主要有:(1)容易导致多头批报、对用地的规模难以制约、对违法用地难以监管等后果。(2)由于一个报批件中包含了多个建设项目或者用地区块的征地材料和图件,每个项目前期准备进展又可能不一致,容易造成建设项目用地审批时间过长,降低项目审批工作的效率,而且不利于后期项目的管理和土地档案资料的查询和调用。

其次是征地报批周期长。按照现行规定的办卷时限,市、县土地行政主管部门组织报批材料是1个月,市级土地行政主管部门审查是5天,省级土地行政主管部门的审查期是10—15天,考虑各级政府的审查会签,待批准征用转用,一般要3个月。批后实施中,市、县在接到征地批准文件后10日内进行第一次公告,在公告之日起45日内拟订土地补偿安置方案并予以公告,另外,被征地单位及其成员办理补偿登记一般时限为15日左右,整个从组织报批到完成征地过程,大体需要近半年的时间。由于各地项目争取困难,很多地区只好打"擦边球",边开工边办审批手续,往往项目投产运行数年,批文仍未办下来。

第三是"两公告一登记"程序设置不合理。主要表现在:首先,"两公告一登记"程序设置滞后。我国现在的程序是征地依法批准后进行"两公告一登记",而补偿登记却在征地预公告时就已经按照当时的现状确定下来了,征地批准后再进行征地补偿登记、征地补偿安置公告,忽视了农民的知情权,和当前征地工作提倡的"公众参与、充分尊重农民合法权益"的理念背道而驰。在实际操作中,被征地农村集体经济组织和农民作为征地过程当中的当事人之一,征地方在征地前没有履行告知义务,使农民没有知情权、参与权,不知道"补什么、补多少、失地后生产生活如何保障"等关系到自身生存与发展的重要问题,而只是在事后进行公告,很容易引发争议,甚至发生群发事件,影响征地工作的正常进行。其次,"两公告"内容相近,分开操作增加了不必要的政府办文程序,影响了行政效率。最后,程序中关于公告后"被征地农民进行补偿登记"的规定,在工作中难以操作。

第四是征地听证程序不够完善。经过几年的工作实践,听证这种形式以其客观公正、公开透明、程序规范、事实清楚等优点,逐渐被社会所接受,得到了长足的进步和发展,但是也存在一些问题比如:规章制度的建设不够完善;公开程度不够高;农民参与不够广泛;监督措施不够到位;听证程序烦琐,周期太长,没有起到促进征地行为公开公平的作用。如果建设项目要修改土地利用总体规划,那么在一个项目审批过程中,将就同一内容举行两次听证,而且花费 60 天左右,周期太长,影响了项目的进展。

第五是征地报批材料繁多。在项目报批过程中,要准备包括报告、图纸等材料近 20 个,且缺一不可,一个项目仅仅是材料就有几十斤。不仅准备的工作量大,而且还容易造成浪费。

要解决这些问题,我们认为,其办法主要是:

1. 认真执行征地听证程序,确保农民的意愿得以充分地表达。按照《国土资源听证规定》的有关规定,完善征地听证程序,切实履行征地。程序中的告知义务,积极引导土地权利人和农村集体组织积极参与征地听证,充分听取被征地农民的合理意见,确保被征地农民的知情权、申诉权与监督权,从而将被征地人的意志表达纳入合法有序的轨道,杜绝采取"征地先行、争议后决"的做法,没有执行征地听证程序的坚决停止征地。

2. 强化村务公开,落实村民自治,确保征地进程的民主参与。村级自治组织和村集体经济组织应当依据《村民委员会组织法》、《农村土地承包经营法》的要求,将征地事务纳入村务公开的重要内容,建立公示制度,依法民主管理征地补偿款等征地事务,真正让被征地农民行使民主参与、民主决策和民主监督的权利,切实保障被征地农民的合法利益。

3. 制定《集体所有土地拆迁房屋补偿评估办法》,实现公平的补偿。学习借鉴上海等地的经验,尽快制定《集体所有土地拆迁房屋补偿评估办法》,建立农村集体土地征用拆迁房屋的中介评估机制、城乡一体的价格评估和利益保护机制,保证农村房屋拆迁补偿有一个公平合理的标准,从而有效防范征地纠纷。

第三节　建立充分、及时、有效的土地征收补偿标准

一、现行土地征收补偿标准制度的缺陷

　　我国《土地管理法》规定的补偿标准很不合理。征收土地补偿费、劳动力安置补助费都是按照被征收土地前三年的平均年产值计算的,补偿标准计算的基准是农地的年产值,很不科学。年产值是农作物产量与价格的函数,其高低受所处地区的农业生产自然条件如光、温、水、土和社会经济条件如农产品价格、耕作制度、产业结构调整的影响,而与被征地的区位等地价因素无关。事实上土地补偿费的确定很大程度上与被征地所处的区位、区域经济发展状况及区域基础设施条件等紧密相关,而与土地年产值的关联性并不明显。这种法定的征地补偿标准存在三个问题。[1]

　　一是法定的征地补偿标准游离于土地市场价格之外。按照经济学原理,产品价格要受到市场供求的影响,在需求不变情况下,供给增加引起价格下降,供给减少引起价格上涨;在供给不变情况下,需求增加引起价格上涨,需求减少引起价格下降。但目前我国的征地价格对市场的供求变化却反应呆滞,一方面国家对农地的供给是有严格计划的,从理论上讲农地势必会处于一种供不应求的状态,另一方面城市化进程对农村土地需求量日益增大又是客观存在的事实,但是由于我国征地是套用国家法律规定的内容和标准来确定土地补偿额,致使征地补偿额度的计算始终游离于土地市场价格之外。

―――――――――

　　[1]　吴行政:《我国农村土地征收补偿法律问题研究》,北京大学 2005 年度"农村宪政与行政法治"主题研讨会参会论文。

　　二是法定的产值补偿标准较土地实际产出价值而言往往失真。在计算补偿费和补助费时，基本是按传统的粮经作物比测定前三年的农业产值，没有或较少顾及现在的城郊农村，农业已经不是传统意义上的农业，而集生态农业、精品农业和休闲观光农业等为一体的现代都市型农业，土地的产出已经完全不是普通的粮食或蔬菜价值可比的。具体补偿数值按照亩产农作物的产值计算，使得补偿价值极易波动，导致同一区位地块补偿价格悬殊，其本质不是对土地价值的补偿，而是对地上物的补偿，这是根本违背土地征收补偿规律的。因此，这样形成的土地补偿额当然不能反映被占耕地本身的实际产出价值，往往偏低。

　　三是法定的征地补偿标准无法解决土地增值分配的不合理问题。目前我国土地征收补偿标准采用法定补偿标准，由《土地管理法》第四十七条具体规定，其中有些补偿标准只有最高限的限制，如"每公顷被征收耕地的安置补助费，最高不得超过被征收前三年平均年产值的十五倍"、"土地补偿费和安置补助费的总和不得超过土地被征收前三年平均年产值的三十倍"。即使有些有法定最低标准的限制，政府的自由裁决权也比较大，如"征收耕地的土地补偿费，为该耕地被征收前三年平均年产值的六至十倍"、"征收其他土地补偿费和安置补助费标准，由省、自治区、直辖市参照征收耕地的土地补偿费和安置费的标准规定"，较大的自由浮动幅度和"参照"赋予了政府极大的自由裁决权。由于政府作为利益参与方分享土地征收的利益，被征收方又极少参与征收过程，导致很多地方政府常常按照法定最低标准给予补偿，甚至连法定的最低标准也达不到，在自由裁决的权限内，出现显失公平的不合理现象更是常见。实践中政府往往以支付较低的补偿费为对价获得土地，再以很高的土地使用权出让金转入市场，由此所形成的增值是巨大的。但是失地的集体组织和农民却不能从增值中获利。法定的征地补偿远远不足以解决被征地农民的长远生计。

四是补偿的范围过窄，还没有涉及农民的社会保障。集体建设用地、宅基地的补偿标准无法测算；征地补偿范围没有覆盖土地上的他项权利如承包经营权等财产权利的补偿。由于农民被排除在土地增值利益的分配之外，没有考虑到对失地农民的社会保障问题。据国家有关统计资料显示，在征地收益分配中，农民只得到5%—10%，村一级得到25%—30%，政府及部门得60%—70%。这对于原来土地的所有者和使用者是极为不公的。农民集体土地转为建设用地的过程，应当是农民分享城市化和工业化成果的过程，应当有利于缩小城乡差距而不是扩大城乡差距，因此，应该考虑在对失地农民的征地补偿中解决土地增值分配不合理的问题。

二、土地征收补偿标准理论

多年来，土地征收产生的经济纠纷十分突出。特别是2003年8月南京市被拆迁户翁彪自焚身亡和9月15日安徽青阳县农民朱正亮在天安门自焚，令人震惊。2003年以来相关事件的矛盾焦点是征地拆迁者和被征地拆迁户之间对补偿费数额的争议，看来拆迁补偿问题是解决拆迁纠纷的关键。如果建立了一个公平合理的补偿原则，相信纠纷会大大减少。

有征收必有补偿，其核心就是补偿标准问题，行政征收理论可以说是有关如何补偿的理论。从征收补偿理论来看，主要有三种：一是特别牺牲论。征收造成的不可预期和仅由少数人承受的损害意味着特别的牺牲。对于这种损害，理论上应该是由受益者即公众承担补偿义务的，但由公众承担补偿义务是不可行的，因此，就由公众的合法代表——国家承担补偿责任。二是完全补偿论。完全补偿说认为,对成为征收对象的财产的客观价值,应按其全额予以补偿。其中,一种更为彻底的观点认为,除此之外,还应当加算伴随征收所发生的一切附带性的损失,如搬迁费用、营业上的经济损失等。三是适当补偿论。适当补偿说认为,对财产权限制,只需综合斟酌制约措施(如征收)的目的及其必要程度等因素,并参照当时社会的观念,给予公正和恰当的合理金额,便足以视为正当补偿。①

从国际经济法的角度来看,不同的国家对赔偿标准的理解和实务处理不尽相同,当前有代表性的主要观点是以下两种:

(一)"充分"、"及时"、"有效"的补偿标准

以美国为首的发达国家主张,对外国投资项目实行"国有化和征收"的国家,有责任"充分"、"及时"、"有效"地对外资项目予以赔偿。1938年墨西哥征收在境内的美资地产和石油企业时,美国国务卿赫尔在当年8月22日致墨西哥驻美大使纳耶拉信件中指出:"依据法律和公平合理的一切准则,不论为了何种目的,如果不针对征收提供迅速及时、充分足够以及切实有效(prompt, adequate and effective)的赔偿,任何政府都无权征收私有财产。"并对"充分"、"及时"、"有效"作以下解释:

"充分",是指"全部"、"完全"。也就是实行国有化和征收的国家必须承担对外资项目全部赔偿的义务。"及时",是指必须立刻支付赔偿金,不得延滞。"有效",是指必须以易兑有价证券或现金的方式支付赔偿金。

在征收土地方面,美国根据宪法精神,规定征地必须符合三项标准:(1)征地必须为必要的不可缺少的公共利益。(2)对个人给

---

① 李强:《中国土地征收法律制度研究》,中国民商法律网。

予公正合理充分的赔偿。(3)正当程序或适当合理的操作过程。正当法律程序要求行政机关在整个财产征用的过程中严格履行一切法定的手续,包括对所有者意见的听取,以减少或消除自由裁量的可能性,其中最主要的作用就是确保及时有效充分的补偿。它保证个人如果对政府征收行为或赔偿金额有质疑或不满的话,有权请律师进行上诉并索取合理赔偿。一般情况下,为了避免大量诉讼费用,政府更愿意在一开始就提出合理补偿。美国把"及时"地给予"充分的"、"合理的"补偿作为征收的前提,如果没有履行,这种征地就是违法的。

(二)适当补偿标准

1974年12月联合国第29届大会通过《各国经济权利和义务宪章》明确规定,"每个国家都有权将外国财产收归国有,征收或转移其所有权。在收归国,征收或转移时,应由采取这些措施的国家考虑本国有关法律和条例的规定以及本国认为有关的一切情况,给予适当的补偿"。从而在国际法上确立了"适当补偿"的合法地位。有不少发展中国家采取这一标准。

从世界立法整个发展趋势来看,对于国家征收行为所造成的损失补偿呈逐步放宽之势,以便人民所受损失得到充分、完全的补偿。美国对土地征收采取的"充分、及时、有效"补偿标准是补偿所有者财产的市场价值,包括财产现有的市场价值和财产未来盈利的折扣价值。加拿大的土地征收补偿是建立在被征收土地的市场价格基础上,依据土地的最高和最佳用途,按当时的市场价值补偿,具体包括了被征收土地的补偿、被征地相邻土地的有害和不良影响补偿、土地所有人或承租人因土地全部或部分被征收而造成的成本和开支的补偿等。德国对土地征收的补偿标准和英国一样,都以土地征收时官方公布的交易价格为准,具体范围包括了土地及其他标的物损失的补偿、营业损失补偿、被征收标的物上一切附带损失补偿。

1. 我国立法对这一概念的理解

《民法通则若干意见》第 151 条规定："侵害他人的姓名权、名称权、肖像权、名誉权、荣誉权而获利的,侵权人除应适当赔偿受害人的损失外,其非法所得应当予以收缴";第 160 条规定："在幼儿园、学校生活学习的无民事行为能力人或者在精神病院治疗的精神病人,受到伤害或者给他人造成损害,单位有过错的,可以责令这些单位适当给予赔偿。"这是《民法通则》及《若干问题的意见》中仅有的两处出现"适当赔偿"的字样,从这两段文字来理解"适当赔偿"有两种情况:一种是指对因侵权行为而造成的损失数额无法具体确定,但确有侵权行为的发生,行为人因侵权而获利,所以应当予以适当赔偿。第二种情况是指有监护义务的单位对监护的人在学习、生活或住院治疗过程中受到的伤害或致他人损害有过错的,所应承担的民事责任。

《土地管理法》第五十八条规定："有下列情形之一的,由有关人民政府土地行政主管部门报经原批准用地的人民政府或者有批准权的人民政府批准,可以收回国有土地使用权:(一)为公共利益需要使用土地的;(二)为实施城市规划进行旧城区改建,需要调整使用土地的;……依照前款第(一)、(二)项的规定收回国有土地使用权的,对土地使用权人应当给予适当补偿。"可以说,土地管理法从法律上为房屋拆迁中的土地使用权人设定了享有补偿的权利,拆迁人在拆迁中应当按照法律的规定对被拆迁人的土地使用权予以补偿。《城市房屋拆迁管理条例》第二十四条规定:"货币补偿的金额,根据被拆迁房屋的区位、用途、建筑面积等因素,以房地产市场评估价格确定。"要正确解读这一条,关键是要弄清"等因素"所包含的内容,既然货币补偿的金额以"房地产市场评估价"来确定,则能够影响被拆迁房屋的市场价的因素均应被列入。那么,在房地产评估时,不但要考虑房屋本身,还要考虑房屋占用的土地和被拆迁人拥有的其他土地使用权及相应的附属设施。因此,"等因素"也应包括对被拆迁房屋的价值产生重要影响的土地使用权。

此外,《城镇国有土地使用权出让和转让暂行条例》第四十二条规定:"国家对土地使用者依法取得的土地使用权不提前收回。在特殊情况下,根据社会公共利益的需要,国家可以依照法律程序提前收回,并根据土地使用者已使用的年限和开发、利用土地的实际情况给予相应的补偿。"有些地方立法对此也有明确的规定。如《陕西省城市房屋拆迁补偿管理条例》第二十一条规定:"被拆迁人依法享有土地使用权的院落,其未计入货币补偿基准价格给予补偿的,拆迁人应当按照市、县人民政府规定的标准对被拆迁人给予补偿。"

可见,适当补偿是赔偿的一种补充表现形式,它包含在广义的赔偿范畴之中,具有中国法律制度的特色,是在侵害事实发生过程中的受益人虽然在行为上无过错,但基于与致害人的特定法律关系,根据公平原则所应承担的民事责任。

2. "适当赔偿"与"适当补偿"的区别

首先,适用原则不同。前者适用的是过错原则,后者适用的是公平原则。其次,适用的范围不同。前者适用于侵权或基于民事合同而引起的纠纷,后者仅适用于受益人因特定的法律关系而引起的纠纷。再次,承担方式不同。前者是按照过错责任的大小承担民事责任,即错责相等;后者则是按照受益人的受益程序及经济状况等因素而决定,即无错而责。第四,性质不同。前者具有惩罚性,后者具有公平性。第五,社会效果不同。前者体现了过错责任人应受到相应法律的惩罚,目的是维护经济秩序的健康发展及民事活动的有序进行,因"制"而"序",是增强人与人之间相互信任的基础;后者则体现了公正公平原则,是弘扬社会主义精神文明的法律武器,是鼓励交易活动、维护交易秩序、促进人们遵守市场经济规则、大胆创新、鼓励见义勇为、保障财产权益的有力措施。

综上所述,"适当赔偿"与"适当补偿"都是承担民事责任的方式,前者具有普遍性,后者具有特殊性,两者相辅相成,以互补的形式形成了比较完善的具有中国特色的赔偿制度。

3. 对适用"适当赔偿"及"适当补偿"的几类案件的理解

适用"适当赔偿"的案件:(1)侵害他人的姓名权、名称权、肖像权、名誉权、荣誉权而获利的,侵权人应当适当赔偿受害人的损失;(2)无民事行为能力的学生在学校内致他人损害或受到伤害,学校有过错的,该校应适当赔偿;(3)精神病人在院治疗期间致他人损害或受到伤害,医院有过错的,该院应予适当赔偿。

适用"适当补偿"的案件:(1)雇佣人员在从事雇佣活动过程中,因自己无过错或有部分过错而受到损害,雇主应当予以适当补偿;(2)合伙人在从事合伙活动过程,因自己无过错或有部分过错而受到的损害,其他合伙人应当给予适当补偿;(3)相邻一方必须使用另一方的土地排水的,应予准许,但应在必要限度内使用,并采取适当的保护措施,如仍造成损失的,由受益人合理补偿;(4)一方必须经相邻一方所使用的土地上通行的应当准许,因此造成损失的,应当予以补偿;(5)义务帮工在从事帮工中受到的损害,当事人无过错的,被帮工人应予适当补偿;(6)堆放物品倒塌造成损害,当事人均无过错的,堆放人应予以适当补偿;(7)为了维护国家集体或他人合法权益而使自己受到损害,在侵害人无力赔偿或在没有侵害人的情况下,如果受害人提出请求,人民法院可以根据受益人的受益多少及其经济状况,责令受益人给予适当补偿,如紧急避险,见义勇为、正当防卫所造成的损害;(8)土地征收征用等。

三、必须建立充分、及时、有效的补偿标准

我国传统观念认为,私人利益应当为国家利益和集体利益而牺牲。在市场经济条件下,这种思维方式和理论逻辑有必要进行修正。征收补偿的利益衡量,应不仅仅是政府的经济利益(表现为征收成本),还应衡量征收者(国家)与被征收人之间具体的利益关系。一方面,补偿金额应遵循经济规律的要求并在国家国力(包括经济、环境等承受力)所能承受的范围之内;另一方面,土地征收又不能使被征收人有明显不公平或被剥夺的感觉,因此补偿下限应使被征收人的生活状况不低于征收前的水平,并随社会发展有提高的趋势。因此,我国有必要在法律中明确规定对土地征收实施"充分、及时、有效"的补偿标准。其主要理由如下:

(一)我国已经具备与此相应的经济实力

2006 年 12 月,中国外汇储备达到 10663 亿美元,超过日本成为全球外汇储备第一大国。懂一点经济学的人都知道,外汇储备是一国财富的积累和综合国力的表现。到 2007 年 9 月,外汇储备更是高达 1.4 万亿美元巨额储备,意味着我国有着充裕的国际支付能力,在一定程度上也彰显了我国足以影响世界的经济实力。按照世界银行 2006 年 6 月的预测,中国外汇储备在 2012 年可能达到 2.9 万亿美元。如此庞大的国家外汇充分表明,我国现在的经济实力的确不能与 5 年前相提并论。中国社会科学院世界经济与政治研究所所长余永定称:"我认为最根本的办法,就是增加政

府支出。""关键是中国政府能否在公共产品领域加大支出,由此一方面可以直接提高消费,另一方面家庭支出也将增加。"由于公共部门债务低于 GDP 的 25%,预算赤字则相当 GDP 的约 1.5%,中国有相当多的资金可供动用。中国税收则每年递增 20%,从2007 年情况来看,预计财政收入已经达到 5.1 万亿元,并且在未来 10 年之内财政收入的增长还会持续。

有这样雄厚的国家财力为后盾,在土地征收方面实施充分、及时、有效的补偿应当是自然之举。

(二)可以更好地保护农民的土地权益

直到现在,土地仍然是绝大多数农民(户)的安身立命之所在。因为土地资源具有稀缺性、不可再生性,一旦失去土地,要想再拥有的话,在我国人多地少的今天几乎是不可能的。同时,我国农村尚未建立完善的社会保障体系,土地除具备市场价值外,还负载着农民的社会保障功能,而且是目前绝大多数农民的唯一社会保障资料。尽管被征收土地的农民的就业和安置以市场为导向而有多种途径可以选择,但并不能否认土地是绝大多数农民的主要生产资料。土地作为社会保障的替代物,为占中国人口绝大多数的农民提供了基本的生活保障,在农村的失业保险功能方面也具有十分重要的作用。[1] 虽然在发达地区,农村居民的绝大部分收入来自农业以外,但土地征收的补偿费和安置费等仍然是被征收了土地的集体经济组织特别是其成员的重要生活保障。因此,土地征收补偿费和安置费的确定标准,应从如何维持社会保障所要求的生活水平出发。

---

[1]　姚洋:《中国农地制度:一个分析框架》,载林毅夫、海闻、平新乔主编《中国经济研究》,北京大学出版社 2000 年版。

从土地征收后用于城市建设的效益来看,以上海为例,商品房的出售价格是土地成本的 26 倍,房地产行业的暴利多年来已经是尽人皆知。就是重庆的商品房价格也在每平方米 3500 元左右,而土地征收的成本则仅仅不到 1000 元/平方米。根据财政部 2006 年 11 月的调查,其纯利润高达 54%。

所以,我们主张在我国《物权法》中明确规定,国家征收农民集体所有的土地的补偿应当包含公平市场价格加社会保障费用。这一标准同时反映了土地的市场价值及其所负载的社会功能,能够保障失地农民的合法权益。

(三)社会主义社会和谐发展的必然选择

宪政民主制度要求政党必须是负责任的政党,执政党领导的政府必须是负责任的政府。失地农民作为弱势群体也是社会的构成单位,是政权得以巩固的重要支撑力量。因此,要有针对性地对他们采取保护性政策,营造关怀弱势群体的氛围。这就要求我们加强失地农民基本权益保障的制度建设,实现失地农民的土地财产权。要切实解决因城市发展而产生的失地农民的利益,让他们也能从土地的增值和城市的发展中获取群体性的利益。失地农民的地位具有过渡性,是城乡二元结构、差别利益到最终实现城乡完全融合、平等对待的利益承载体,根本上讲他们仍代表农民的利益。因而,要建立公平的土地征收法律制度,切实保护其土地所有权、承包经营权,就必须给予“充分、及时、有效”的补偿。一则可以使农民获得应当得到的土地收益,二则有利于农民在城市新生活中奠定一定的物质基础,可以让失地农民从容地接受职业培训和教育。根据农业部、劳动保障部、教育部和科技部、建设部、财政部联合颁布的《2003—2010 年全国农民工培训规划》的基本原则和精神,要有计划、有组织地使失地农民接受职业培训,从而使其掌握一门以上的实用技术,提高他们进入市场进行就业竞争的能力。同时,政府有关部门在作出相关制度安排时,不能因失地农民身份特殊而在政治、经济权利的享有上对他们实行歧视待遇,要尽可能使广大失地农民完全融入到城市化的浪潮中来。另外,从征收土地的出让金中拿出资金充实社会保障基金,为他们完全融入城市并享有城市居民应有的一切权利提供物质保证,提供适当水平的社会保障,使之与城市现有的社会保障制度保持兼容性,为最后的"接轨"奠定基础。

第四节 建立征地纠纷的救济机制

一、征地纠纷的救济路径分析

土地征收的本质是国家为公共利益之目的而以权力的形式在公民权利之上附加限制与义务,其折射的权力—权利关系自然应由宪法进行调整。因而民主宪政国家无不将土地征收纳入宪政体系,以控制权力与保障权利为根本原则,以此安排架构土地征收纠纷解决机制。

首先,权力控制原则。个人利益,尤其是社会福利的取得最终取决于行政机关的作为。自由资本主义时期,私权利的实现取决于对公权力的防范,三权分立的理论在宪政实践中得到了充分体现。权利本位的思想对自由放任的资本主义发展起到了积极推动作用。不可否认的是,以权力制约权力的思想在今天仍然闪耀着智慧的光芒,在实现公民权利的实践中起着制度性的保障作用。在利益的分配过程中,议会是人民意志的表达机构,是利益分配规则的制定者;行政机关仅仅是代议机构所表达的人民意志的执行者,只能严格地执行议会的决定;而法院则是权利救济的最终保障,必不可少,如果没有某种制度——该制度独立于立法和行政机构——拥有取消违背宪法的主张的权力,显而易见,成文宪法就是无意义的。三权分立就是以人民主权为前提的权利保障机制,哈贝马斯将此概括为三个要素:(通过一个独立的司法部门而确保的)对个人权利的全面保护;有关行政部门必须服从法规、必须接受司法和议会对行政的监察;以及国家和社会的分离,以阻止社会权力不加过滤地、因而不经过博弈权力形成过程就转变成行政权力。但是,当西方社会进入福利国家时期,特别是伴随全球化时代的到来,政治、经济和社会生活领域都发生了深刻的变化,市民社会与政治国家不再严格对立,国家也不再仅仅担当“守夜人”的角色,而是以积极的作为回应时代的挑战。公民权利的实现不再局限于私权利领域,而是以自己积极的行为参与到权力的分配与运作之中,以实现更高层次的公共福利。权利与权力的良性互动成为权利实践的新主题,公民作为重要的利益主体,应当尽可能地民主参与到规则制定的过程中。更为合理的分权不仅包含传统的权力的相互制约,更应体现为民主的直接参与。以权力控制权力以及安排更多直接的民主参与的思路已体现在许多国家的土地征收制度体系之中。

其次,权利保障原则。宪政国家的核心目标就是对人权的保障。人之所以为人,其所应享有的权利即为人权,在任何形态的国家与社会,作为主体的人是维系社会秩序、推动社会发展的重要力量。对人自身的尊重与肯定,对人权的承认与保护,是最大限度实现人的价值的前提,也是社会发展的根本目的。对人权的保护并非手段,而是目标。西方近代以来的自由主义与立宪主义思想更是为现代文明国家人权保护的实践提供了理论支撑,各国宪法乃至国际公约对人权目录的不断完善又对人权理论进行了验证与回应。宪法作为人权的保障书,无不反映公民对自身尊严以及在尊严之上派生的权利的要求。从《独立宣言》至今二百多年,其间但凡以建立民主宪政社会为目标的国家,都以根本法的形式对人民作出了权利保障的庄严承诺。在人民享有的权利对面,隐藏的是国家为实现人权所应负的义务,在国家与个人的关系上,个人是国家的基石,如何保障个人权利的最大实现就构成了国家制定一切政策的前提和出发点,一切为了人民的权利应当是国家是否具有合法性的根本标志。从自由主义国家向社会福利国家转变后,对人权的尊重扩大到了社会权领域,尊重义务范围也得到了扩大。为了履行尊重人权的义务,国家既负有积极的义务,同时也须有消极的义务。在社会权领域,国家尊重和保护人权的义务主要表现为满足公民的基本需要,谨慎地干预公民私人生活空间。在自由权领域,国家尊重人权主要表现为国家须有消极的义务,自我控制国家权力对自由权的侵害。

根据社会契约的理论,人们组成政府的目的是"要寻找出一种结合的形式,使它能以全部共同的力量来卫护和保障每个国民的人身和财富,而决不是将国民的权利无条件地转让出去、去维持一个居于我们之上、拥有自身独特利益的机构"。换言之,不以人权为目的的政府不存在正当性基础,违反了其在契约中应履行的义务;而以肆意侵害人权为常态的政府,更是应被视为暴虐的政府,人民对其没有服从的义务。人权保障的思想源自西方,成熟于西方,其必然体现在西方民主宪政国家政治经济生活的方方面面。人权保障作为土地征收的目的性原则应是宪政国家的必然选择。

再次,正当程序原则。法律无非是规定权利与义务的规范。如果法律所确认的权利和义务仅仅停留在纸面上而无法有效地转化为实际的社会关系时,那法律的目的必然落空,法律也将成为一纸空文而不被认可与信仰。要将应然的权利与义务转化成每一社会个体都触手可及、切身感受的实实在在的权利与义务,必定要通过一定的方法、步骤才能得以实现,而这样的方法与步骤就是法律的程序。程序,从法律学的角度来看,主要体现为按照一定的顺序、方式和手续来作出决定的相互关系。其普遍形态是:按照某种标准和条件整理争论点,公平地听取各方意见,在使当事人可以理解或认可的情况下作出决定。正当法律程序除具备促进公平正义的工具性价值之外,其本身所内含的中立、透明、程序法治等要素具有了平衡权力—权利关系的目的性价值。可以说,正当程序源于防范国家权力与保障公民权利的考虑,它的历史使命就在于实现宪政的两大核心价值。正当程序是应然法转变为实在法的桥梁,轻视程序法的作用与价值往往是一个社会无法达至宪政与法治境界,最终不可避免地滑向专制专断的重要原因。西方民主宪政国家在设计土地征收制度时,无不把正当程序原则作为有效的控制和保障性原则,他们认为一个好的政府应该做到两点:第一,信守政权的宗旨,亦即人民的幸福;第二,了解实现其宗旨之最佳途径。如何构造合理的土地征收程序,事实上已成为制度安排中关注最多的问题。

近年来,我国学者基于现实国情明确提出"服务型政府"的概念,并开始了相关研究。服务型政府是以服务价值为理念,以公共服务为主要内容的政府。它是服务行政模式的实践形态。服务型政府的行政主体是各级政府和其他公共组织,服务对象是公民社会组织和社会,服务的价值导向是公共利益,服务的内容是公共服务,服务的内容是公开透明的方式。制度供给服务,提供良好的公共政策服务,维护社会公平均是服务型政府的职责。完善征地行政救济与征地补偿制度,为失地农民的权益保障提供良好的制度安排与公共政策,进而维护社会公平,是建设服务型政府的题中之义。

(一)完善征地行政救济与征地补偿制度是正义公平的行政伦理观的必然要求

正义是公共行政的主要伦理原则之一。正义历来都是政治哲学讨论的核心问题。现代行政是公共行政、责任行政、民主行政。反映在实践中,目的正义的实现要求我们处理好公共利益与多数人利益、少数人利益的关系及公共利益与私人利益的关系;手段正义的实现要求处理好效率与公平的关系。具体到征地关系中,政府为了公共利益与实现效率而征地,目的是为了实现大多数人的利益,但却不能忽视通过完善征地行政救济与征地补偿制度去平衡失地农民与公共利益、经济效率与社会公平的关系。

公共行政的公平观就是政府及其行政人员开展行政管理活动所要遵守的平等对待一切社会成员的原则和理想的总和。社会公平一直是人类所追求的崇高目标。从追求高层次的社会公平角度看,我国公共行政应主要解决行政管理的现状与社会发展需求的冲突及最大限度地公平配置有限社会资源这两大问题。这就要求管理者处理好广大失地农民与周边发达城市地区的关系,而不应单方面牺牲失地农民的利益以促进城市化。

(二)完善征地行政救济与征地补偿制度是促进行政法治的有效途径

行政法治是指行政机关及其工作人员管理国家公共事务的行政权力必须依据法律而获取与行使,不得恣意妄为的一种公共行政的普遍原则和社会控制方式。行政法治的基本内容包括行政职权法定化、行政机构法定化、行政程序法定化、行政责任法定化。

行政责任法定化是指在法律法规中对行政主体由于不履行法

定职责和义务所应承担的法律责任作出明确、具体的规定,不允许行政主体只实施行政活动而不承担法律责任。

作为实现行政责任的法律制度,完善征地方面的行政救济制度,实现行政责任的法定化,进而促进行政法治的建设具有重要意义。

二、我国现行征地纠纷解决机制的缺陷

征地是一种具有强制性的行政行为,在这个过程中,行使征地权的行政主体拥有的行政权力具有强制他人服从的力量。"一切有权力的人都容易滥用权力,这是万古不易的一条经验","要防止滥用权力,就必须以权力约束权力"。① 因此,为防止行政主体滥用征地权和保障农民权益,行政救济是征地制度中不可缺少的一项内容。征地行政救济是指征地行政相对人认为征地主体的行政行为造成自身合法权益的损害,请求有关国家机关依法给予补救,以保护其合法权益的法律制度。征地行政救济包括行政复议、行政诉讼、行政赔偿、行政补偿、行政裁判、向行政监察员申诉等多种法律救济手段。在征地过程中,给予农民充分的救济,不仅可以有效监督行政主体正当行使征地权,更有利于保护农民这一弱势群体的合法土地权益,减少征地纠纷,保证社会的和谐稳定。

目前,在我国征地过程中权益被侵害的行政相对人可以通过行政复议、行政诉讼、行政裁决、信访、行政监察等手段寻求救济,征地救济制度已初步形成体系,在一定程度上可以起到保障农民权益的作用。但这项制度依然存在严重的缺陷,并因此引发了大量的问题。

---

① 孟德斯鸠:《论法的精神》上册,商务印书馆1982年版,第154页。

现有的救济未体现司法最终审查原则。

（一）征地实体要件的司法救济缺失。征地目的合法和给予合理补偿是征地的两大实体要件，对被征地农民的救济主要体现在征地决定和征地补偿标准上。根据《行政复议法》第六条及第三十条第二款规定，土地所有人或使用人对国务院、省、自治区、直辖市人民政府作出的征地决定不服的，可以申请行政复议，但行政复议的决定为最终裁决。而《土地管理法实施条例》第二十五条规定，"对补偿标准有争议的，由县级以上地方人民政府协调；协调不成的，由批准征用土地的人民政府裁决"。

行政复议的公正性难以保证。根据《行政复议法》第十四条规定，对国务院有关部门或者省人民政府作出的有关征地具体行政行为不服的，向作出该具体行政行为的国务院部门或者省人民政府申请行政复议。这难免有政府"自己做自己法官"的嫌疑。同时我国的行政复议职能一般由设立于行政机关内部的法制部门行使，而法制部门与行政机关的其他职能部门除了工作内容不同以外，在机构设置上并没有不同，这样行政复议机构就缺乏应有的独立性。因此，在行政复议机构处理有关征地纠纷时，难免会受到政府其他部门的影响与制约，影响了处理征地争议案件的公正性。

对不服人民政府对补偿标准的裁决能否进行司法救济，相关法律并没有明确规定。而在实际中由于种种原因，法院对征地补偿标准的争议多不予受理。这表明虽然被征地农民可以对征地决定和补偿标准提出异议并可寻求救济，但这些救济并不能得到司法的最终审查和保护。

（二）征地程序的司法救济缺失。正当的征地程序是保障征地顺利进行、实现公平的重要手段。但目前我国征地程序离正当程序的要求还有很大差距，突出表现在征地过程中对相对人的程序权利缺乏救济,如对征地过程中的知情权、参与权、听证权等没有救济性规定,更无司法的最终审查。这必然会形成对被征地农民权益保护的真空,使农民实体权益无法得到全面、有效的保护,造成大量征地纠纷的产生。

司法机关的独立性不强。我国现在的司法机关在机构设置、财政上并没有取得独立地位,这一方面影响了对征地纠纷的公正裁决,同时由于地方保护主义或迫于地方政府的压力,人民法院往往以征地补偿属于行政机关的管理事务为由,不受理这类案件,使司法救济形同虚设。

三、他山之石——土地征收纠纷解决的成熟机制

国家出于公共利益对土地进行征收并给予补偿的做法,反映了民主国家谨慎行使权力以及充分保障公民权利的价值取向。发达国家和地区在这方面的成熟经验,将为我们完善土地征收纠纷解决机制提供有益的借鉴。

(一)政府征地权力的正当性及运用的程度

政府的征地权,是指一个国家的政府为了全社会的利益,在给予被征地者公正合理补偿的前提下,可以利用国家的最高权力强制取得私有土地的权力。土地征用权已经为世界各国所普遍接受。即使在对私有财产实行严格保护的美国、加拿大、澳大利亚、英国等国家,政府仍然拥有对私有土地实行征收的权力。各个国家对于土地征用的用语各有不同,在加拿大和澳大利亚称之为征收(Expropriation),在英国称为强制购买(Compulsory Purchase),在美国为最高权力的行使(Eminent Domain)或者充公(Condemnation),在许多文献中也称为土地征用(Land Requisition)。土地征用权在宪法或者专门的法律中规定,如美国的征地权来源于宪法

第五修正案;英国的征地权来源于多部法律,在英格兰包括1845年颁布的《土地法》(The Land Clauses Consolidation Act 1845)、1981年的《土地取得法》(The Acquisition of Land Act 1981)、1990年的《城乡规划法》(Town and Country Planning Act 1990)以及1992年的《交通与工程法》(The Transport and Works Act 1992)等。对于土地征用的程序和补偿等具体制度,一些国家则有专门的土地征用法规或者统一的有关土地取得的法律规定。如英国1965年修订的《强制购买法》(The Compulsory Purchase Act 1965)、1981年的《强制购买法》(the Compulsory Purchase [Vesting Declarations] Act 1981)和其他的《土地补偿法》(The Land Compensation Act 1961和The Land Compensation Act 1973);加拿大联邦及各省的《土地征用法》(Expropriation Act)。这些专门的土地征用法并不一定涵盖所有的征地行为,如在加拿大哥伦比亚省的土地征用法中就规定,该法不适用于其他有专门法律规定的征地行为,这包括铁路法、紧急项目法、卫生法、石油天然气法、管道法和水法等。澳大利亚没有单独的关于征地的法律,其联邦政府土地征用制度的规定包含在土地取得法(Lands Acquisition Act 1989)之中。美国也没有全国统一的土地征用法律,但在美国法典(United States Code)中多处规定联邦政府部门及其相关机构可以通过购买、协议和征用的方式来取得土地及不动产。此外,联邦政府各个机构如联邦高速公路署、联邦航空署和各个州对于土地的取得包括征用,都有各自的法律规定。

(二)土地征用使用程度

应当特别指出的是,强制征用土地并不是市场经济发达国家为了公共利益而优先使用的取得土地的手段,土地征用大多只是在政府通过其他手段如协议或者市场购买仍不能获得所需土地的情况下才予以使用的手段。在澳大利亚,与联邦政府用地有关的土地交易的90%以上是在公开土地市场上通过一般商业交易手段完成的。在西欧一些国家,为了保证农地的充分利用,法律规定政府有权对其认为没有合理利用的农地进行强制性处置包括强制购买。但是,一项对包括挪威、瑞典、丹麦、西德、瑞士、意大利、法国、西班牙和爱尔兰等国家的研究表明,多数政府并不采取强制购买的方式,而是运用其他不影响土地所有权的法律措施,如对土地所有者予以法律惩罚(丹麦、瑞士、瑞典和西德)或者将土地强制性地租给第三者利用(如挪威、意大利等)。尽管法国、挪威、爱尔兰和西班牙规定政府有强制购买闲置或未充分利用农地的权力,但是在现实中这些政府很少甚至从未使用过这一手段(Carty,1977)。另一项对于英国强制购买的问卷调查显示,在1992年中到1994年中的两年期间,有80%以上的地方规划当局没有进行过任何强制购买(Adams,1996)。从地区分布来看,实际使用强制购买权的规划当局的比例,苏格兰为36%,英格兰为16%,而威尔士只有10%。应当注意的是,在英格兰和威尔士地区,法律并未强调强制购买只能作为政府获得土地的最后手段。

(三)英美法系的土地征收纠纷解决机制——以美国为例

美国宪法第五修正案对于征收及征用私人财产问题,作出明确规定:"不经正当法律程序,不得被剥夺生命、自由或财产。不给予公平补偿,私有财产不得充作公用。"宪法这一规定确立了土地征收的基本要素,即公用、公平补偿以及正当程序。首先,征收必须是因公用而启动。公用指因公共利益之目的的使用。美国实用主义的态度决定了其在公共利益的解释上采用了宽泛的定义,只要最终的效益能达到最大化,一般就被认为是符合公共利益的目的。社会功利主义的判定方式把公共利益从抽象的概念变为实在的换算标准,虽然因忽略了其他价值而受到质疑,但在充分市场化的美国却有效地解决了征收的正当性问题。其次是对被征收人进行公平补偿,即补偿的范围和标准应公平合理。具体操作上采用了非常简洁却相当有效的平等议价方式,征收人与被征收人聘请评估师对被征收财产进行资产评估,在这一基础上双方平等协商,直到达成双方都能接受的协议,这样的结果一般也与市场价格相吻合。平等议价的过程充分体现了当事人的意思自治,最大限度地降低了纠纷产生的可能。美国土地征收法律机制中最令人瞩目的是对正当程序的强调。这一严谨得几近烦琐的程序主要有以下步骤:(1)预先通告;(2)政府方对征收财产进行评估;(3)向被征收方送交评估报告并提出补偿价金的初次要约,被征收方可以提出反要约(counter – offer);(4)召开公开的听证会(Public hearing)以说明征收行为的必要性和合理性;如果被征收方对政府的征收本身提出质疑,可以提出司法挑战,迫使政府放弃征收行为;(5)如果政府和被征收方在补偿数额上无法达成协议,通常由政府方将案件送交法院处理;(6)法庭要求双方分别聘请的独立资产评估师提出评估报告并在法庭当庭交换;(7)双方最后一次进行补偿价金的平等协商;(8)如果双方不能达成一致,将由普通公民组成的民事陪审团来确定"合理的补偿"价金数额;(9)判决生效后,政府在30天内支付补偿金并取得被征收的财产。公正程序应当包括两项根本规则,即:"一个人不能在自己的案件中做法官;人们的抗辩必须公正地听取。"以上的程序首先强调由中立的司法机关作为争议的解决机构,征收人与被征收人置于平等的地位;其次,通过反复的且平等的磋商程序,以保证双方的利益需求得以充分表达。

（四）大陆法系的土地征收纠纷解决机制——以法国为例

法国在 1977 年专门制定了公用征收法典,其土地征收制度特点主要在于:第一,要求对被征收人予以事先补偿。事先补偿体现了政府的诚信和公信力。被征收人在损害尚未实际形成的时候,业已获得来自政府提供的补偿,必然会充分体会到政府保障人民财产权益的良苦用心,对政府的征收行为将给予更多的理解和配合,从而降低纠纷的发生概率。第二,在征收程序上与美国有较大差别。法国的征收程序分为行政和司法两个阶段。在行政阶段主要完成两项工作,即审批公用征收的目的和确定可以转让的不动产。具体包括四个程序:(1)事先调查;(2)批准公用目的;(3)具体位置的调查;(4)可以转让决定。司法阶段主要解决关于移转所有权的纠纷和补偿金的纠纷。在法国,普通法院内部专门设立了公用征收法庭,由专门的公用征收法官受理此类案件。一般是在行政程序完成以后,才启动司法程序。行政程序主要由行政机关主导,被征收人以及利益相关人参与决策的程度不及美国。在司法阶段,公用征收法官的权力比较有限,其职权仅仅在于核实行政阶段的各个程序是否已经完成,而不能够对行政行为本身的合法性进行审查,不似美国的法官享有极高的自由裁量权。

比较发达国家的土地征收纠纷解决的制度安排,我们发现三个共同特征:第一,以权力控制为基础,构建纠纷预防机制。在征地过程中充分尊重被征收人的意见以消除不满,以公开听证会的形式为双方当事人提供平等对话的机会,使被征地人的意见得到尊重和表达。第二,以人权保障为根本,以程序公正为中心,完善权利救济体系,努力实现和体现公平公正。

四、我国土地征收纠纷的化解机制

"在实践中即使法律对实体权利和程序方面的条款规定得细密完备,如若权利主体双方在救济中不能平等地参与,不能享有平等的公正裁判等实际的救济措施,那么,实体权利也会化为子虚乌有。权利的关键在于以一种什么样的方式、方法、程序应用于实体权利及冲突主体中。"①如何有效地完善与重构科学合理的救济机制,使其能够实现对土地征收补偿过程中的权利救济,是应对与解决土地征收纠纷的最终保障。

(一)行政复议

行政复议作为土地征收及补偿救济的重要途径,有其不可取代的优点。首先,涉及土地征收及其补偿的案件,具有很强的专业性,涉及的利益主体范围也很广。而具有相关的专业知识,信息掌握完全,并具备运筹调度、平衡各方利益能力的土地主管部门能较快查清事实,准确适用法律,作出公正决定。其次,由上级行政机关对下级机关的征收补偿行为进行复议,则错误的具体行政行为能得到及时纠正,所作出的决定得以有效执行,强化了上下级之间的监督管理,给予行政机关自查自纠的机会,实现依法行政。再次,复议相对诉讼,最大的优点在于对错误的纠正更为彻底,提高了解决问题的效率。此外,强化行政复议在土地征收补偿救济中的地位和作用,可以节约司法资源,减少社会矛盾。但是,行政复议在解决纠纷与冲突中表现出的优越性,并不意味其更优于诉讼救济模式,更不能理解成其可以完全取代司法诉讼的作用与地位。

---

① 程燎原、王人博:《赢得神圣:权利及其救济通论》,山东人民出版社1998年版,第369页。

我国《土地管理法实施条例》第二十五条第三款规定："对补偿标准有争议的,由县级以上地方人民政府协调;协调不成的,由批准征用土地的人民政府裁决。"这一规定置政府裁决为终局裁决之地位,将司法救济途径拒之门外,显然有违程序正义原则。对于这一缺陷,其实现今的法律资源已提供了解决的途径。《行政复议法》第三十条第一款规定:"公民、法人或者其他组织认为行政机关的具体行政行为侵犯其已经依法取得的土地、矿藏、水流、森林、山岭、草原、荒地、滩涂、海域等自然资源的所在权或者使用权的,应当先申请行政复议;对行政复议决定不服的,可以依法向人民法院提起行政诉讼。"我们可以对其中土地权属确权作扩大解释,把征地及补偿纠纷纳入该条调整的范围。在现有基础上,对行政复议进行完善,应可强化其纠纷解决的功能。

首先,应延长被征收人提出行政复议申请的期限。依据《行政复议法》第九条的规定,相对人提出行政复议的期限是自知道具体行政行为之日起六十日内。对于征收土地这类涉及众多相对人重大财产利益的具体行政行为,要求众多权利人在两个月之内,组成一个严密的利益共同体,完成细致的法律法规查阅、充分的事实及证据采集以及其他相关工作,无疑显得过于仓促。为保持法律的统一性,在《行政复议法》第九条中可增设一款,对类似土地征收这样涉及较广范围、较大利益的具体行政行为提出的行政复议,可申请延长期限。其次,行政复议期间应停止土地征收的执行。土地征收使得土地所有权发生转移,土地的用途也通常发生变化。土地之上的建筑物、种植物等一经拆除或改造往往无法复原,或造成无法挽回的损失。因此,如果在未得到最终裁决之前对土地进行改造,一旦具体行政行为被撤销,征收双方当事人都将利益受损。《行政复议法》第二十一条第四款规定"法律规定停止执行的"应先行复议,这为我们进行修正提供了足够的空间。在将来修订《土地管理法》或制定财产征收法时,可进行明确规定。

（二）司法裁判

相对于行政复议救济方式,司法救济具有前者无法替代的客观性、公正性、中立性与正当性。最高人民法院于 1991 年发布的《关于贯彻执行〈中华人民共和国行政诉讼法〉若干问题的意见（试行)》中规定:"公民、法人或者其他组织对行政机关依照职权作出的强制性补偿决定不服的,可以依法提出行政诉讼。"按照此规定,对征地补偿决定不服的,可以提起行政诉讼。但是这个司法解释在 1999 年被废止后,征地补偿标准的争议是否接受司法审查缺乏法律的明确规定。笔者建议,应增加法院这个独立的第三者对该纠纷进行最终的司法审查,明确把这种纠纷作为行政诉讼案件受理。当征收各方选派代表共同确定征收补偿方案,意见不一时,由批准征用土地的人民政府裁决,对裁决不服的,可以向人民法院起诉,由人民法院进行裁判,以保证农民获得司法救济。一般认为,因土地征收及其补偿而引发的诉讼分属于行政诉讼与民事诉讼的范畴。土地征收无需被征收人的同意,是国家基于公共利益的需要,以强制力推行,属于行政行为,由此引发的诉讼应是行政诉讼;而土地征收补偿理应由征收人与被征收人平等协商,在本质上属于平等主体间的财产关系,应适用民事诉讼程序。最高人民法院于 1996 年颁发《关于受理房屋拆迁、补偿、安置等案件问题的批复》已明确了这一观点,其规定:"拆迁人因房屋补偿、安置等问题发生争议,或者双方当事人达成协议后,一方或双方当事人反悔的,未经行政机关裁决,仅就房屋补偿、安置等问题依法向人民法院提起诉讼的,人民法院应当作为民事案件受理;对行政机关裁决不服的,按行政案件受理。"虽然这一规定涉及的是拆迁补偿及安置问题,也应同样适用于土地征收及补偿问题。对此我们并不认同,一方面,征收补偿法律关系是由行政行为引起,并不同于一般民事法律关系是基于自由选择而自愿形成,其中体现了国家权力的强制性;另一方面,即使不考虑征收的权力意志性,土地征收补偿也并非是一个完全平等的双方议价过程。补偿的数额是由法律法规确认的标准决定的,即使补偿标准按照市场价格甚至高于市场价格,被征收人至少丧失了选择是否交易以及与谁交易的权利,仅能在法定的范围内进行有限的议价,与征收人并不处于平等的民事主体的地位。当然,最高法的这一司法解释有相当的实用价值,目前我国因土地是否应当予以征收引发纠纷而提起诉讼的情况并不多见,相关的诉讼大多是关于补偿与安置问题。按此规定,被征收人可以顺利进入民事诉讼程序,寻求权利的有效救济;如果以行政诉讼作为救济途径,则难逃行政诉讼受理难与胜诉难的宿命。但并不能因此否定土地征收及其补偿属于行政诉讼的性质,回避问题并非解决之道,树立权利保障的意识与理念,进而改革现有的诉讼制度才是唯一的出路。

具体而言,应包含以下一些制度的改革:首先,将征地行为所依据的政府文件纳入司法审查的范围。实践中,土地征收一般都有各种文件、政策依据,而这些文件政策又往往与国家的宪法与法律相矛盾。对征地行为的依据进行审查是实现司法救济的前提。其次,放宽原告资格,并允许对土地征收提起公益诉讼。为防止集体中的多数人以集体的意志牺牲少数人特有的利益,应允许集体组织的成员以个人的名义提起诉讼,要求人民法院对征地的合法性与补偿的公平性进行审查。此外,土地的所有者为集体组织,但土地资源最终的受益者为农民。征收人与被征收人的合意并不意味着社会利益的最大化,为避免二者因私利而牺牲全民的整体利益与长久利益,也应允许公民以纳税人资格或由检察机关以公共利益代表的身份提起公益诉讼。再次,延长诉讼时效。行政诉讼法所规定的三个月的诉讼时效对于土地征收这样复杂的行政行为而言,相对方在获取信息、收集证据等方面需要花费大量的精力,三个月的限制要么使被征收人被迫放弃诉讼权利,要么使诉讼材料过于简单而致败诉。复次,在土地征收诉讼中应适用诉讼停止执行原则。最后,应将土地征收诉讼与国家赔偿制度与官员问责制有机地结合起来。在人民法院确定土地征收或补偿行为违法时,应启动国家赔偿程序,给予权利受损害方以物质以及精神赔偿;并向行政机关提出相关的司法建议,要求责任人承担相应的行政责任,如需承担法律责任的,还应依法追究其法律责任。

第五章　失地农民基本养老保障制度

第一节　建立失地农民基本养老保障的紧迫性

任何国家的社会保障制度建设,都是包括社会、经济、政治乃至历史文化等多因素综合影响的结果。在诸多因素中,主要是人口与经济因素。强调经济因素对社会保障制度的影响,是因为经济基础决定着社会保障水平,但从世界范围考察,在落后国家或者经济不发达的国家,经济因素的影响虽然偏大,但依然不是唯一影响因素。对于发达国家或者经济已经发展到一定高度的国家,经济因素的影响力必然下降,因为社会追求公平正义和人民福利需求的增长都是不可逆转的。在我们看来,除经济因素之外,影响社会保障的因素主要还有人口因素,尤其是我国的人口老龄化的速度上升比较快,与经济发展水平不相适应。

一、重庆人口老龄化日趋严重

人口的变化,对社会保障需求产生了深刻的影响。第一,人口寿命的延长,老年人口比重提高。纵观人口发展史,人口寿命在不断延长。原始社会,平均寿命是 20 岁左右;封建社会,是 30—40 岁左右;资本主义社会初期,是 50 多岁;现代发达的资本主义社会,是 80 多岁。所以,在资本主义初期,就有了建立社会保障制度,尤其养老社会保险制度的基本要求。第二,人口增长率下降,家庭保障功能削弱。进入现代社会,世界各个国家的人口增长率大多数不断下降,家庭规模不断缩小。家庭的保障功能已经削弱,需要建立社会保障制度。第三,人口流动性增加。市场经济的发展,把世界联为一体,使得人、财、物都处于高度流动当中,青年一代大多数在外地工作,而老年人则留守在家里,这就需要一个统一的社会化的保障制度。

根据重庆市老龄委对市政府的汇报,2005 年,在全市常住人口中,0—14 岁人口占 20.6%,较上年下降 0.6%;15—64 岁人口占 68.4%,较上年上升 0.5 个百分点;65 岁及以上人口占 11%,较上年上升 0.1 个百分点。

65 岁以上的老人超过 6%,或 60 岁以上老人超过 10%,就是人口老龄化的征兆。而重庆市在 2000 年 65 岁以上老人就占了 8%,人口老龄化趋势日益明显。这一方面说明老年人越来越健康长寿,另一方面也增加了社会赡养负担系数。现在五六个人赡养一个老人,而今后可能两三个人就要赡养一位老人。

到 2036 年,四个重庆人中就有一个是老人。根据重庆市人口与计划生育委员会的估计,2036 年将是重庆人口老龄化的最高峰值年,全市老年人口将突破 900 万,占总人口的 25% 以上。由于社会保险和医疗保险覆盖面小,老有所养、老有所医问题将越来越突出。

重庆市人口老龄化程度全国排名第六。重庆市 1994 年底进入人口老龄化社会,比全国提早 5 年,是西部地区第一个进入老龄社会的城市,也是老龄化程度最高的城市。2005 年年底,全市年满 60 周岁及以上老年人已达 429.8 余万人,占总人口的 14%,其中80周岁以上高龄老人47万余人,占11%。目前,全市有60岁以上的老年人口429.8万人,占总人口的13.84%(其中,80岁以上的老年人口48万人,"空巢"老年人口181万人),且以年均3.86%的速度增长,预计2036年将达到900万人,占当时总人口的25%左右。

虽然重庆老龄事业取得了可喜成绩,但在老有所养、老有所医方面存在的问题还较突出。目前,社会保险的覆盖面只占全市人口的17%,绝大多数农村和其他城镇人员尚在社保体系外。全市企业退休人员的养老金和农村"五保老人"的供养低于全国平均水平。此外,医疗保险覆盖面小,城市职工参加医疗保险的仅占8.6%,农村仅占1.3%,老年人因病致贫、因病返贫的问题较为突出。

发达国家社会进入老龄化时,人均GDP一般在5000美元以上。相比之下,2004年重庆市人均GDP才首次超过了1000美元。重庆市经济才处于起飞阶段时,人口结构就迅速老化,呈现出"未富先老"的特征。2005年,全市老年抚养比为16.0%,与2000年的13.0%相比上升了3.0个百分点。也就是说,在重庆市范围内,平均100个劳动力年龄人口需要赡养16个老年人口。人口老龄化的迅速提高,使得政府和社会在保障老年人口的基本生活和基本医疗等方面需要投入更多,从而减少了社会积累。

将老年人口的基本养老、医疗纳入社会统筹保障体系中,是社会发展的必然趋势,是解决老龄化问题的主要途径。但是,重庆市老年人口总体参保率较低。1%抽样调查数据显示,2005年,全市老年人口的基本养老保险的参保率为12.9%,基本医疗保险的参保率为22.2%。从城乡来看,城镇地区老年人口的基本养老保险的参保率达到了29.2%,而乡村地区仅有1.5%。城镇地区老年人口的基本医疗保险的参保率达到了33.0%,而乡村地区只有14.6%。由此可见,消除城乡地区社保参与率差异,特别是在乡村地区逐渐建立和完善社会保险制度,改进乡村地区老年人口基本生活和医疗保障条件,将是未来解决重庆市老龄化问题的重点和难点,也是构建社会主义和谐社会的必然要求。

我们认为,从根本上解决失地农民面临的困境,就应该尽快为失地农民建立社会保障制度。社会保障之中养老保险和医疗保险对失地农民来说,无疑是最重要的部分,它是社会保障的主体和支柱。研究结果表明,一个社会老龄化高峰到来之前的30—40年是以储备积累方式进行社会养老保障制度建立的最佳时期,时间越短越被动。我国农村将于本世纪30年代开始总体步入老龄化社会,若现在仍不抓紧时间建立并完善农民尤其是失地农民养老保险制度,到本世纪中期我们的经济社会发展就将陷入严重困境。所以现阶段是建立失地农民养老保险的"黄金时期"。另外,对于大部分失地农民来说,土地征用款是他们失去土地后维持可持续生计的唯一资本,政府要充分利用这一"历史性时刻",积极引导失地农民投资于养老保障,维护他们的切身利益。

二、重庆失地农民养老受到经济发展水平制约

现阶段的重庆经济与北京、上海、天津三个"老牌"直辖市的经济发展水平相比,差距仍然很大,其在中国经济中的地位很难与上述三者平起平坐。同时,就重庆目前的基本市情来看,重庆经济还处于"直辖市的初级阶段"。

重庆是我国最年轻的直辖市,但实际它却具有省的格局,大城市与大农村并存,大工业与大农业并存。直辖后的重庆,幅员8.24万平方公里,人口3100余万,其中农村人口的比重达到

80%；经济社会的二元特征十分明显；地区经济发展极不平衡，城乡差别很大；三次产业结构不尽合理，第三产业发展相对薄弱。"直辖市的牌子，中等省的构架"，是对重庆的形象描述。

进入 21 世纪之后，我国将进一步加快城市化的进程。国家统计局的专家曾经指出，从中长期来看，国际化、城市化、民主化将成为中国经济成长的三大动力，他说，对城市化是早认识早主动，谁把城市化的文章做得更好，谁的发展就会更主动，这是大势所趋。

国家统计局推算：如果每年能够提升一个百分点的城市化水平，就能创造出近千亿元人民币的社会消费需求，再考虑到投资需求，更会大大超过千亿。

在国内，城市化水平高于 40% 的地区有上海市、北京市、天津市、广东省、辽宁省、黑龙江省、吉林省、浙江省、内蒙古自治区、福建省、江苏省、湖北省、山东省、新疆维吾尔自治区、海南省。城市化水平后几位的是河南省、河北省、云南省、贵州省、甘肃省。而作为我国四大直辖市之一的重庆，其城市化水平仅位于中等偏下之列。

2006 年中国各省市经济总量以及人均 GDP 排名

人均 GDP 排名（综合经济数据）	直辖市	GDP 总值（汇率根据 2007 年 3 月 15 日外汇汇率）	经济增长率（按可比价格）	人均 GDP（按照常住人口计算）
1	上海	1330 亿美元	12.0%	7330 美元
2	北京	1001 亿美元	12.0%	6410 美元
3	天津	561 亿美元	14.4%	5340 美元
4	重庆	452 亿美元	12.2%	1610 美元

据统计,目前重庆的城市化水平处于 25%—27% 之间,低于国内其他大城市水平,更低于其他三个直辖市的水平。重庆的非农业人口比率与业化率的比值只有 0.6,远远低于国际公认的 1.4—2.5 的合理范围,这说明重庆城市化进程与经济发展并不协调。一个典型的现象是:重庆市拥有特大城市 1 个,现代化水平较低;20 万—50 万人口的中等城市仅万州、涪陵、江津 3 个,带动辐射能力弱;小城市基础设施落后,发展后劲不足;小城镇产业结构雷同、层次低,缺乏规模集聚效应。重庆大中城市过少、城市体系结构不全,以及各级城镇集聚辐射功能不强,已成为制约城市化健康持续发展的障碍因素。特大城市的城市竞争力同发达地区相比还存在很大差距;大中城市少、区域中心城市功能弱,难以起到带动周围广大腹地经济发展的增长极的作用,而且由于大城市的缺失,特大城市与中小城市之间出现断层,阻碍了各级城市之间的经济联系和梯度扩散;特大城市现代化水平不高,中小城镇基础设施落后,缺乏明显的集聚效应,无法创造高的规模效应及就业机会、较强的外部扩散效益,因此其对城市化的推动作用有限。

经济发展水平决定着人们的思想观念。特别是我们这个地域广阔的发展中国家,又处在经济快速发展的时代,地区差距更为明显。这就要求我们在建立、完善社会保障体制的进程中,不能搞一个模式、一刀切,改革必须是为了解放生产力、发展生产力。因此必须适应不同状况的生产力水平。

一个地区社会保障工作的进展程度同其所处的经济发展水平有着密切的关系,它涉及该地区整个社会经济资源的分配与社会公正、政府责任等。由于重庆地处西部地区,而整个西部地区经济发展水平较东部沿海地区相对落后,因而导致西部地区的社会保障制度建设较东部发达地区相对缓慢。在国家进一步加大对西部地区投资和西部大开发的战略指导下,西部地区的经济发展将迅速提高,为此,应该尽快建立符合重庆和西部地区社会发展的城乡一体化社会保障模式,即建立基本保险普及化、一体化、社会化;职域型保障与地域型保障相结合、权利与义务结合、公平与效率结合、自保与互保相结合,主体多元化、筹资多渠道、结构层次化的社会保障模式。

根据国家统计局重庆调查总队 2006 年 3 月的统计,由于重庆市经济发展的水平比较低,许多失地农民不得不外出打工。而这些务工农民平均受教育年限仅 8.6 年,缺少专业技术和技能,真正高素质的劳动力缺乏。各级党委、政府采取了各种措施开展技术和技能培训,提高劳动力素质,但农村劳动力的整体素质依然较低。根据对 1800 个农户的抽样调查,2005 年全市务工农民占劳动力总量比重达到 33.7%,其中没有受过专业培训的占务工农民的 79.7%,具有初中及以上文化程度的占 79.8%,而具有高中及以上文化程度的较高素质劳动力仅占务工农民的 13.4%。缺乏专业技术和较高素质的务工农民只能提供低水平的劳务,在务工过程中缺乏竞争力,难以适应产业升级加快对技术工人的需求,难以找到合适的工作,更难以获取较高的劳动报酬,增加收入。

为此,重庆要加快产业经济发展,使得第二和第三产业在产业结构中逐渐占据主导地位,消化吸收城镇和农村大量的剩余劳动人口,加快城市化进程,逐渐消除城乡二元结构及其造成的社会矛盾,尤其是要解决好"三农"问题。要加快区域经济发展,发展区域特色经济,带动地方经济的快速发展,加大保障投入,完善社会保障项目,带动社会保障水平的总体提高。同时,应本着公平与效率的原则,以国家颁布的宪法和相关法律为依据,根据重庆地区经济、社会、文化发展的特点,逐步建立完善城乡一体化社会保障制度的法规建设。

三、失地农民就业养老问题更加突出

建立失业失地农民的就业保障制度是失地农民的市民化的必由通道。在此,借用我国"三农"问题专家李昌平先生的一段话:"很多人也许不愿意看到一个更深层次的问题:在中国,少部分人进入了现代制度体系——现代金融(信用)制度、法律制度、民主制度、医疗制度、教育制度、就业制度、工资制度、产权制度……而绝大多数人(特别是落后地区的农民)被排斥在现代制度体系之外。就像全球化背景下的世界格局一样——穷国排斥在'富国俱乐部'之外。只有你进入了现代制度体系,现代制度体系才帮助你实现并保护你的合法权益。"

失地农民就业保障制度相对于城市化进程的滞后从某种程度上反映了政府职能的缺失,政府如何在就业保障制度的构建中体现公平,从城市居民优先的非平衡发展战略中逐渐转变过来,建立一个真正社会化、广覆盖和法制化的城乡一体的就业保障体系已成当务之急。

我国政府从征用农民土地的制度安排开始即进行的全面干预决定了我国的城市化进程亦属于政府主导型,因而政府在建立城乡对接的社会保障制度方面也应不可推脱地发挥主导作用。这要求我们首先必须打破个体主义的贫困观和施恩思想,要充分认识到贫困主要是社会制度和社会结构的产物,从而将加强社会保障制度专门化规范化的法律制度供给作为解决城市化进程中失业的失地农民市民化问题。

就我国现有的实际情况来看,建立城乡一体化的就业保障制度存在必要性和可行性。基于前述就业促进及其相关保障制度在

城市化和市民化进程中的独特地位,构建城乡对接的一体化的就业促进和保障制度成为这一时代性进程中失地农民社会保障权实现的重点问题。

综合考察西方社保制度发达国家,农村社会保障制度安排也大都比一般社会保障制度推后数十年或一百余年。许多典型市场经济体制国家如德、法、美、加、日等,大都是到 20 世纪 50 年代方确定较系统的农民社会保障制度和办法。

虽然不同国家城市化的特征有所不同,但其城市化进程的核心问题仍然是农民的就业问题。无论是美国通过工业革命、采矿、修路,还是日本通过工业园区推动城市化,还是韩国通过加大基础设施投入等措施,其实质都是提供更多的就业岗位,提高就业率,换言之,就是提高进城农民的就业率。西方发达国家虽大多没有我国城乡割裂的二元结构及其相应的管理模式,但在其城市化和产业结构知识化、信息化的进化过程中,也存在着多种不同特殊群体的失业问题,各国采取的诸多措施中法律规制都是极为重要的,主要包括制定专项法律治理特殊群体失业、促进人力资源开发、创造就业机会以推进再就业以及制定或修改专门的失业保障法律制度。

从失地农民本身来讲,一般只是到了完全失去劳动能力、完全依赖别人照顾时才会脱离劳动。在许多地区,老年人的观念中甚至没有养老的"奢侈"想法。如果健康允许,即使社区或者子女有能力供养他们,老人们也不原意放弃劳动,直到他们确实不能够再动为止。不单如此,由于农村的青壮年劳动力都忙于外出务工或者本地其他形式的生产经营,农村老人基本上承担了种地、带小孩以及家务劳动。对身体不太健康的老人来说,由于大多数情况下,没有与子女共同生活,他们首先选择的是老年夫妻相互互助,其次才是依靠分居的儿子儿媳的赡养,外嫁女儿和亲戚则构成老年保障的第三层次。只有孤寡老人才可享受邻里或者社区养老院的养老帮助以及政府的救助。这一养老保障层次也适用于费孝通的"差序格局"理论,它也是中国几千年来传统养老模式的一种沿袭。

这一养老模式依然适用于失地农民。除农民对"养老问题是否担心"这一问题外,调查数据中农民对"目前你最担心的问题"的回答似乎更能够说明问题:在 200 个有效回答中,43.5%的农民表示最担心自己或者家人患重病,12.1%的农民最担心子女学费困难,只有 26.7%的最担心失地之后的老来保障问题。这说明,在现阶段,失地农民面临的所有风险与问题里,养老风险只是未来的事情,他们最迫切需要的是提高自己的经济收入和解决眼前需要的看病、子女学费等现实问题。当然,在老人失地农民中,关注养老问题的比例呈不断上升之势。这也再次证实了西方的消费者的"近视"行为与收入不确定性理论。

西方很多实证研究表明,消费者只考虑到眼前利益,现时消费要偏好于远期消费,而对于未来的潜在的风险不予充分考虑。卡托纳(Katona)在 1964 年所作的心理学研究表明,人们对于即将到来的事实更加关注。恰安(Cagan)在 1965 年批判了人们能够充分虑及未来风险这一基本假设,认为社会保障体系会产生一个"教育效应",即通过强制,人们会逐渐意识到为可能出现的无保障进行积累是必要的。两个人得出的结论都认为,没有社会保障,消费者将难以得到足够的老年收入。哈默·迈什(Ham Mennesh)进一步发现:当人们意识到退休日渐临近时,其个人计划中才越来越多地考虑退休。

伦德霍尔姆(Lundholm)在 1991 年指出,政府提供的社会保障反映了"家长式的"国家为纠正其公民的"近视"行为所作的努力。虽然消费者的自我保障在某种程度上可以部分地解决无保障问题,但是"近视"行为和收入不确定性限制了人们对于未来的预见能力,因此自我保障往往显得不足。

四、工业化、城市化需要为失地农民提供基本保障

现代化是一个由农业社会过渡到工业社会的过程。这一过渡需要高级工业技术的发展,以及维持、指导、运用这一技术的政治、文化、社会配套设施。从某种意义上说,现代化是欠发达国家模仿、学习、借鉴西方国家的体制、生产、技术的一种形式。因此,现代化的一个前提是发展中国家制定相关政策和法律,引进现代化形式的政府、管理、教育、大学、科研机构、大众传媒等体制。而社会保障制度就是其基本制度之一。

工业化是一个技术取代劳动力成为商品生产基础要素的过程。通常情况下,用来衡量工业化的指标是一国劳动力中农业生产劳动力所占的比例。当这一比例下降时,就可以认为一个国家正在进行工业化。例如,克拉克·科尔(Clark Kerr,1983)认为,一个工业化国家参与农业生产的劳动力应该不多于25%。工业化伴随着劳动分工和劳动力在各个行业中的分布。最通常的情况是,工业化把集中在农业里的劳动力分流到制造业,最终分流到服务业。而农业社会的一个特点是出生率都很高,而死亡率逐年递减,导致人口增加很快,并且由此形成了人口中没有生产能力或者说经济依赖的群体,例如老年群体。

工业化也带来了家庭形式的改变。传统家庭典型的特征是大家庭制。然而随着社会变得愈来愈工业化,家庭也越来越向核心家庭制发展(由丈夫、妻子、孩子组成的一个家庭)。核心家庭形

式体现了许多与工业化联系方面的优势,例如地域流动、与工业化相联系的城市化增加。同时,家庭不再是一个经济生产单元。帕森斯(parsons,1955)认为,家庭已经成为一个更加专业化的结构。虽然它已经丧失了像从事经济生产和服务、教育小孩这样的功能,但是,在另外一些领域,它却具有越来越独特的作用,例如青少年的社会化、为成年人放松紧张情绪提供良好氛围等。

城市化是指伴随着城市经济活动日益发达、管理和政治组织的增加、交通网络的普及而不断增长的一国人口流入城市生活的过程。现代化、工业化、城市化通常是相伴而生的。2002 年,全球人口已经超过 62.5 亿,其中 48% 居住在城市地区 (Population Reference Bureau, 2003)。城市的特点是大规模、高密度、高异质性,而这些特征相应地导致了更加短暂、匿名、正式、专门的相互关系——也就是更加城市化的生活方式。由于高度的异质性,城市中已经不存在共同的价值标准,财富越来越成为衡量一切的标准。

由于我国农村人口密集,经济落后,缺少就业机会,导致农民涌入东南沿海地区大大小小的城市。尽管城市生活似乎举步维艰,对很多农民而言,还不如农村的生活,然而在这里至少尚存有希望和转机的可能。从全世界范围来看,农民用他们的足迹("用脚投票")表明了他们对城市生活的向往。所以,当农民的土地被征收后,他们就成为城市人,城市生活仍然对许多农民具有很大的诱惑力。然而,在城市拥挤的人群中,个人感到孤独,感觉摩擦和焦躁,个体经历体验到迷惘和神经紧张。因为城市的流动性、开放性、就业的竞争性和文化的多样性,往往使他们感到孤独和迷惘。

第二节　重庆失地农民养老保险制度评判

一、重庆失地农民现行养老保险制度概述

目前重庆市失地农民有三种保障形式。一是从 20 世纪 80 年代初开始推行的社会保障,发放农转非养老、病残人员生活费,但仅江北、南岸等 6 个区的 433 人领取了每月 12 元生活费。二是自 1993 年以来推行的储蓄式养老保险,全市有 15 个区县、10.73 万人参保,被征地农民每月可领 170—180 元保险费,但只限于"40、50"对象,财政为此年贴息近 1 亿元。三是从 1982 年开始推行的低保,到 2003 年全市已享受城市最低生活保障的征地农转非人员为 14.18 万人,但只占同期征地农转非人员的 19.4%。从工作实际看,这三种保障实保面不宽,保障水平低,不能满足被征地农民生活水平提高的需要。据抽样调查,2003 年被征地农民人均现金收入为 1916.4 元,而支出为 2256.8 元,收支缺口达 341 元;劳动年龄段内仅有 48.7% 的人员稳定就业;只有 12.4% 的农转非人员认为生活状况有所改善。生活水平下降直接导致一些地方因征地纠纷频发群体性事件,成为当前一个十分突出的社会问题。

在这三种模式中,以第二种影响最深远,争议也最大。因城市化导致的失地农民是纳入商业保险还是纳入社会保险? 不同的政策路线图牵扯着重庆 300 万利益相关者。

2006 年 6 月 19 日,由保监会领衔,连同中国人寿总公司、新华人寿总公司以及泰康人寿总公司等一行十多人到重庆调研失地农民的保险工作。

此前,重庆保监局和重庆市劳动与社会保障局(下称"重庆社保局")分别向重庆市政府提交了一个关于失地农民保险的方案。

重庆社保局希望改变由商业保险公司主导的现状，进而把失地农民的保险纳入社会保险体系。

保监会和多家商业保险公司联合调研，对于失地农民的商保与社保路线图之争有着微妙的影响。

年纪大的重庆失地农民每个月都能领到195.8元的保险金。保险金的来源是国家对这些土地迁出民的补偿金。根据重庆保监局提供的数据，领取这种保险金的人口大约有10万。

这种有点类似于储蓄式保险的补偿金保险模式的操作流程是这样的：在城市化扩张的过程中，每当土地开发一个片区，参与城市化扩张的商业保险公司将需要迁出的老年农民人口进行分类统计，即将50岁以上的老年男性和40岁以上的女性人口单独列出，然后通知这些土地迁出者，让他们在自愿自发的前提下去商业保险公司登记，保险公司把登记的名单递交市国土局，经过国土局审核后，由国土局把征地赔偿金交由商业保险公司管理。保险公司每年按本金（土地补偿金本金一般每人2.35万元，每年发放本金的10%，每人每月可以拿到195.8元）的10%对这些土地迁出民发放保险金，一直发放到他们去世。另外，保险公司将在每个季度按其管理资金总额的5%收取管理费。

一位领取保险金的失地农民告诉我们，"我的土地赔偿金为2.35万元，现在每月领取的保险金是195.8元。"他回忆说，"在1992年刚开始的时候，当时的存款利率很高，5年期的存款利率高达12%，有些人不愿意参加保险。"

1994年，国家下调了存款利率，1996年，5年期存款利率下降为9%。在保险公司的要求下，政府对实际存款利率和10%（本金发放比例）之间的差额进行补贴。比如，1998年5年期的存款利率为6.66%，那么政府就要补贴3.34%。存款利率越低，政府补贴越多。

这种让商业保险介入、政府进行差额补贴的做法被称之为"重庆模式"。

1992年,重庆市政府颁发《重庆市国家建设征用土地人员安置若干规定》等系列文件,首次将商业保险引入农转非退养人员安置工作之中。委托中国人寿重庆分公司(下称"国寿重分")独家代办土地迁出民保险。

2002年,新华人寿重庆分公司(简称"新华重分")进入失地农民保险。新华重分已先后在重庆市北部新区、南岸区等主城区办理人数逾3.4万余人,累计保险费达7.21亿元。目前,新华重分占据重庆主城区80%以上的份额。

随后,泰康人寿保险公司重庆分公司也进入该领域,三足鼎立之势基本形成。另据了解,中新大东方人寿会介入其中,并且拥有特殊优势,中新大东方背靠重庆市地产集团,而地产集团是重庆的几个土地储备平台之一,以市政府强有力的支持为特色。

两套方案竞争,重庆社保部门产生了异议。

2006年5月26日,在劳动和社会保障部举行的内部工作会议上,劳动和社会保障部一位副部长直言不讳地批评了有些地方政府将失地农民的社会保险交给商业保险公司的做法,认为各级政府应将这项工作纳入当地经济和社会发展规划及年度工作计划,在被征地农民补偿资金的筹集和管理、就业培训的实施、保障制度的建立等问题上切实负起责任。

早在2005年1月,重庆保监局和重庆劳动社保局分别向重庆市政府提交了一套方案,由市政府决定究竟最终走"商业保险还是社会保险"的路线图。按计划,重庆市政府应该在2005年12月选择一个方案,因为换届的原因,一直没有作出决定。

　　一位重庆劳动社保局人士透露,2006 年下半年,重庆一位高层在一次会议上听取了重庆市社保局的汇报后提出了三点意见:一是商业保险公司可以参与失地农民的保险,但是不能再对利率差额进行补贴;二是不能再给 5% 的资金管理费;三是要对参与失地农民保险的保险公司进行招标。

　　失地农民的商业和社保路线之争由来已久。

　　1991 年,国家出台了《国务院关于企业职工养老保险制度改革的决定》,对社会保险职能进行分工,将农村人口的保险纳入到民政局管理。20 世纪 90 年代乡镇企业发展很快,这一块成为商业保险公司的重点发展对象,保险公司逐一派人到各个乡镇做工作,希望把农村这块保险业务交给他们做。但是,随后风声趋紧,1993 年中国人民银行出台了《关于停止保险公司为地方政府代办保险业务的通知》,文件要求"立即停止广东和福建两省保险公司为地方政府代办保险业务的做法⋯⋯其他地区也应立即停止"。国家政策重心开始偏向社保路线。

　　重庆市政府每个季度按管理资金总额 5% 的比例付给商业保险公司账户管理费。而劳动社保局作为职能管理机构,无 5% 的资金管理费成本,可谓有比较优势。另外,既然是商业保险,为什么政府却还要给高额补贴? 以 2005 年一年期存款利率 2.25% 为例,政府将要给高达 7.75% 的补贴。重庆劳动社保局认为,此前,重庆市国土局和财政局联合下文,要求按 5 年期存款利率进行核算,但是在大部分区县都是按 1 年期进行核算,目前大多数区县是按 2.25% 核算。核算的利率越低,政府补贴就更多。在沙坪坝区,甚至按 1.98% 的利率进行核算。

　　课题组人员的调查得知,社保部门提出的方案中包括两个要点:一是把承保主体的承担部分从目前商业保险公司的 2.25% 提高到3%以上,这样减少政府的补贴份额。另外一个是把目前商业保险公司每月给农民的金额从195.8元提高到300元。

一位商业保险公司人士告诉课题组人员,保险公司为农民每次取款要支付1元手续费给付款的金融机构,以重庆目前参加失地农民社会保险的10万人计算,保险公司将为此支付数百万元手续费。而且,随着三足鼎立的格局形成,商业保险公司在这一块市场上竞争愈发激烈,管理费用逐渐降低,有的公司甚至不再收取管理费。商业保险公司有自己的优势,比如网点多,人手足,已经做了10多年,也有了一定的经验。另外,商业保险公司和"工农中建"四大国有商业银行以及信用社都建立了合作关系,失地农民可以非常方便地取钱。重要的是,重庆商业保险市场并不发达,17亿元的失地农民保险金业务对于重庆商业保险公司来说是非常关键的。

二、对现行重庆失地农民养老保险制度的评判

(一)"重庆模式"是什么模式?

现在实行所谓的"重庆模式",就是让失地农民把安置补偿费交给商业保险公司,再由政府按10%的利率计算拿一笔钱让商业保险公司按月发给农民,并且发放中政府还要拿5%的手续费给商业保险公司。这实际上是一种商业保险。商业保险是商业行为,任何商业行为的宗旨都是经济利益至上,且贯彻买卖自由的原则,愿不愿意投保,以及投多投少,都是投保人的意愿。一般来讲,社会保险则要保障人们的基本生活,商业保险是社会保险的补充,人们可以在经济条件宽裕的情况下再购买商业保险,以提高生活质量,"锦上添花"。

从1992年起,国寿重分在重庆市政府的引导和大力支持下,

开办了针对"男,50 岁以上;女,40 岁以上"的失地农民储蓄式养老保险业务(简称"被征地农民保险")。截至 2007 年 3 月,该公司已经在 16 个区县开办,累计有效本金 12.5 亿元,有效人数 7.4万人(其中在库区 4 个区县累计有效本金 4.2 亿元,有效人数 2.4万人)。目前,此项保险已经经过 14 年的不断探索,在新华人寿股份有限公司、平安保险股份有限公司、太平洋保险公司等 4 家寿险公司先后参与下,已经有 14 万人参加了该业务。新华人寿累计承保大约 4 万人,保费收入约 8.4 亿元,其余两家所占比例比较小。从全国的情况看,除重庆初具规模,累计保费收入达到 25 亿元,占全国该项业务的 60%以上外,烟台、绍兴、安阳等地也积累了一定的经验。

重庆已经形成比较成熟的运作模式,即:(1)政府调控。政府出台土地安置办法,经失地农民自愿申请,土地主管部门将其土地补偿费、安置补偿费交保险公司办理储蓄式养老保险。政府对参加保险的农民实行利差补贴优惠政策,每年按保费的 10%向参保农民发放生活补贴费,直到亡故。其中,保险公司承担 5 年期银行存本取息的利息部分,超过部分从专项统筹金中支付。政府负责向用地单位征收统筹金,该基金由财政保管,专项用于利差补贴以及向保险公司支付管理费用。

(2)保险经办。保险公司承担参保农民每月生活补助费的给付和代政府发放工作,并且在参保失地农民生活困难、患重病、家庭遭受重大灾害事故、死亡等情况下,经其申请和基层政府部门审批,以退保方式向农民给付保险本金。另外,协助政府制定和完善政策,对制度执行过程中可能出现的资金风险等问题提出预警和解决方案。

(3)市场运作。政府通过支付管理费的方式向各保险公司购买服务,并且尊重失地农民意愿,由失地农民根据自身情况选择是否参保。各家保险公司自由竞争,由征地的区县政府以招标方式选择。

(二)被征地农民保险业务的特点

重庆新华人寿保险公司最初采用《员工福利团体退休金保险(B)》产品,2004年年底又推出"征地养老团体年金保险"。其余各个保险公司的做法大同小异。其基本特点是:第一,财政支持。由地方政府对相关人员进行利差补贴,保证受益人本金年增值率10%,并且按照本金的10%领取养老金,其中保险公司保证5年定期存本取息储蓄利率水平的增值率,低于10%的利差由参保人员所在区县人民政府以财政等方式给予补足。

第二,即投即取的储蓄式养老。失地农民可以在投保后第二个月开始按月领取固定养老金,金额为本金的10%。本金不动,实际上为保险公司提供了可以长期投资的资金。

第三,集中投保,联合办公。发生征地的合格失地农民集中投保,政府相关部门和保险公司一般在征地现场联合办公,现场作业,有利于提高办事效率和问题的及时处理,大大方便了群众投保。

第四,管理费(账户管理费)另外列支,不动用本金。由参保人员所在区县人民政府负责支付并且一次性拨付到寿险公司。

(三)该模式的积极因素

实践证明,失地农民保险在实际工作已经取得了一定的积极成果。首先,它解决了失地农民中老年劳动力的未来生计,参保农民每月可以拿到200多元的生活费,满足了基本生活需要。引导农民把土地补偿金用于可持续生计和养老保障,有效地避免了将有限的资金提前用光,防止了农民由于专业理财知识缺乏带来的一系列风险。同时,农民交纳的保险本金始终是自己所有,在一定程度上延续了他们对失去土地这一基本生存资料的拥有感和安全感,促进了社会心理平衡。其次,解决了保障资金需求大与国家财力不足的矛盾,减轻了财政压力。通过利用现有的保险公司各个网点和人员支持系统,减少了政府新设立专门机构建"庙"和"招和尚"的巨大支出,减轻了财政经费的不足。13年来,重庆各级政府共为失地农民参加商业保险提供利差补贴约为4.16亿元,实现了用"小钱买大平安"的目的。再次,解决了失地农民养老保险资金安全性问题,确保了"管理监督"与"投资使用发放"的分离。政府通过合同的形式与保险公司约定了权利与义务,避免了政府既当运动员又当裁判员可能诱发的道德风险。

(四)该模式的消极因素

然而,许多知情失地农民并不认同,他们认为政府给予商业保险公司的补贴应当直接发放到自己手上。其主要依据如下:

1. "重庆模式"形成新的政企不分

严格来说,"重庆模式"是半社会性半商业性的怪胎。

《宪法》第二章第四十五条规定,"中华人民共和国公民在年老、疾病或者丧失劳动能力的情况下,有从国家和社会获得物质帮助的权利。国家发展为公民享受这些权利所需要的社会保险、社会救助和医疗卫生事业"。失地农民因为城市城镇化建设失地生活保障的来源——土地,政府有责任有义务为失地农民建立社会保险制度保障其基本生活。

"重庆模式"让商业公司来承担本来就属于政府的社会职责,与当前我们所倡导的企业改革精神背道而驰,形成新的政企不分,混淆经济组织与行政机构的职能职责。全国只有重庆是以商业保险形式来解决失地农民的生活保障,其他省市均是建立失地农民社会养老保险制度解决其基本生活保障,政府的职责不能由商业保险越俎代庖。

2. "重庆模式"形成商业保险露脸,政府幕后买单,失地农民怨气连天

"重庆模式"从形式上看,失地农民的养老保险严格按商业保险的规定,与商业保险公司签订保险合同,养老金由商业保险公司发放,完全与政府无关。实质上看,政府当了冤大头。以单个农民参保计算,22000元交给商业保险公司,政府以10%的利率扣除银行利率给予补贴,以2005年五年期整存整取2.9%利率计算,每个参保农民政府每年要补贴1586元,加上5%的管理费1100元,合计2686元。投保人每月领取175元,全年领取2100元。保险公司用政府的补贴发给参保农民后,还剩586元。一个参保农民586元的利润,1万农民一年就是586万元的利润。有保险公司负责人说他们不敢乱用失地农民的保险钱,完全是存入银行。就算如此,保险公司与银行之间的协议存款利率也让保险公司赚了一大笔。

"重庆模式"对商业保险公司来说是毫无风险,净赚利润。保险公司只按银行5年期存本取息的利率付给参保失地农民,这和农民自己把钱存入银行办五年期存本取息的存款形式有什么区别?然后是政府的利差补贴,又先划给商业保险公司,由保险公司发给农民。失地农民的养老费,仍然是自己的钱存入银行的利息和政府的补贴构成的,政府还要因此付给保险公司管理费。政府为失地农民办的好事让商业公司做了,你说政府冤不冤。

从另一方面讲,商业保险既是商业行为,就应有商业竞争。而"重庆模式"则是明确规定了由某一商业人寿保险公司承办,这有悖于市场经济的原则,显失公平。

3. "重庆模式"保障水平低,无法使失地农民享受社会发展的成果

"重庆模式"从 1995 年开始,到现在已经 13 年了。现在最多领 175 元,低于最低生活保障线,失地农民的基本生活不可能得到保障。而且,失地农民不同于城镇低保人员,大多数失地农民失地前的生活水平比城镇低保人员高,失地后的生活补助费比低保还低或者同低保,失地农民始终会不满。

其次,参加"重庆模式"的失地农民也不能及时享受经济社会发展所取得的成果。以重庆市 2004 年的经济社会发展为例,国民经济以 12% 的速度发展,财政收入以 40% 的速度增长,城乡居民生活水平以 13% 以上的速度提高。去年,政府为了使城镇离退休老年人享受经济进步社会发展的成果,普遍调高了退休养老金,但"重庆模式"的参保失地农民领取的保险费合同期五年内不能调整,每月就一百多元钱,并且五年内都没有调整,不能满足其基本生活是不难设想的。

4. 纯粹商业养老保险模式的风险分析

时间已经证明,由商业保险公司介入失地农民养老保险是可以获得巨大利益的。但是,我们也要看到风险。失地农民养老保险的风险主要在于投保人和参与保险的公司两个方面。

对投保人而言,一旦制度出现漏洞,例如资金挪用或者保险公司破产,失地农民的利益将直接受到损失。因此在制度设计时,首先要从制度层次规避社会保险管理部门和保险公司的偿付能力风险。对保险公司而言,有机会参与到失地农民养老保险,可以得到很大的经济利益。但是商业保险的风险主要体现在三个方面:政策风险、社会风险和经营风险。

政策风险来自政府政策的多变性。政府在征地补偿和失地农

民的生活保障方面占有绝对的主导地位。而全国在解决失地农民的养老保障方面,各个地方政府的规定也是参差不齐,全国还没有统一的规定。这样很不利于失地农民的利益保障,也容易导致国家公共管理的低效率,增加公共财政的开支。因此,不排除在全国建立统一的失地农民的养老保险制度体系。一旦出现这样的情况,政府的资金投入等相关政策都会发生改变。就是在目前,地方政府与商业保险公司之间的关系到底是委托代管形式还是商业保险运作形式,还是类似英国的信托形式,参加保险的公司是公开招标还是保险行业几家大公司共同参加,还是政府直接指令,这些都还处于探索阶段。而这些因素,客观上直接或者间接影响到保险公司的积极性和制度本身的持续性。政府政策向来具有多变的特征,这些变化就可能造成保险公司很大的经营风险。

巨大的征地补偿费用以保险基金的形式累计到保险公司,保值和增值的压力比较大。因为牵涉面比较广泛,一旦出现承付不力,将诱发较大规模的社会风险。

经营风险是指因为开展这一业务的一般是保险公司的地方分支机构,而限于人力和技术资源,地方分支机构在保费测算、适用合同条款、日常业务的处理等方面往往缺乏足够的经验和技术保障。因此,选择商业保险的时候,应当充分考虑这些因素。

三、其他省市对失地农民进行社会保障的做法

目前,各个地方都在探索解决失地农民的未来问题,这些努力已经取得一定的成绩,值得关注。

我国当前为失地农民建立了各种社会保障制度模式。例如,2004年北京市颁布实施了《建设征地补偿安置办法》,废止了1993年实施的市政府16号令,确立了"逢征必转、逢转必保"的原

则。被征地农民全部纳入城镇企业职工社会保险统筹范围,其补缴社会保险所需费用全部由征地补偿费提供,并且享受与城镇居民同样的就业促进政策。

但是,2006年实施的《北京市农村社会养老保险制度建设指导意见》出于减轻财政负担的考虑,把这些乡镇企业的农民工全部纳入农村养老保险,又强化了这种城乡二元分割的社会保障制度(黄庆杰,2007)。

另外,在江浙沿海地区,又有新的做法。浙江宁波为失地农民建立的养老风险准备金制度(杨翠迎,2004),上海的"小城镇保险模式"(常进雄,2004),还有许多城市采取的从征地补偿金中一次性支付失地农民交纳的养老保障费用等模式,实质都是以"土地换保障"。至于像浙江台州等非公有制经济发达地区通过机制创新设计的失地农民社会保障制度(关宏超,2004),就其根本来看,很大一部分资金也是从土地有偿出让中提取,本质也是"土地换保障"。由此可见,"土地换保障"是当前我国建立失地农民社会保障制度的一个重要途径和原则,尤其对经济发展水平相对较弱的城市来说更是如此。

(一)上海"镇保模式"

1."镇保模式"的内容

2003年10月20日,上海市政府正式发布《上海市小城镇社会保险暂行办法》(以下简称"镇保模式"),规定征地安置补助费应当首先用于解决被征地人员的社会保障问题,被征地人员的安置补助费应当首先用于缴纳不低于同年的小城镇保险,这样被征地人员年老后生活和患大病医疗有了保障。同时在《上海市被征用农民集体所有土地农业人员就业和社会保障管理办法》中将原有的"谁用地,谁负责安置"的原则按照市场经济的要求,调整为

"落实保障,市场就业"的新原则。"镇保模式"的本质就是"土地换保障"。

2."镇保模式"的分析

(1)"镇保模式"在保障失地农民合理利益上的积极意义

第一,合理保障了失地农民的基本利益。按照"镇保模式"的要求,征地补偿金在一次性缴纳不低于15年的基本养老保险、医疗保险金之后,失地农民可以享受基本养老保险和医疗保险待遇,在一定程度上解决了失地农民的年老后的生活及患大病的医疗费用问题,免除了失地农民的后顾之忧。第二,转变了失地农民的保障观念,促进失地农民的市场就业。"镇保模式"及其配套办法的最大特点是转变了传统的就业安置和货币安置方式,把安置原则调整为"落实保障,市场就业"。由于"镇保模式"落实了失地农民的基本养老保险和医疗保险,实际上也就相当于降低了失地农民就业的非工资成本,提高了失地农民的就业竞争能力,将会促进失地农民的市场就业。第三,"镇保模式"合理区分了社会保险的公平与效率问题。"镇保模式"确保失地农民能享受基本社会保险待遇,体现了公平原则。而补充保险及其缴费比例则由用人单位和从业人员个人(失地农民在城市非农部门获得就业岗位时就是从业人员,否则就是城市失业者)自主确定,体现的是效率原则,失地农民补充社会保险待遇与自己的就业状况和缴费多少直接挂钩。

(2)"镇保模式"存在的问题分析

第一,"镇保模式"将来存在较大的资金缺口。以养老保险为例,"镇保模式"规定,失地农民养老保险缴费比例为17%,缴费基数按上年度全市职工月平均工资的60%计,一次性缴纳15年就可以获得上海市职工基本养老保险待遇。2002年上海全市职工年平均工资为19476元,因此可以算出失地农民一次性应当缴纳的养老保险金为：$C = 19476 \times 60\% \times 17\% \times 15 = 29794$ 元。男性年满 60 周岁，女性年满 55 周岁就可以申请领取基本养老保险待遇，养老金按上年度全市职工月平均工资的 20% 计发，上海居民的平均预期寿命在 2002 年已经达到了 78 岁，平均余命为 18 年。因此预期的养老金待遇为：$19476 \times 20\% \times 18 = 70103$ 元。由于失地农民预期的基本养老金支出远大于养老金的缴费，"镇保模式"在未来将产生较大的资金缺口，这个资金缺口将要财政兜底。考虑到征地过程中所获得的利益并非由政府单独享有，但是最终负担则由政府单独承担，所以有必要提高对失地农民的社会保险补偿标准，以保证"镇保模式"的收支平衡，做到可持续发展。

第二，缺乏对失地农民转岗培训以及享受最低生活保障成本的考虑。即使城市存在着较多的就业机会，失地农民在进入城市非农部门时也未必能获得这些就业岗位，因为失地农民的文化素质相对较低，不能适应城市就业需求结构的变化。要提高失地农民的就业能力，对其进行一定时间的职业培训是必要的，但是在"镇保模式"及配套办法中，并未考虑到这一点。同样，该模式也未考虑到失地农民享受城市最低生活保障的成本，这样就低估了征地的成本。

（二）浙江的做法

浙江省 2005 年 12 月出台《被征地农民基本生活保障资金管理暂行办法》，办法规定，由政府、村集体经济组织、个人共同出资以及通过其他合法方式筹集的专项资金解决失地农民的基本生活保障问题。资金纳入财政部门和劳动保障部门共同认定的国有及国有控股商业银行单独开设的被征地农民基本生活保障资金财政专户，实行收支两条线管理。

这项制度类似于养老保险制度，农民只需要交纳一定的费用，就能够在到了一定年龄后定期领取养老金。农民养老的资金由政府、个人、集体共同筹集，纳入专门的账户，封闭运行，专款专用。浙江不同地区可根据各自的经济状况来确定养老金的发放标准，但总体不能低于当地城镇居民的最低生活保障线。

从目前浙江省已建立失地农民社会保障制度的市、县情况来看，其中保障形式大体上有三种类型：

第一，生活保障型。这种类型是参照城镇最低生活保障制度设计，结合当地的经济发展和承受能力，一般设置多少档次、缴费水平与保障待遇挂钩，实行个人账户与统筹账户相结合模式。该类型待遇水平控制在低保标准上下或失业救济金标准上下。比如宁波对纳入保障人员的缴费，划分为2万元、3.3万元、4.6万元三档，支付水平也分为200元、250元、300元三档，同时建立未来支付风险准备金，基金来源是：从土地出让金纯收中提取2%，从地方财政收入中安排1%，从国有资产变现收入中提取10%。保障对象去世后，其个人账户中的本息余额可以由法定继承人或指定受益人继承。目前浙江省实行失地农民社会保障制度的11个县6个市区采取该类型。

第二，社会保险型。此种类型是参照城镇职工基本养老保险办法设计的，较多强调了享受保障权利与缴费义务对等原则，实行个人账户制，享受待遇与保障对象的缴费时间和缴费指数挂钩，保障水平相对较高，目标是同城镇基本养老保险制度相衔接，将失地农民直接纳入城镇职工基本养老保险体系，享受城镇居民同等待遇。但是，许多地方政府也考虑到失地农民的收入水平较低，按照城镇职工低缴费低享受的两低水平设计的保障办法，即一次性缴费15年，待遇水平高于失业保险低于基本养老保险。比如杭州市规定参保人员一次性缴费4.6万元，支付标准为月人均410元，嘉兴市的支付标准为 398 元,台州市的支付标准为 520 元。

第三,社会保险加生活保障型。此种类型按照失地农民的不同年龄段、失地程度及就业状况等区别对待,不同的情况实行不同制度。其待遇水平介于社会保障型和生活保障型之间,衢州等地主要采用这种办法。

以绍兴为例,如果 16 岁以上被征地农民参加基本生活保障制度,个人和所在村集体只需一次性交纳 7000 元人民币,政府再补助 16000 元人民币。这样,当女性年满 55 周岁,男性年满 60 周岁时,每人每月就可领取 220 元人民币的养老金,并且享受终身。这一制度推行后,绍兴县梅墅村所有村民都自愿参保,并且已有 400 多人开始拿到了养老金。

各个地方政府关于失地农民社会保障的实践可谓丰富多彩,也取得了一定的成绩,总体上看,其主要内容是:

1. 养老保险是我国社会保险体系中最重要、最基本的部分,通常采取社会统筹和个人账户相结合的方式。参加基本养老保险就要履行相应的缴纳保险费的义务,失地农民基本上都是利用土地补偿金,采用一次性缴费的完全积累模式,完全不同于城市职工在工作期间分期缴费的逐渐积累模式。

一次性缴足养老保险费后,失地农民可以等到约定年龄之后再按期领取基本养老保险金。对于超过劳动年龄和丧失劳动力的,可以在一次性缴足保险费后直接享受养老保险待遇。对于尚在劳动年龄内的失地农民,等其在城市就业后就可以参加城镇职工基本养老保险,在补足以前的差额和利息以后,与同年龄段的城镇职工一样采取分期缴费的逐渐积累模式继续参加基本养老保险。

2. 基本医疗保险也是失地农民社会保障的重要内容。失地农民要获得基本医疗保险待遇就要履行相应的缴费义务,同建立基本养老保险模式一样,也是采取一次性缴费的完全积累模式。但与基本养老保险不一样的是,养老保险是在失地农民达到退休年龄之后才会发生支出,而医疗保险则在个人生命的整个周期内都存在发生支付的可能性。

(三)江苏省的做法

根据江苏省陈红霞《江苏被征地农民社会保障制度体系建设研究报告》,地处东南沿海经济发达地区的江苏,到 2002 年年底,其建设用地总面积就达到 171.36 万公顷(合 2570.4 万亩),占全省 1076.74 万公顷的土地总面积的 15.91%。近年来,江苏省每年征地规模大约在 30 万亩,以人均耕地 1 亩的宽口径计算,每年由此产生的失地农民在 30 万人以上。以 2002—2004 年苏州市区、泰州、常熟、连云港三市四地为例,近 3 年总计征地 238574 亩,年平均征地近 8 万亩,失地农民 351325 人,年均近 12 万人。为此,江苏省政府 2005 年出台了《江苏省征地补偿和被征地农民基本生活保障办法》,专门解决失地农民的基本生活困难问题。但是,该办法只是解决了失地农民的最低生活保障问题,还没有解决其医疗保险和养老保险问题。其采取的方法也是自愿参加,在泰州、连云港市等地方,大约 75% 的失地农民选择了一次性领取补偿安置费。是他们对这项制度缺乏信任,还是眼下生产生活所急需? 或者是社会保障制度本身还有缺陷? 根据了解,许多农民之所以选择一次性领取补偿安置费,是因为相当一部分失地农民原先就享有所在地的最低生活保障待遇,每月领取近 100 元的“低保”金。如果失地后选择参加基本生活保障,市区人员每月可以领取的生活补助费超过了“低保”,就不能够继续享受“低保”待遇。而选择一次性领取,则除了当月不能够享受“低保”外,以后仍可一如既往地"吃低保"。

（四）简要评价

对于失地农民养老保险还没有做统一的全国性的制度安排，失地农民从身份上转为城镇居民后，其养老保险问题均是由各级地方政府自主安排和解决，带有典型的探索试点性质，与国家统一要求的城镇职工基本养老保险模式差别很大。有学者（魏培元，2006）认为，失地农民养老保险开办方式的自愿性带有商业保险的特性。社会保险通常是采取国家立法、用国家机器强制推行的，凡属于社会保险覆盖范围的均应无条件参加。而目前的失地农民养老保险采取的是自愿原则，农民参加养老保险与否很大程度上依赖于各级政府的组织和宣传，带有典型的商业保险的特性。这些做法都存在一定的缺陷：

1. 缴费方式决定了失地农民养老保险与城镇职工基本养老保险并轨存在困难。现行城镇职工基本养老保险制度规定：凡在1996 年 1 月 1 日以后参加工作的，个人累计缴费年限满 15 年的，到退休时才可以享受基础养老金和个人账户养老金的待遇。根据目前的户籍管理和就业制度，失地农民在没有转为城镇居民前，根本谈不上就业，更无法论及个人缴费年限满 15 年的问题。有的地方政府允许失地农民采取一次性完全缴费方式参加城镇职工基本养老保险，但根本无法解决其 15 年累计缴费的规模问题。对即将面临养老问题的中老年失地农民而言，这个问题尤为突出。

2. 缴费水平决定了失地农民养老保险具有独立性。目前，城镇职工个人负担的基本养老保险的缴费水平基本是职工每月平均工资收入的 11% 左右，从城乡居民收入存在显著差距的实际来看，这样的缴费水平和标准对于收入较低的失地农民而言是比较高昂的。将大量失地农民纳入城镇职工基本养老保险体系，需要弥补很大的资金缺口。以国家政府的财政实力来看,目前尚不具备将失地农民和城镇人口的基本养老保险制度完全统一起来的条件。因此缴费水平决定了失地农民养老保险具有相对的独立性。

3. 基本养老保险的区域统筹层次决定了失地农民养老保险的未来给付存在很大困难。目前,我国城镇职工基本养老保险实行的是省际统筹,但实际上多数省份还停留在县、市统筹的水平上。而失地农民的就业流动十分频繁,这就使得跨县、市甚至跨省、区流动就业的失地农民的养老保险空转问题十分突出。失地农民可能在其他发达地区、易于就业的地区工作,到了退休年龄则回到户籍所在地养老,其养老保险关系和待遇在转移接续上还存在诸多困难。

4. 现行的失地农民养老保险带有强烈的个人储蓄性质,政府在其中的投入过少、责任过小。目前各地实施的失地农民养老保险大多采取一次性累计缴费的方式,政府没有财力给予资金补助,主要是强调失地农民个人的储蓄积累。个人未来享有的养老保险待遇同个人的实际缴费金额直接联系,缺乏代际之间和独立个人不同年龄阶段之间的资金调剂,只存在个人的自助性,政府或集体在其中没有进行适当的财政补贴,没有体现基本养老保险的社会性和共济性。

5. 法律效力决定了失地农民养老保险不同于城镇职工基本养老保险。失地农民养老保险的现行政策和管理办法基本上都是各市、县政府自己出台的规范性文件,基本上还没有一个全省性的管理办法。这些政策和办法的法律效力不够高,不是持久性契约合同,具有相当大的不稳定性。

6. 医疗保障存在困难。医学科学技术的进步,提高了医疗服务水平,但在保障和提高居民健康水平的同时,医疗费用大幅攀升,尤其是大病。近年来医药费的增长远远超过农民收入的增长,高额的医疗费用支出,对失地农民而言更是苦不堪言。作为失地农民失去土地得到的安置补偿费用来缴纳养老保障费都已成困难,那么拿什么来缴纳医疗保险费呢? 这显然对失地农民的医疗保障设置了障碍,根本没有解决他们的医疗问题。现在各省市都在辖区范围内试点推行的新型农村合作医疗制度,由政府组织,政府补助,补贴农民看大病,农民的负担稍轻点,但是失地农民已经向着城市居民转变,失去了集体经济的依托,不再享受新型农村合作医疗服务。实施怎样的医疗保障制度才能符合失地农民这一弱势群体的实际,解决他们看病难问题,避免出现因病致贫的现象,还需要进一步探讨。

第三节　重庆失地农民基本养老保险方案

为了克服"重庆模式"的弊端,真正让政府相关职能部门承担起社会保障的职责,完全有必要建立城乡统筹一体化无障碍衔接的社会养老保险模式,把失地农民养老保险直接纳入城市基本养老保险体系。为此,课题组负责人与重庆市劳动和社会保障部门的领导及其职能部门——农村保险处的工作人员,多次进行调查研究,提出要建立一种相对独立的综合性的社会保障制度。

一、建立综合社会保障制度

既然工业化、城市化成为时代潮流,失地农民的出现就是必然现象。那么,我们就要顺势而为,对策是对"重庆模式"进行改革,推倒重来。

新的社会保障制度应当具有可操作性,能够真正保护失地农民的切身利益。这一制度覆盖养老、医疗、失业、工伤、生育等所有社会保险险种。如果每个保险都开设独立账户，专款专用，这样很不合理。明明是自己的钱，却不能够集中起来解决一个对个人或者家庭特别重要的问题。例如一个人46岁得癌症，他只能够在医疗保险范围中考虑费用问题，其他保险就帮不上忙。综合性的保险就可以解决这一问题。

我们建议采取"个人缴纳（土地补偿费、安置补助费）和政府补贴"的集资方式和建立完全个人账户的积累模式。这一制度是在比较论证了成都的"城保（满60岁每月300元）"、上海的"镇保"（农村保险）、北京的"城保"（与城市居民养老保险一致），也考虑了浙江嘉兴市（比城保低）等经济发达地区的做法，大体上可以界定为：高于"低保"、低于城市养老保险，相对独立的养老保险制度，由市级统筹，各个区县不能够另外搞一套。

在领取方式上，改分月领取为灵活领取。没有必要每月发一次，不需要时，可以放在账上产生利息，这样可以节省一些开支。

在责任分担方面。它不同于北京和成都的"城保"，因为政府负担太重，也不同上海的"镇保"（农保）与浙江嘉兴、江苏苏州等发达地区的做法，而是高于"低保"、低于"城保"的制度。大体上政府、集体、个人承担的比例为5∶2∶3，如果集体经济是空架子，就由政府承担，也就是说最多70%。

在资金来源方面，土地出让金和社会保障税是主要来源。在征地的同时就要征收社会保障税。政府的资金来源于土地出让金。如果土地出让金不够，由市财政解决。假设以150万失地农民为基数，领取养老金的人口比例为15%（男女满60周岁），每月240元，预期寿命74岁。1个人1年就2880元，存活14年40320元，22.5万人，每年需要资金6.48亿元。如果资金不足，就应由财政支付。重庆有没有这样的财力？我们大致计算了一下，如果实施这一方案，即使全部由财政负担，一年只需要支付 6 亿元左右。2006 年重庆财政收入 524 亿元，大体上占了 1%。

在现代公共财政体制下，社会保障与社会福利支出一般应当占到财政支出的 30%—40%，北欧国家甚至占到了 50% 左右。具体地讲，英国社会福利计划各项开支占到公共支出总额的 50%，法国为 30.6%，德国为 30.5%，瑞典为 32.5%，丹麦为 30%，欧盟 15 个成员国的平均水平也达到 27.5%。中国是 10%—13% 左右，重庆市财政在社会保障方面的支出究竟占了多大的比重呢？

在这里，我们可以看一下一衣带水的日本。1945 年日本战败投降，战争使日本国民经济遭受毁灭性打击，到处都是流离失所的老人、妇女、儿童和伤残军人。就是在这样艰难的情况下，1946 年 5 月颁布了《生活保护法》，并且于同年 10 月正式实施。该法律规定三大原则：第一，生活保护制度实行民主化原则。第二，明确对国民的最低生活保障是国家的一项责任。国家承担 80% 的费用，地方政府承担其余的 20%。第三，全面推行最低生活保障线制度。不管救济的对象是不是具有劳动能力以及身份，只要其生活水准在最低限以下，就应该按照平等原则予以救助。1947 年 9 月还制定了《儿童福利法》，1949 年制定了《残疾人福利法》，1951 年 6 月实施《社会福利事业法》。这些法律的实施对于稳定国家社会秩序、保护劳动者健康和教育权利、促进经济发展起到了积极作用。

相比日本、英国在二战刚刚结束的经济状况与政府财力的时候就建立起覆盖全体国民的社会保障制度，我们现在的经济发展水平、中央和地方政府的财政，日子比他们好多了。可以说，现在是万事俱备,只欠东风了!

为此,我们针对重庆失地农民的情况,制定了相关社会保障方案。这一方案受到重庆劳动与社会保障部门的大力支持。其名称为:《重庆市失地农民社会保障方案》(本方案已经上报重庆市人民政府)。

二、起草方案的指导思想和原则

本方案的起草,按照统筹协调城乡社会保障制度建设,建立和谐社会的要求,确保征地农转非人员生活水平不因征地而降低,确保征地农转非人员长远生计有保障,突出农转非养老人员为重点,建立健全社会养老保险制度。

征地农转非养老人员的社会养老保险是征地安置工作的重点。目前,农村集体土地征用后,征地农转非人员的基本生活往往缺乏政策和制度保障。为切实维护征地农转非人员合法权益,政府有责任建立适合征地农转非人员的社会养老保险制度,或提出切实可行的政策措施,以此作为征用土地的前置条件。

社会保障要以征地农转非人员为重点,实行人员分类保障。征地农转非人员社会保障工作要以新征地农转非人员为重点人群,以大龄和老龄人群为社会保障重点对象,把所有失地农民都纳入其保障体系之中。同时考虑同一地区农转非人员融入城市社会、享受城市化进程成果的水平程度和地区差异。

按照城乡统筹社会保障制度建设的要求,要合理确定征地农转非人员基本生活保障水平。由于现行征地补偿费标准不高,加之土地有偿费用收入地区差异较大,解决征地农转非人员社会保障问题,只能从保障最低生活的标准起步,渐进式调整,建立起与经济发展水平相适应的综合社会保障制度,做到政府财力能承受,征地农转非人员能接受,保障水平能够按照经济发展水平自然调整逐步提高。本方案确保养老金的发放标准,应低于城镇企业基本养老保险,高于城镇居民最低生活保障为宜。如果发生工伤、重大疾病等特殊情况,可以提前支取养老金,其产生的资金缺口由政府财政统一解决。

设计社会养老保险制度的原则是权利与义务对等。方案采用了"个人缴纳(土地补偿费、安置补助费)和政府补贴"的集资方式和建立完全个人账户的积累模式,明确政府、集体经济组织与征地农转非人员个人应承担的责任,充分调动各方面积极性。

三、政策依据、起草过程及主要内容

方案政策依据。以《国务院关于深化改革严格土地管理的规定》(国发〔2004〕28 号令)"妥善安置被征地农民……地方人民政府应当制定具体办法……将因征地而导致无地农民纳入城镇就业体系,并建立社会保障制度,使征地农民长远生计有保障"的精神,作为起草的依据。起草方案的依据主要目的是为了切实维护征地农转非人员合法权益,营造和谐社会环境,确保社会长治久安。

起草过程。方案起草经历了三个阶段:一是 2004 年年初,由重庆市劳动和社会保障局、市发改委参加,组成联合调查组赴浙江嘉兴对其征地农转非人员以"土地换社保"的有关情况进行了调研。二是 2005 年年底,按照市委常委陈光国副市长安排部署,重庆市劳动和社会保障局又派人参加了市政府农办牵头的征地农民联合调研组,对 12 个区县征地农民的生活保障情况进行了调查,

并赴浙江省、成都市学习考察。三是在起草本方案时,我们认真学习了北京、上海、天津、成都等省市在征地农转非人员就业管理和社会保障方面的做法和经验,对充实和完善本方案起到了很好的作用。在此基础上,重庆市劳动和社会保障局还组织相关处室对本方案进行了分析,评估修改完善,并函征市财政局、市国土房管部门的意见。

　　方案主要内容。方案共五章三十二条。第一章总则重点说明了保险对象的适用范围,分类保障及不适用本方案的几种情形,建立方案的原则,权利与义务等事项。第二章对保险费的筹集、缴纳保险费基数、比例、年限、账户设置、基金管理、工作操作程序等事项作了规定。第三章规定了保险金的申领和核准程序,保险金的发放标准,继承和处罚等事项。第四章明确了主管机关、经办机构、协办机关、增值措施、基金监督管理等事项。第五章附则,对前四章条款未说明事项进行补充,比如对男满 16 周岁不满 45 周岁,女满 16 周岁不满 40 周岁的征地劳动力,可按《重庆市城镇企业职工基本养老保险办法》的有关规定参加城镇企业职工基本养老保险。本方案紧密结合重庆经济发展实际,因地制宜,低门槛起步,逐步健全完善社会保障制度的建设。最后待方案试行时,还要制定配套的征地农转非人员社会养老保险工作规程、基金和财务管理办法。

四、需要重点说明的几个问题

(一)关于建立相对独立的完全个人账户的积累模式

　　建立相对独立的征地农转非养老人员社会保险制度,推行完全个人账户的积累模式具有以下几个特点:一是保障模式的先进性,通过基金积累,以收定支,量入为出,大大减轻了政府财力负担,避免了政府财力背上新的包袱。二是明确了社会保险职能作用。保险资金筹集采用个人缴纳与政府补贴结合的方式,明确了政府的职责和参保人的权利与义务,切实维护了征地农转非人员的合法权益。三是便于社会保障制度衔接、转移,建立完善的保障制度体系。在参保人员年龄分类划分上,对男年满50周岁至60周岁,女年满40至55周岁的均纳入参保对象范围,这便于与城镇企业职工基本养老保险参保年龄年限(最低15年)的要求相衔接。征地转非人员保险缴费基数、比例、年限参照了城镇企业职工基本养老保险一些做法,便于保险关系转移,并与城镇最低生活保障制度接轨。

(二)关于已征地农转非人员的参保起始时间

本市从1992以来对征地农转非人员开始实行货币安置政策,具体如表5—1:

表5—1

时间	执行文件	土地补偿费、安置助费合计（元）	全市转非人数（人）	60、55人员
1992年5月至1994年11月	重令31号	5000元10000元	60445	8375
1994年12月至1998年12月	重令64号	17496元	176151	28116
1999年1月至2004年12月	渝府发53、55号	20700元22050元	371369	57313
2005年起	渝府发67号	20700—27600元		
合计			607965	93804

表5—1表明本方案确定已征地农转非人员参保起始时间定为1992年5月,有一定经济作基础,也有政府文件作依据,符合重庆实际情况。由于2005年以来新产生的失地农民数量非常大,并且流动性强,很难准确统计,按照各个区县的征地情况,每年大致有20万左右的农民失去土地。

(三)关于征地农转非人员养老金发放标准

征地农转非人员社会养老保障水平,应高于城镇居民最低生活保障,低于城镇企业职工基本养老保险标准的原则(如表5—2),同时考虑我市地区经济发展不平衡的实际情况和政府财力承受能力,对征地农转非人员实行三个档次的保障标准。选择2004年度社会人均工资的90%、80%、70%为缴费基数,缴费比例为18%,缴费年限20年,养老金领取标准的设定综合考虑缴费总额和余命年限,具体测算养老金领取标准如表5—3。

表5—2

区域	低保标准(元)	城镇社保最低标准(元)	参保即领保标准(元)	达到退休年龄的领保标准(元)
一类区县(发达)	195		220—351	男 350—439 女 292—409
二类区县(中等)	160	320	198—313	男 313—319 女 292—409
三类区县(欠发达)	140		175—275	男 275—343 女 261—364

表5—3　　　　　　　　　　　　　　　（单位:元）

启领年龄	缴费总额46000	缴费总额41000	缴费总额36000
40	222.96	198.73	174.49
41	225.46	200.95	176.45
42	228.14	203.34	178.54
43	231.02	205.91	180.80
44	234.13	208.68	183.23
45	237.49	211.68	185.86
46	241.12	214.91	188.70
47	245.05	218.41	191.78
48	249.32	222.22	195.12
49	253.96	226.36	198.76
50	259.03	230.88	202.72
51	264.85	235.82	207.06
52	270.66	241.24	211.82
53	277.35	247.21	217.06
54	284.75	253.80	222.85
55	292.95	261.11	229.26
56	302.08	269.25	236.41
57	312.31	278.36	244.42
58	323.82	288.62	253.43
59	336.86	300.24	263.63
60	351.73	313.49	275.26

　　若参保人员自愿选择年满退休年龄,即男年满60周岁、女年满55周岁才开始领取养老金,因其保险费有一定积累期,男女退休年龄也不一样,则男女领取养老金标准也就有所区别。具体养老金领取标准如表5—4、表5—5:

表5—4　　　　　　　　　　（单位:元）

男	46000 的积累额	养老金标准	41000 的积累额	养老金标准	36000 的积累额	养老金标准
60	46000	351.73	41000	313.49	36000	275.26
59	47035	359.64	41922.5	323.55	36810	281.46
58	48093.29	367.01	42865.76	327.76	37638.23	287.79
57	49175.39	376.01	43830.24	335.14	38485.09	294.27
56	50281.83	384.47	44816.42	342.68	39351	300.89
55	51413.17	393.12	45824.79	350.39	40236.40	307.66
54	52569.97	401.96	46855.84	358.27	41141.72	314.58
53	53752.79	411.01	47910.10	366.33	42067.40	321.66
52	54962.23	420.25	48988.08	374.57	43013.92	328.89
51	56198.88	429.71	50091.30	383.00	43981.73	336.29
50	57463.36	439.38	51217.34	391.62	44971.32	343.86

表5—5　　　　　　　　　　（单位:元）

女	46000 元的积累额	养老金标准	41000 元的积累额	养老金标准	36000 元的积累额	养老金标准
55	46000	292.95	41000	261.11	36000	229.26
54	47035	299.54	41922.5	266.98	36810	234.42
53	48093.29	306.28	42865.76	272.99	37638.23	239.70
52	49175.39	313.17	43830.24	279.13	38485.09	245.09
51	50281.83	320.22	44816.42	285.41	39351	250.61
50	51413.17	327.42	45824.79	291.83	40236.40	256.24
49	52569.97	334.79	46855.84	298.40	41141.72	262.01

续表

48	53752.79	342.32	47910.1	305.11	42067.40	267.90
47	54962.23	350.02	48988.08	311.98	43013.92	273.93
46	56198.88	357.90	50091.30	319.00	43981.73	280.10
45	57463.36	365.95	51217.34	326.18	44971.32	286.40
44	58756.28	374.19	52369.73	333.51	45983.18	292.84
43	60078.30	382.61	53548.05	341.02	47017.80	299.43
42	61430.06	391.21	54752.88	348.69	48075.70	306.17
41	62812.24	400.02	55984.82	356.54	49157.40	313.06
40	64225.51	409.02	57244.48	364.56	50263.44	320.10

（四）关于政府补贴部分能力的分析

选取2004年社会平均工资为例，征地农转非人员养老保险费政府补贴数额和个人缴纳数额如表5—6：

表5—6 　　　　　　　　（单位：元）

区域	缴费总额	个人缴纳总额（60%）	政府补贴额（40%）
一类区县	46000	27600	18400
二类区县	41000	24600	16400
三类区县	36000	21600	14400

从1992年以来，全市征地农转非60.7965人，"60、55"老年人9.3804万人，占总人数的15.43%，其中主城区征地农民26.5123万人，"60、55"老年人4.8266万人，占转非总人数的18.21%，可

以看出:第一,征地农民养老人员在征地农民人口结构中的比例较少。第二,本方案中对已经征地农民参加保险进行了规范,符合条件的才能够参保,应保尽保,减少了参保人员的数量。第三,明确个人缴费和政府补贴的比例,个人占30%,政府占70%,进一步明确了双方的权利与义务。

2005年1月1日以前,即渝府发67号文件执行前征地农民政府补贴45%—50%较为妥当,这部分人"两费"比较少,个人缴纳比较困难。

初步估计,本市征用农村集体所有土地以每年10万亩递增,征地农转非人员约20万人,按人口年龄结构的20%—30%比例测算,每年约有4万征地农转非养老人员。

(五)关于保险金支付风险的分析

以40岁和60岁参保,即开始领取养老金为例,保险基金支付情况如表5—7:

表5—7

保险本金(元)	月养老金(元)	保险基本金支付年限(年)	以一年期定期存款2.25%计息(元)	累计基金(金)	本息支付年限(年)
46000	222	17.3	9648	55648	20.9
	351	10.9			13.2
41000	198	17.3	9138	50138	21.1
	313	10.9			10.9
36000	147	17.2	7475	43475	20.8
	257	10.9			13.2

如表5—7所示,养老保险费本金平均可支付养老金10至17年,若本金加利息支付年限还要延长。按照现行金融政策,社保基金没有税金,通过存入银行、购买国债等国家政策允许的方式达到有效地保值增值,则增加保险基金积累额,达到基金收支自求平衡。

(六)关于本方案与商业储蓄式养老保险比较的分析

全国各地征地农转非人员的就业和社会保障均纳入劳动和社会保障行政部门统一管理。中国人民银行早在1993年银发24号文件明确规定"加强保险市场的管理,保护被保险人的利益,促进保险业的健康发展,停止保险公司为地方政府代办保险业务"。商业保险代办社会保险应得到纠正。

1. 方案测算比较

以保险费本金24000元为例,政府补贴情况、保险水平情况相比较如表5—8,社会保险政府投入少,征地农民受惠多。

表 5—8

			社会保险		商业保险	
月养老金标准			198—313		200	
保险费总额			41000		24000	
1992至1994年期间政府投入	两费5000元	补贴	16400	164000	19000	46900
		补差			27900	
	两费10000元	补贴	16400	164000	14000	41900
		补差			279000	
1995至1999年期间政府投入	两费17400元	补贴	16400	16400	6504	34404
		补差			27900	

续表

1999至2004年期间政府投入	两费20700元	补贴	16400	16400	3300	31200
		补差			27900	31200
	两费22050元	补贴	16400	16400	1950	29850
		补差			27900	
2005年起政府投入	两费27600元	补贴	16400	16400		27900
		补差			27900	27900
政府其他投入	机构办公经费、人员经费			管理费一人一期720元		

（1）按市政府55号令规定，将被征地农民中的女40周岁，男50周岁以上人员纳入储蓄式养老保险（设定条件：个人安置费＋土地补偿费为25000元）

区县政府按5年一期支付商业保险管理费男为25000×5%×5期＝6250元、女为25000×5%×7期＝8750元，男女人均为7500元。

区县政府支付商业保险利差补贴男为25000×7.75%×25年＝46875元、女为25000×7.75%×35年＝65625元。

区县政府通过商业保险渠道为失地农民共支付为：男6250＋46875＝53125元、女为8750＋65625＝74375元，男女平均补贴63750元。

商业保险发给被征地农民最高只能为2500/12＝208元。

（2）将被征地农民纳入社会保障范畴，建立被征地农民社会养老保险制度

男60、女55周岁以上养老人员，如每月每人起发300元养老金，一次性投保金额为40000元，个人交养老保险费25000元、区

县政府要补贴 15000 元。

未到领保年龄的"40、50"人员每月发放生活费 195 元:男为 195 元×12×5 年＝11700 元、女为 195×12×7.5 年＝17550 元,男女平均为 14625 元。

财政给每人补贴养老金 15000 元和生活补助费 14625 元,共计为 29625 元。

结论:给被征地农民"40、50"以上人员每月发过渡期生活补助费 195 元,养老金 300 元,养老金比商业保险高 100 元,政府则为每个被征地农民少支出 34125 元。

2. 测算依据

银行年利率为 2.25%,复利计息按 5 年期利率为 3.6%(以征地时人民银行利率为准)计息,计发标准为 3.6%,人均寿命为 75 周岁。

3. 实施方案的操作性与实施方案后基础投入的分析

重庆市现有 21 个区县的劳动保障部门下设有农村社会养老保险经办机构,开展新增征地农转非人员保险业务后,有 19 个区县根据工作量大小,需新增设经办机构和配备编制 2 至 3 名工作人员。现乡镇(街道)基本建有社会保障工作平台,方案实施有组织保证。方案施行,政府主要投入的是新增编工作人员经费及业务培训,账、表、卡、文件资料的印刷等基础性投入。

五、重庆失地农民基本养老保障制度的最新进展

2008 年,重庆市人民政府公布了最新的关于彻底解决失地农民基本养老的法规,该法规决定对被征地农转非人员社会保障作出长期性、规范性、制度性安排。即重庆市人民政府关于印发重庆市 2007 年 12 月 31 日以前被征地农转非人员基本养老保险试行办法和重庆市 2008 年 1 月 1 日以后新征地农转非人员基本养老保险试行办法的通知（渝府发〔2008〕26 号）。文件认为，从 1982 年以来，重庆失地农民近 100 万人，目前他们中的部分人员就业难度大，生活比较困难。因此，建立被征地农转非人员养老保险制度，解决我市被征地农转非人员的基本养老保障问题，是贯彻落实党的十七大精神的具体体现，是改善民生、构建和谐重庆的现实需要，是建立城乡统筹社会保障体系的具体实践。为此，新出台的法规以 2007 年底为界分为两大类型，分别制定办法进行处理。一是 1982 年 1 月 1 日至 2007 年 12 月 31 日期间，农村居民因土地被政府依法征收（用）进行了城镇居民身份登记，且在 2007 年 12 月 31 日前年满 16 周岁及其以上，本人自愿参加基本养老保险的人员。二是 2008 年 1 月 1 日以后，农村居民因土地被政府依法征收并进行了城镇居民身份登记，征地补偿方案依法批准之月年满 16 周岁及其以上的人员。

（一）被征地农转非人员如何缴费？待遇怎样确定？

1. 原征地人员

老龄人员（男满 60 周岁、女满 55 周岁及其以上）：75 周岁及其以上的人员按 1.5 万元缴纳；75 周岁以下人员在 1.5 万元的基础上，按每相差 1 年增加 1300 元的标准缴纳。完清缴费后，按企业退休人员最低基本养老金标准（每月 450 元）按月发给养老待遇。年满 70 周岁以上的，同时按规定享受高龄增发养老金待遇（即 70 岁以上每月增发 50 元，75 岁以上每月再增发 50 元）。

"4050" 人员（男满 50 不满 60 周岁、女满 40 不满 55 周岁）：按 4.1 万元的定额标准缴纳基本养老保险费。从达到法定退休年龄的次月起，按我市城镇企业退休人员最低基本养老金标准按月发给养老待遇，年满 70 周岁后，同时按规定享受高龄增发养老金待遇。若在达到法定退休年龄前,继续缴纳城镇企业职工基本养老保险费5年以上的,执行城镇企业职工基本养老保险办法。

中青年人员(16周岁以上,男不满50周岁、女不满40周岁):本人自愿的,可按以下方式一次性缴纳基本养老保险缴费:

一次性缴纳基本养老保险费的标准为:缴费基数×费率(20%)×本人应缴费年限。

缴费基数:按2006年度我市城镇经济单位在岗职工平均工资19215元的60%确定。

本人应缴费年限:年满16周岁不满17周岁的缴纳1年;年满17周岁不满18周岁的缴纳2年;年满18周岁不满19周岁的缴纳3年;年满19周岁不满20周岁的缴纳4年;男年满20周岁不满40周岁、女年满20周岁不满30周岁的人员缴纳5年;男年满40周岁不满50周岁、女年满30周岁不满40周岁缴纳10年。

中青年人员一次性缴纳基本养老保险费后,鼓励引导其通过就业继续参保缴费,直接纳入城镇企业职工基本养老保险体系。

资金来源:原征地人员缴费所需资金由本人和政府共同承担。按原征地人员安置的时间分别为:

人员安置时间	政府补贴比例	个人承担比例
1982—1994年期间	80%	20%
1995—1998年期间	65%	35%
1999—2004年期间	55%	45%
2005—2007年期间	50%	50%

2. 新征地人员

新征地人员直接参加基本养老保险。按被征地时的不同年龄划分老龄人员、"4050"人员和中青年人员三个年龄段,各年龄段缴费标准、待遇享受与原征地人员对应年龄段人员相同。

新征地人员应一次性缴纳的基本养老保险费,由土地行政管理部门统一代缴,所需资金从土地补偿费和安置补助费中安排。

(二)失地农民的死亡待遇

被征地农转非人员领取养老待遇期间死亡的,从其死亡的次月起,停止发放养老待遇,发给丧葬费(2000元)和一次性救济金(本人7个月的养老待遇)。其个人一次性缴费,扣除已支付养老待遇、丧葬费和一次性救济金后的余额一次性退还其指定受益人或法定继承人。

关于储蓄式养老保险问题,新征地人员不再实行储蓄式养老保险。已参加了储蓄式养老保险的原征地人员,可以自愿选择参加基本养老保险,但必须首先终止储蓄式养老保险合同,即两者只能选择其一,不能重复享受。

(三)办理流程

自愿申请参保的原征地人员,办理截止时间为2009年6月30日,逾期不再办理。办理时,原征地人员应准备好户口簿、身份证、照片等相关资料,并填写申报表和委托书,到原征地时所在的街道(乡镇)社区社会保障服务所申请参保。经审核认定符合条件的,到指定银行缴纳应由个人承担的费用。缴费后,当地社会保险局将发给《重庆市按月领取养老待遇资格证》或《基本养老保险关系接续卡》。

办理流程图如下:

申报参保	→	持本人户口簿、身份证原件、1寸登记照4张和其他必需的资料，填写好《申报表》和《委托书》，到原征地时户籍所在地街道(镇乡)社区社会保障工作机构申报参保
领取参保资料	→	在社会社会保障工作机构领取： 1.《办理养老保险通知书》 2.代扣代缴银行的存折或卡
存款缴费	→	在规定时间内，到指定代扣代缴银行存入个人应缴纳的养老保险费
邻取养老保险凭证	→	老龄人员：发给《按月领取养老保险待遇资格证》 其他人员：发给《其本养老保险关系接续卡》

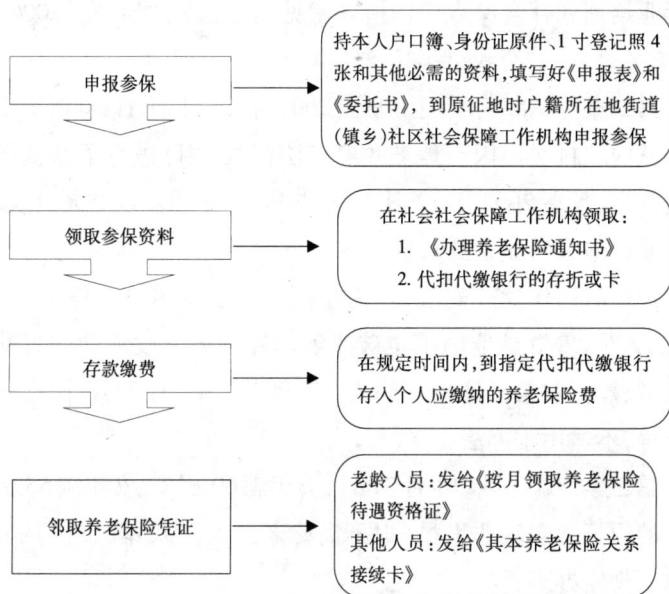

　　关于新征地人员，在征地时由土地行政管理部门统一代扣代缴基本养老保险费，由社会保险局负责统一办理参保手续。

　　附：重庆市关于印发重庆市2007年12月31日以前被征地农转非人员基本养老保险试行办法和重庆市2008年1月1日以后新征地农转非人员基本养老保险试行办法的通知

重庆市2007年12月31日以前
被征地农转非人员基本养老保险试行办法

　　第一条　为妥善解决我市被征地农转非人员的基本养老保险问题，根据《国务院关于加强土地调控有关问题的通知》(国发〔2006〕31)和《国务院办公厅转发劳动保障部关于做好被征地农民就业培训和社会保障工作指导意见的通知》（国办发〔2006〕29号）有关规定，结合我市实际，制定本办法。

第二条　1982年1月1日至2007年12月31日期间，我市行政区域内农村居民因土地被政府依法征收（用）进行了城镇居民身份登记，且在2007年12月31日前年满16周岁以上人员（以下简称原征地农转非人员），适用本办法。

征地时已作就业安置，现仍在机关企事业单位工作（含已退休）的人员、安置就业的单位破产解体并进行了政策性安置补偿的人员、户籍关系已迁出市外人员、2007年12月31日前已死亡人员等，不适用本办法。

第三条　2007年12月31日，男年满60周岁、女年满55周岁以上的原征地农转非人员（以下简称老龄人员），本人自愿的，可按以下规定办理：

（一）老龄人员年满75周岁以上的每人按15000元的标准一次性缴纳基本养老保险费。不满75周岁的，在15000元的基础上，再按其不足75周岁的年限，每相差1年（不足1年的，按1年计算）增加1300元的标准，一次性缴纳基本养老保险费。

老龄人员不建立基本养老保险个人账户。

（二）老龄人员一次性缴纳的基本养老保险费完清后，从2008年1月起，按我市现行的城镇企业退休人员最低基本养老金标准按月发给养老待遇。年满70周岁以上的，同时按规定享受高龄增发养老金待遇（即年满70周岁的，每月增发50元；年满75周岁的，每月再增发50元。下同）。

（三）老龄人员在领取养老待遇期间死亡的，从其死亡的次月起停止支付养老待遇，并按我市城镇企业职工基本养老保险规定支付死亡待遇。其个人缴纳的基本养老保险费（政府补贴部分除外,下同),扣除已支付养老待遇和死亡待遇后的余额一次性退还给指定受益人或法定继承人。

第四条　2007年12月31日,男年满50周岁不满60周岁、女年满40周岁不满55周岁的原征地农转非人员(以下简称"4050"人员),本人自愿的,可按以下规定办理:

(一)"4050"人员每人按41000元的标准一次性缴纳基本养老保险费。

(二)"4050"人员在达到法定退休年龄前,未继续缴纳城镇企业职工基本养老保险费的,不建立基本养老保险个人账户。从达到法定退休年龄的次月起,按我市城镇企业退休人员最低基本养老金标准按月发给养老待遇。年满70周岁后,同时按规定享受高龄增发养老金待遇。

在达到法定退休年龄前死亡的,将其个人缴纳的基本养老保险费一次性退还给指定受益人或法定继承人;在领取养老待遇期间死亡的,从其死亡的次月起停止支付养老待遇,并按我市城镇企业职工基本养老保险规定支付死亡待遇。其个人缴纳的基本养老保险费,扣除已支付养老待遇和死亡待遇后的余额一次性退还给指定受益人或法定继承人。

(三)"4050"人员在达到法定退休年龄前,继续缴纳城镇企业职工基本养老保险费不足5年的,从达到法定退休年龄的次月起,按下列办法计发养老待遇:

养老待遇 = 城镇企业退休人员最低基本养老金 × (1 + 继续缴费月数 × 1%)

在达到法定退休年龄前死亡的,将其个人一次性缴纳基本养老保险费和基本养老保险个人账户部分一次性退还给指定受益人或法定继承人。

在按月领取养老待遇期间死亡的,从其死亡的次月起停止支付养老待遇,并按我市城镇企业职工基本养老保险规定支付死亡待遇。其个人一次性缴纳的基本养老保险费和基本养老保险个人账户部分,扣除已支付养老待遇和死亡待遇后的余额一次性退还给指定受益人或法定继承人。

(四)"4050"人员在达到法定退休年龄前,继续缴纳城镇企业职工基本养老保险费5年以上的,执行城镇企业职工基本养老保险办法。其一次性缴纳基本养老保险费作为15年缴费年限,缴费指数按1计算,按规定补建个人账户。

第五条 2007年12月31日,男年满16周岁不满50周岁、女年满16周岁不满40周岁的原征地农转非人员(以下简称中青年人员),本人自愿的,可按以下规定办理:

(一)中青年人员一次性缴纳基本养老保险费的标准为:缴费基数×费率(20%)×本人应缴费年限。

缴费基数:按2006年度我市城镇经济单位在岗职工平均工资19215元的60%确定。

本人应缴费年限:年满16周岁不满17周岁的缴纳1年;年满17周岁不满18周岁的缴纳2年;年满18周岁不满19周岁的缴纳3年;年满19周岁不满20周岁的缴纳4年;男年满20周岁不满40周岁、女年满20周岁不满30周岁的缴纳5年;男年满40周岁不满50周岁、女年满30周岁不满40周岁的缴纳10年。

中青年人员一次性缴纳基本养老保险费的年限计算为城镇企业职工基本养老保险缴费年限,缴费指数按1计算,按规定补建个人账户。

(二)一次性缴纳基本养老保险费后,执行城镇企业职工基本养老保险办法。

第六条　2007年12月31日以前已参加了我市城镇企业职工基本养老保险的,分别按以下办法处理:

(一)老龄人员已按月领取基本养老金的,不再执行本办法第三条的规定。

(二)"4050"人员参加城镇企业职工基本养老保险缴费年限已达到15年以上的,不再执行本办法第四条的规定;不足15年的,可按本办法第五条规定的缴费办法一次性补足。

(三)中青年人员参加城镇企业职工基本养老保险缴费年限已达到本办法第五条规定的缴纳年限的,不再执行本办法第五条的规定;不足本办法第五条规定的缴纳年限的,按本办法第五条规定的缴费办法一次性补足。

第七条　原征地农转非人员按本办法规定一次性缴纳基本养老保险费,政府给予一定的社会保险补贴。具体办法如下:

(一)1982年1月1日至1994年12月31日期间的征地农转非人员,本人承担20%,政府补贴80%。

(二)1995年1月1日至1998年12月31日期间的征地农转非人员,本人承担35%,政府补贴65%。

(三)1999年1月1日至2004年12月31日期间的征地农转非人员,本人承担45%,政府补贴55%。

(四)2005年1月1日至2007年12月31日期间的征地农转非人员,本人承担50%,政府补贴50%。

第八条　原征地农转非人员在2007年12月31日以前以个人身份参加了我市城镇企业职工基本养老保险的,可按本办法的规定享受政府给予的社会保险补贴。

第九条　原征地农转非人员按本办法规定一次性缴纳基本养老保险费所需政府补贴的资金,由市和区县(自治县)两级共同承担,市级承担 85%,区县(自治县)承担 15%。具体办法由市财政局会同市劳动保障局、市国土房管局另行制定。

第十条　参加储蓄式养老保险的原征地农转非人员,可自愿选择按本办法参加基本养老保险。自愿参加的,应终止储蓄式养老保险合同。具体办法由市财政局会同市劳动保障局、市国土房管局另行制定。

第十一条　自愿按本办法参加基本养老保险的原征地农转非人员,应在 2009 年 6 月 30 日以前完成申报,逾期不再办理。

第十二条　各区县(自治县)人民政府要积极引导和帮助劳动年龄段未就业的原征地农转非人员实现就业。全面提供政策咨询、就业指导、就业培训、职业介绍等服务,多渠道开发就业岗位,增强社区、企事业单位的就业吸纳能力,对"4050"人员要纳入就业困难群体,作为重点帮助对象,运用各项就业再就业扶持政策促进其就业。

第十三条　各区县(自治县)人民政府要加强组织领导,成立由信访、劳动保障、财政、国土房管、民政、监察、公安等有关部门组成的工作班子,负责原征地农转非人员参加基本养老保险的审核认定,按照各自职责认真做好原征地农转非人员参加基本养老保险的各项工作。

第十四条　各街道(乡镇)社区社会保障服务平台负责受理本社区内原被征地农转非人员参加基本养老保险的申报、初审等工作。

原征地农转非人员原则上在原征地所在区县(自治县)社区社会保障服务平台进行申报,跨区县(自治县)居住的,可在现居住地社区社会保障服务平台进行申报,但仍由原征地区县(自治县)负责其参保资格的审核认定、参保手续办理以及承担应由区县(自治县)政府补贴的资金。

第十五条　市劳动保障局会同市国土房管局、市财政局制定本办法的具体实施意见。

第十六条　本办法自 2008 年 1 月 1 日起执行。

重庆市 2008 年 1 月 1 日以后
新征地农转非人员基本养老保险试行办法

第一条　为保障被征地农转非人员年老后的基本生活,根据《国务院关于加强土地调控有关问题的通知》(国发〔2006〕31 号)和《国务院办公厅转发劳动保障部关于做好被征地农民就业培训和社会保障工作指导意见的通知》(国办发〔2006〕29 号)有关规定,结合我市实际,制定本办法。

第二条　坚持多方筹资,政府、集体、个人共同负担,权利和义务相对应,保障水平与经济发展相适应的原则,将被征地农转非人员养老保障纳入城镇企业职工基本养老保险体系进行管理。

第三条　2008 年 1 月 1 日以后,我市行政区域内农村居民因土地被政府依法征收并进行了城镇居民身份登记,征地补偿安置方案依法批准之月年满 16 周岁以上的,适用本办法。

第四条　征地补偿安置方案依法批准之月,男年满 60 周岁、女年满 55 周岁以上的人员(以下简称老龄人员),按以下规定执行:

(一)老龄人员年满 75 周岁以上的每人按 15000 元的标准一次性缴纳基本养老保险费。不满 75 周岁的,在 15000 元的基础上,再按其不足 75 周岁的年限,每相差 1 年(不足 1 年的,按 1 年计算)增加 1300 元的标准,一次性缴纳基本养老保险费。

老龄人员不建立基本养老保险个人账户。

（二）老龄人员一次性缴纳的基本养老保险费完清后，从征地补偿安置方案依法批准的次月起，按征地补偿安置方案依法批准时我市城镇企业退休人员最低基本养老金标准按月发给养老待遇。年满 70 周岁以上的，同时按规定享受高龄增发养老金待遇（即年满 70 周岁的，每月增发 50 元；年满 75 周岁的，每月再增发 50 元。下同）。

（三）老龄人员在领取养老待遇期间死亡的，从其死亡的次月起停止支付养老待遇，并按我市城镇企业职工基本养老保险规定支付死亡待遇。其个人从安置补助费中一次性缴纳的基本养老保险费，扣除已支付养老待遇和死亡待遇后的余额一次性退还给指定受益人或法定继承人。

第五条 征地补偿安置方案依法批准之月，男年满 50 周岁不满 60 周岁、女年满 40 周岁不满 55 周岁的人员（以下简称"4050"人员），按以下规定执行：

（一）"4050"人员每人按 41000 元的标准一次性缴纳基本养老保险费。

（二）"4050"人员在达到法定退休年龄前，未继续缴纳城镇企业职工基本养老保险费的，不建立基本养老保险个人账户。从达到法定退休年龄的次月起，按我市城镇企业退休人员最低基本养老金标准按月发给养老待遇。年满 70 周岁后，同时按规定享受高龄增发养老金待遇。

在达到法定退休年龄前死亡的，将其个人从安置补助费中一次性缴纳的基本养老保险费一次性退还给指定受益人或法定继承人；在领取养老待遇期间死亡的，从其死亡的次月起停止支付养老待遇，并按我市城镇企业职工基本养老保险规定支付死亡待遇，其个人从安置补助费中一次性缴纳的基本养老保险费，扣除已支付养老待遇和死亡待遇后的余额一次性退还给指定受益人或法定继承人。

（三）"4050"人员在达到法定退休年龄前，继续缴纳城镇企业职工基本养老保险费不足 5 年的，从达到法定退休年龄的次月起，按下列办法计发养老待遇：

养老待遇 = 城镇企业退休人员最低基本养老金 ×（1 + 继续缴费月数 ×1%）

在达到法定退休年龄前死亡的，将其个人从安置补助费中一次性缴纳的基本养老保险费和基本养老保险个人账户部分一次性退还给指定受益人或法定继承人。

在按月领取养老待遇期间死亡的，从其死亡的次月起停止支付养老待遇，并按我市城镇企业职工基本养老保险规定支付死亡待遇。其个人从安置补助费中一次性缴纳的基本养老保险费和基本养老保险个人账户部分，扣除已支付养老待遇和死亡待遇后的余额一次性退还给指定受益人或法定继承人。

（四）"4050"人员在达到法定退休年龄前，继续缴纳城镇企业职工基本养老保险费 5 年以上的，执行城镇企业职工基本养老保险办法。其一次性缴纳基本养老保险费作为 15 年缴费年限，缴费指数按 1 计算，按规定补建个人账户。

第六条　征地补偿安置方案依法批准之月，男年满 16 周岁不满 50 周岁、女年满 16 周岁不满 40 周岁的人员（以下简称中青年人员），按以下规定执行：

（一）中青年人员一次性缴纳基本养老保险费的标准为：缴费基数 × 本市城镇个体劳动者基本养老保险缴费比例 × 本人应缴费年限。

缴费基数：按本办法实施时上年度全市城镇经济单位在岗职

工平均工资的 60% 确定。

本人应缴费年限:年满 16 周岁不满 17 周岁的补缴 1 年;年满 17 周岁不满 18 周岁的补缴 2 年;年满 18 周岁不满 19 周岁的补缴 3 年;年满 19 周岁不满 20 周岁的补缴 4 年;男年满 20 周岁不满 40 周岁、女年满 20 周岁不满 30 周岁的补缴 5 年;男年满 40 周岁不满 50 周岁、女年满 30 周岁不满 40 周岁的补缴 10 年。

中青年人员一次性缴纳基本养老保险费的年限计算为城镇企业职工基本养老保险缴费年限,缴费指数按 1 计算,按规定补建个人账户。

(二)一次性缴纳基本养老保险费后,执行城镇企业职工基本养老保险办法。

第七条　以上不同年龄段人员的缴费标准,今后随企业职工基本养老保险缴费基数的提高,通过国土行政管理部门调整征地补偿政策和标准,建立相应的调整机制。

第八条　征地土地补偿费主要用于统筹安排被征地农转非人员的基本养老保险,安置补助费应用于个人缴纳基本养老保险费。被征地农转非人员一次性缴纳的基本养老保险费由国土行政管理部门统一代缴。

符合条件享受城镇居民最低生活保障待遇的被征地农转非人员一次性缴纳的基本养老保险费,不纳入家庭收入项目计算。

第九条　被征地农转非人员征地前已参加城镇企业职工基本养老保险的,分别按以下办法处理:

(一)老龄人员已按月领取基本养老金的,不再执行本办法第四条的规定。

(二)"4050"人员参加城镇企业职工基本养老保险缴费年限已达到 15 年以上的,不再执行本办法第五条的规定;不足 15 年的,可按本办法第六条规定的缴费办法一次性补足。

(三)中青年人员参加城镇企业职工基本养老保险缴费年限已达到本办法第六条规定的缴纳年限的,不再执行本办法第六条的规定;不足本办法第六条规定的缴纳年限的,按本办法第六条规定的缴费办法一次性补足。

第十条　被征地农转非人员征地前已参加我市农民工养老保险的,其参加农民工养老保险的缴费年限每 2 个月折算为 1 个月的城镇企业职工基本养老保险缴费年限(折算后不足 1 个月的,按 1 个月计算,下同),并分别按以下办法处理:

老龄人员已按月领取农民工养老金的,不再执行本办法第四条的规定。

"4050"人员折算后的缴费年限已达到 15 年以上的,不再执行本办法第五条的规定;不足 15 年的,可按本办法第六条规定的缴费办法一次性补足。

中青年人员折算后的缴费年限已达到本办法第六条规定的缴纳年限以上的,不再执行本办法第六条的规定;不足本办法第六条规定的缴纳年限的,按本办法第六条规定的缴费办法一次性补足。

第十一条　各区县(自治县)人民政府负责本行政区域内被征地农转非人员基本养老保险的组织实施和社会化管理服务工作。要积极引导、帮助劳动年龄段的被征地农转非人员实现就业,全面提供政策咨询、就业指导、就业培训、职业介绍等服务,多渠道开发就业岗位,增强社区、企事业单位的就业吸纳能力,对"4050"人员要纳入就业困难群体,作为重点帮助对象,运用各项就业再就业扶持政策促进其就业。

各级劳动保障行政部门是被征地农转非人员基本养老保险的行政主管部门。各级城镇企业职工基本养老保险经办机构负责被征地农转非人员基本养老保险的经办工作。

各级国土行政管理部门负责被征地农转非人员参保资格条件的认定,以及被征地农转非人员一次性缴纳的基本养老保险费的代缴。

各级财政部门负责基金划拨和管理工作。

各级农业、民政、公安等部门按照各自职责,协同做好相关工作。

第十二条　各区县(自治县)人民政府、市政府有关部门要高度重视,积极推进被征地农转非人员基本养老保险工作。开展被征地农转非人员基本养老保险工作所需人员和经费等,由同级人民政府予以保障。

第十三条　本办法与国家今后出台的有关规定不一致的,按国家规定执行。

第十四条　市劳动保障局会同市国土房管局、市财政局制定本办法的具体实施意见。

第十五条　本办法自 2008 年 1 月 1 日起执行。

第六章　失地农民社会保险资金营运与监管

第一节　失地农民社会保险资金的经营

一、失地农民社会保险资金的筹集模式

从社会保障制度运行的全过程来看,社会保障可以简化为两个环节,即"收"和"支",也就是社会保障资金的筹集和分配。任何社会保障项目都是先通过必要的手段筹集资金,然后再通过一定的方式将所筹集的资金分配给保障对象。因此,资金的筹集与管理既是社会保障制度实现其收入再分配功能的基础,也是社会保障制度运行的中心环节。选择适当的筹集模式,广开筹资渠道,强化基金管理,是建立和实施社会保障制度的关键。

社会保障资金的筹集模式可以从资金来源、筹集方式、基金的性质(如基金的积累程度、产权归属、调剂范围等)及其管理等多个方面进行考察。在此,我们着重探讨社会保障基金的来源和筹集方式。

所谓社会保障资金的来源,是指用于社会保障的这笔钱由谁承担。从目前世界上实行社会保障制度的国家的情况来看,社会保障资金主要来自国家资助、企业负担和个人缴费三个方面,此外

还有一部分可以通过各项社会保障事业的收益和社会各方面的捐赠得到。国家、企业、个人三方面负担的具体形式和比例，对于不同国家和不同社会保险项目而言，有所不同，从而表现为负担对象的不同组合。例如养老金多数是国家、企业和个人三方共同负担，其中又以企业和个人负担为主；工伤保险则是由企业全部负担，个人不承担费用。

社会保障资金可以通过多种方式筹集，其中较有代表性的是征税和征费两种方式。税收是国家财政收入的稳定来源，是税务机关依照《税收征管法》等一系列税收法律规范，对纳税主体强制征收一定的金额的执法活动。其特点是标准统一，统收统用，强制规范。通过税收的方式来筹集社会保障资金，有国家强制力保证，而且负担公平，有利于提升社会保障的社会化程度。征费的方式在部分国家与征税的方式同样重要，它多见于社会保险项目。这种筹集资金的方式比较灵活，既可以通过综合统一费率，也可以采取分类分项目费率。它可以由国家单独设立的国家机关来行使，也可以委托税务机关代为征缴。

除此以外，社会保障资金还可以通过慈善捐赠、发行彩票等方式筹集。这类方式的特点是比较灵活，没有强制力，基金的多少取决于具体的筹集方式对公众的吸引力和社会偏好与社会公众的意愿。

尽管不同国家在社会保障资金筹集的方式上会有所侧重，但是，总体来看，采取多种筹集方式来筹措社会保障资金的国家成为国际主流。

由于征地是政府和开发商的共同行为造成，他们是征地过程中的最大获益者，所以，失地农民社会保险资金的来源应当主要由国家和企业承担。我国地域辽阔，地区之间经济发展水平差异巨大,征地补偿标准在各地也不一致,所以,失地农民社会养老保险基金实行的是属地管理体制,即"地方统筹、地方管理"模式。重庆市各个区县采取的失地农民商业养老模式又自成特色。除北京、上海、天津三个直辖市和福建、陕西等省社会养老保险基金实行省级统筹以外,大部分地区的失地农民社会养老保险基金实行的是市(区、县)统筹,地区之间不能统收统支和调剂使用。

二、失地农民社会保险基金的资金筹措机制

失地农民基本养老保险制度资金来源应由政府、集体和个人三方共同出资,多渠道筹集。各个地方政府在征地过程中,也在想方设法解决失地农民的社会保障资金来源问题。例如,根据孙文基先生在《建立和完善农村社会保障制度》一书所记载,为了解决失地农民基本生活问题,2005年7月21日,《江苏省征地补偿和被征地农民基本生活保障办法》经过江苏省政府第53次常务会议讨论通过,并且于2005年9月1日正式在江苏省全面实施。该文件规定了失地农民的基本生活保障资金的来源。其来源有四:(1)不低于70%的农用地的土地补偿费和全部的安置补助费。(2)政府从土地出让金等土地有偿使用收益中提取的部分。该文件规定,按照新征收土地面积,提取每亩补不低于13000元、10000元、9000元、8000元的资金进入被征地农民基本生活保障资金专户。(3)被征地农民基本生活保障资金的利息及其增值收入。(4)其他可用于被征地农民基本生活保障的资金。该文件还规定,基本生活保障资金不足以支付的,由同级财政部门负责解决。

西部地区解决这一问题的难度就要大多了。就重庆而言,渝东南所属的奉节、巫山、云阳、酉阳等地区的乡镇财政大多数是吃饭财政、赤字财政。随着国家对乡镇费改税政策的推行,乡镇财政

预算外收入越来越少,财政负担却越来越重,一些乡镇负担的社会保障资金实际上难以落实到位。而且在资金的筹集上,存在着一个矛盾的现象:在经济比较发达的地区,地方财政和村集体的财力都比较强,需要社会救助的人数也不是太多,失地农民的数量也比较少,社会保险资金和社会救助资金到位一般没有问题;但是在经济不发达地区,多方财政本来就十分困难,有的集体经济就是一片空白,社会保障资金的筹集和到位十分困难,而且,越是经济不发达,财政越困难的地方,贫困人口也越多,救济面也越大,需要的资金也越多。因此,完全由地方财政来筹集失地农民的社会保障资金,很难真正落实。我们认为,在制度建设中,中央财政应当发挥更大的作用,要加大中央财政转移支付的力度,另外,可以考虑在省一级政府建立失地农民社会保障调剂资金,倾斜投入经济落后、集体财力不足、救济失地农民众多的地区。

(一)政府加大财政投入

我国《宪法》第四十五条规定:"中华人民共和国公民在年老、疾病或者丧失劳动能力的情况下,有从国家和社会获得物质帮助的权利。国家发展为公民享受这些权利所需要的社会保险、社会救济和医疗卫生事业。"虽从字面意思看,失地农民不属于其中三类人群,但农民丧失赖以生存的土地,特别是在我国大部分农村还缺乏职业化教育时代背景下,他们在经济能力和技能方面成为一批新生弱势群体。遵循宪政精神,作为社会责任的承担者,国家理所应当为这群弱势群体提供所需的社会保险、社会救济和医疗卫生保障。另一方面,根据公共财政理论,收益或成本外溢程度较高的社会保险支出,应由政府提供最低保障。政府在土地国家化的背景下,土地的征收方与被征收方的失衡性,不仅体现于征收与否的决定权,而且体现于征收面积的大小、征收后补偿费方面。相对于微薄的土地补偿费,政府可取得高额的土地出让金。因此,在以政府为主导的城市扩展,而农民"失权"的过程中,政府要以"以人为本"的执政理念,负起失地农民社会保险金筹集的重责。

政府应在失地农民社会保险金中出资多少,一直是困扰专家学者和地方领导的大事。我们认为,这块出资部分应不低于保障资金总额30%,这块资金来源从土地出让金的留存部分和土地出让增值受益中提取、政府财政专项预算安排,建立失地农民养老保障制度的专项补贴基金。

(二)土地开发企业缴纳的社会保障费(税)

在土地开发过程中,开发商(企业)往往是最大利益获得者。一些地方政府为了发展地方经济,急于建立自己的政绩,往往有GDP增长的内在冲动,故意压低土地价格,低价转让土地给开发商,有不少开发商甚至与土地管理部门联合暗中定价,以谋取最大利益。而开发商把这些土地成片开发出来,修建高档商业区和住宅小区,往往获得丰厚利润。"涨价归公"的思想认为农村土地转用后带来的增值收益理应收归国有,理由是社会、经济发展导致土地自然增值,所以应该由社会共同占有这部分增值收益。然而,涨价事实上并未归公,土地转用后的巨额增值收益,大部分被中间商(如房地产开发商)或地方政府所获取,失地农民所得甚少。土地转用后的巨额增值收益不加以公平分配不符合社会正义原则。在目前城乡二元分割的体制下,应该把属于农民的土地转用"涨价"作为建立失地农民社会保障基金的主要来源。特别是针对非公共利益占用地,其受益单位应为失地农民办理失业、大病、养老等保险。此外,还应更多地应引入谈判机制,由用地单位和农民集体、农民自行谈判确定补偿安置费。

因此,我们认为,应当由开发商承担失地农民社会保障资金总额的60%。海南省政府为了保障失地农民的利益,在刚刚通过的新的土地征收补偿安置办法中,明文规定征地补偿安置费用应当包括社会保障费用。自2007年10月1日起施行的《海南省土地征收补偿安置管理办法》第九条规定:"征地补偿安置费用包括土地补偿费、安置补助费、青苗及地上附着物补偿费、拆迁补偿费和被征地农民社会保障费等。"第十五条:"因土地征收造成被征地农民失去生活来源和就业保障的,市、县、自治县人民政府应当按照有关规定和标准为被征地农民办理养老、医疗等社会保障,具体办法另行制定。"

(三)失地农民个人缴费部分社会保障费用

总体上应实行低缴费原则,失地农民个人承担部分不低于保障资金总额的10%,从征地安置补偿费中抵交。失地农民养老保险基金实行完全积累式基金管理,社会保险经办机构必须为每个参保失地农民建立个人账户,个人账户中的资金完全归失地农民个人所有,并按同期银行利率计息,在未达到退休年龄前不得提前支取,国家给予相关的税收优惠政策,失地农民可以通过养老保险个人账户实现和城镇农村养老保险的制度转换。

这种三方确定其比例承担责任的方式目前已经被证明过于单一,全国已普遍出现社会保险基金收不抵支现象。因此,拓宽筹资渠道是解决失地农民社会保险问题的首要任务。

(四)通过社会保险基金资本化筹集社会保险基金

根据一些国家的成功经验和社会保险基金管理和运营的改革趋势,社会保险基金资本化增值是社会保险基金的一个重要来源。如平均实际回报率最高的瑞典已高达13.5%,最低的日本也有4.9%。我国的社会保险基金在控制风险的前提下,有条件、有步骤、有限度地进入证券市场实现保值增值是非常必要的。

为此,劳动和社会保障部于 2002 年 12 月 13 日颁布了《全国社会保障基金投资管理暂行办法》,允许全国社会保障基金进入资本市场。这为我国社会保险基金提供了新的筹资渠道。当然,仅仅允许全国社会保障基金进入资本市场是很不够的。因为,相对于由省、自治区、直辖市社会保障机构掌握的社会保险基金,全国社会保障基金的规模要小得多。如果只允许全国社会保障基金"入市",而不允许地方社会保险基金"入市",那么,通过资本化来增加社会保险基金的设想将成为一句空话,没有什么实际意义。因此,国家应采取有效措施尽快允许地方社会保险基金进入资本市场。实际上已经有一些地方社会保险基金在"吃螃蟹"了。如金融街的第三大股东就是"北京市农村社会养老保险办公室";而天津港的第二大股东也是"社保局",第五大股东是"蛇口社保";金丰投资的第七大股东为"社保基金";东方热电第六大股东为上海市社会保险事业基金结算中心。这些均为地方社会保险基金。

(五)发行社会保险福利彩票等

从中国目前的情况看,发行社会保险福利彩票不失为一种有效的应急措施。有关机关可以根据社会保险基金的缺口情况,结合其他筹资渠道的筹资能力和现状,分次发行一定数额的社会保险福利彩票,筹集到的资金可用于支付由于社会保险体制转轨所增加的成本和因调整社会保险待遇所产生的基金缺口。

另外,农民自筹资金进入农民社保基金个人账户,采取量力而行、自愿存贮的方式,并给予一定利率上的优惠。

当然,如果通过其他渠道仍然无法筹集到足够的社会保险资金,还可以根据国力的承受能力,发行社会保险长期国债。

(六)可持续发展——开征社会保障税

可持续发展是中国跨世纪发展的重大战略选择。它是一种以自然界的持续发展为基础,以经济持续发展为任务,以社会持续发展为目标的新发展观。作为可持续发展战略的内在构成要求,社会保障可持续发展既属于经济可持续发展,但更主要的是属于社会可持续发展的范畴。国际经验表明,没有社会保障可持续发展,也就没有经济和社会持续发展。

社会保障可持续发展是一项复杂的系统工程,实现社会保障可持续发展需要具备许多条件,就我国当前情况而言,最重要的条件是社会保障可持续发展与经济可持续发展相协调、社会保障基金来源的可持续性和运行机制的逐步优化。

社会保障基金来源的可持续性。社会保障的实质是物质保障,而基金是社会保障的物质基础,所以基金来源问题是社会保障核心问题。从这种意义上说,社会保障是否能实现可持续发展,主要取决于基金来源的可持续发展,基金来源的可持续性包括相互联系的两个方面:一是拥有稳定的基金来源,并且能够保障社会成员的基本生活需求;二是基金数量逐步增长,并能实现保值增长。基金来源可持续性归根到底取决于经济实力的不断增强,取决于社保基金投运机制是否完善。目前制约我国社保基金来源可持续性因素很多,主要有:(1)社会保障支出越来越大,基金积累和支出速度已经超过了经济发展速度,尤其是随着老年人口迅猛增加,养老、医疗保障支出大幅度攀升,国家和企业都感到不堪负担。(2)社会保障覆盖面狭窄,参加社保基金统筹企业和个人不多,基金来源渠道不畅。(3)基金收缴缺乏刚性,有许多地方基金不能按时足额收缴,企业拖欠严重,从而严重地影响了基金的正常运转,有些地方甚至出现入不敷出的局面。(4)监督制衡机制不健全,基金挤占、挪用问题严重。就已查明的情况来看,1993 年全国有 51 亿元的社保基金被挪用,占基金总额 10%;1994 年 64 亿元的基金被挪用,占基金的15%。社保基金被挤占、挪用,造成了部分社保基金的流失或使基金处于高风险状态。(5)社保基金保值增值难以实现,贬值问题严重。

因此,开征社会保障税就成为必然的制度选择。开征社会保障税是世界上多数国家普遍采用的一种社会保障筹资方式。到目前为止,建立社会保障制度的150个国家中,有90多个国家开征了社会保障税。在德国、瑞士、巴西等国,从社会保障税课征的绝对数额来看,均已成为该国的头号税种。

1. 发达国家的社会保障税

美国的社会保障税是1935年开征的,当时称薪给税(Payroll Tax),后来又增加了铁路公司员工退职税、联邦失业税和个体业主税。但薪给税仍是美国社会保障税体系中的最大税种。

①纳税人。为雇主和雇员。但联邦失业税仅由雇主缴纳。

②课税对象。分别为雇主全年给每个雇员的薪俸、工资和雇员全年领取的薪俸、工资(包括奖金、手续费和实物工资)。没有减免扣除,但规定了课税上限,超过部分不再征税。

③税率。按项目实行差别比例税率,现行税率为15.3%,由雇主和雇员各负担一半(即7.65%)。

④税收征管。实行源泉扣缴法。即雇员的薪给税由雇主代扣代缴。每个季度终了后的下月最后一天前,由雇主把自己和雇员的薪给税一并申报缴纳;自雇人员自行申报缴纳。

⑤对社会保障税收入的管理和使用。联邦政府财政总预算设信托基金专户,对社会保障税收入进行专户管理。信托基金只能用于社会养老保险、伤残保险、医疗保险等方面的支出。社会保障基金的结余部分可用作国债投资,其利息收入用来满足未来的社会保障。但是社会保障基金的使用有严格的监督程序,每年都由

联邦政府发布信托基金报告,向纳税人公布信托基金的年度收支及未来 75 年的预测情况,以使纳税人了解退休后能享受到保障基金的程度,从而积极缴纳社会保障税。

社会保障税在英国称国民保障税(National Security Contribution),由四部分组成:

①对雇主征收的保障税。其课税对象为雇主向雇员发放的工资额。税率为幅度比例税率,即:月工资 62—110 英镑的,税率为 3%;111—155 英镑的,税率为 5%;156—210 英镑的,税率为 7%;210 英镑以上的,税率为 10%。如公司本身有养老金计划的,税率可适当降低。

②对雇员征收的保障税。课税对象为雇员的月收入额。其中月收入在 62 英镑以下的免税;收入为 62—210 英镑的按 10% 征税;超过 210 英镑的部分,也可免税。但若雇员享受公司的其他福利,将视为应税收入征税。

③对自雇者,每月需缴 7.15 英镑基本保险金,另外要对其经营利润征税。这样便可取得享受除待业津贴之外的所有社会保障的资格。

④自愿缴税。针对无工作的人,如果本人愿意,可每月缴纳 7.05 英镑的基本保障金,以取得享受相关社会保障的资格。

英国社会保障税的税率不是确定后就一成不变的,而是根据每年的现实支出情况进行调整。一般情况下,社会保障税由国内收入署(税务局)负责征收。

2. 发展中国家的社会保障税

巴西是拉美国家中开征社会保障税较早的国家,其社会保障税的征管及占税收入的比重都接近了发达国家,是本国第一大税种。巴西的社会保障税也由雇主和雇员按比例共同负担。税法规定:雇员支付的社会保障税按照月薪计征,或是按临时工作上个月的所有工资计算,并且可在计征个人所得税时作为税前抵扣项目。而雇主缴纳部分,也可计入公司费用。税率则分别为 8.5% 和 10%,加上其他津贴和险种,雇主的负担率可达到 20% 以上。巴西的社会保障税,主要由社会保障资金管理局负责征收并进行统一管理。

3. 我国社会保障税的制度构架

(1)我国社会保障税应采取"分项纳税,专税专用","中央统筹和地方分税分用相结合"的方式。具体来说,我国社会保障税在城市开征四个项目的税,即养老、医疗、失业、工伤,在农村开征两个项目的税,即养老和医疗。养老保险税由中央税与地方税组成,中央税的税制由中央制定,相应养老金支付额由中央制定,收支标准全国统一,全民共享。地方税的税制和相应养老金支付额由地方决定,中央税和地方税两税统一征收,统一支付,分管分用。

医疗、失业和工伤保险税由省级政府决定其税制,但与养老保障税统一征管,分税分用。养老保险和医疗保险现在的"个人和统筹两个账户"合二为一,即取消个人账户,实行一个账户。

这样,养老保险税在一定程度上实现了发达地区向落后地区、城市向农村的转移支付,同时兼顾了地区之间基本生活水平的差异,公平与效率兼顾。开征城乡统一的社会保障税将为促进城乡之间和地区之间协调发展以及社会主义市场经济有效运行提供一个有效的制度平台。

(2)社会保障税的课税范围。社会保障税的课税范围通常是参加本国社会保险,并存在雇佣关系的雇主和雇员在本国支付和取得的工资、薪金及不存在雇佣关系的自营业主的所得。雇主和雇员的纳税义务一般以境内就业为标准,即凡在征税国境内就业的雇主和雇员,不论国籍和居住地何在,都必须在该国承担社会保险纳税义务。而对于本国居民为本国居民雇主雇佣但在国外工作取得的工资、薪金,除个别国家外一般不列入课税范围。

（3）社会保障税的课税对象。与社会保障税的课税范围相适应,其课税对象主要是雇主支付的工资薪金额、雇员取得的工薪收入额及自营业主的事业纯收益额。在具体实施中,尽管各国社会保障税的模式不同,课税对象规定有所差异,但其基本内容是相同的。一是课税对象不包括纳税人工资薪金以外的其他收入,即不包括由雇主和雇员工资薪金以外的投资所得、资本利得等所得项目,但作为税基的工资薪金既包括由雇主支付的现金,还包括具有工资薪金性质的实物性及其他等价物的收入。二是应税工资薪金通常规定最高限额,超过部分不缴纳社会保险税。三是一般不规定个人宽免额和扣除额。因为社会保险税实行专税专用原则,筹集的保险基金将全部返还给纳税人。

三、失地农民社会保险资金的营运

社会保险基金是一笔庞大的社会资源,它所承担的巨大责任以及支出上的刚性增长特点,都需要我们重视社会保险基金的保值增值。特别是物价上涨、人口寿命延长、待遇不断攀升等因素,迫使社会保险基金要利用各种途径,最大可能地提高运营效率,使基金不仅能够抵御不断增长的支付压力,而且能够保持健康稳定的增长。在坚持安全性、赢利性、流动性原则的前提下,借鉴外国养老保险基金投资的经验,结合中国当前社会投资的环境,社会保险基金的投资组合,包括近期和中远期设想。近期投资方案应以购买国家发行的各类债券和银行储蓄为主,开始试点参与资本市场、信贷市场、房地产市场及产业市场投资,在取得经验的基础上全面铺开;中长期投资方案应根据资金积累的程度和资金支付情况采取不同的投资方式、对象和不同的比例,在"低风险、高收益、高流动"的原则指导下来选择有效的投资组合。

(一)近期社会养老保险基金的投资方向的选择

1. 银行储蓄存款

这种投资方式最大的特点是无风险,具有完全的资产流动性,符合当前国家规定的政策,即社会保险基金只能存入银行,取得与城乡居民储蓄存款利率相等的利息。但投资的收益率太低,难以抵消通货膨胀贬值的影响。其收益率都是负值,连保值也难以实现,更谈不上增值了。为了存入银行的利率达到保值作用,国家可在政策上采取以下措施:一是对存入银行的社会保险基金给予保值补贴加上一定增值补贴;二是国家严格控制物价上涨和通货膨胀的幅度;三是由现行单利计算方式改为复利计算方式。国家如能做到这一点,不失为一种有效的投资方式。从保险的管理机构来说,在投资银行存款时,根据资金的周期情况选择最佳存期。据专家计算,中国现行存款利率以三年期存款利率最佳;其次及时结算存入银行流转的天数,基金在银行结算户的流转天数越少,说明转存越及时,增值效果更好。与此同时,进行基金边收缴边转存,就会提升银行的存款利率。

2. 购买国家发行的各种债券

国家发行的各种债券包括国库券、国家建设债券、金融债券、重点建设的企业债券、地方企业债券、财政债券和基本建设债券等。购买国家有价证券的优点是有国家财政、银行做后盾,安全性强,有较强变现能力,当急需用款时可以在金融市场变现,具有较强的流动性;可获得固定的、高于银行存款率的利息,有较高的收益。就目前在我国来讲,不失为社会保险机构较为理想的投资形式。七种国家发行的各种债券,由于种类、期限不同,其利率也是不同的。这要求社会保险机构的实际操作者在投资运营过程中,要充分认真地分析预测,然后选择投资对象,也许会取得较好的效果。为使社会保险基金保值增值,建议在现有国家发行各种债券的基础上,对国家规定购买的特种定向债券实行特殊的浮动费率,即利率每年随物价的波动作相应调整;或者利率实行双累进,即期限的累进和物价指数挂钩,使它实际的利率永久不为负值;发行的期限要灵活多样,除了发行长期特种债券外,还要发行多种短期债券、特种公债上市,贴现要有一些特殊政策,以便急需支付时,通过债券市场或财政、金融机构等债券贴现。

3. 委托金融机构的短期贷款

这主要是指社会保险管理机构委托国家金融机构,包括人民银行或商业银行进行投资。其优点是:银行作为金融机构,有长期投资贷款的经验,能把握基金投资对象,有一定的权威性,能保证贷出的资金安全回收,贷款的利率也比较高,因此也不失为一种较好的投资去向。为了保证贷款的安全性,可以采取再保险的办法,即对风险投资的回报率进行担保。此外,近期还可以开展对私营企业股票投资、房地产开发投资,直接对外贷款投资的试点工作,在取得经验的基础上逐步推广。

4. 投资基金

投资基金是一种大众化的信托投资工具,它由基金公司或其他发起人向投资者发行受益凭证,将大众手中零散资金集中起来,委托具有专业知识和投资经验的专家进行管理运作,并由良好信誉的金融机构充当所募集资金的信托人或保管人。基金经理人将通过多样化投资组合,努力降低风险,谋求资金长期、稳定的增值。投资基金的特点是:第一,集合小额投资资金。其方式是,将零散资金汇集起来,交由专业经理人投资于各种金融工具,如股票、债券、可转换债券及认股权证等,以谋取资产的增值。第二,专业化管理。规范化的基金须由三个要素构成:投资人、信托人、经理人。投资人即资金的实际所有者;信托人为基金的名义持有者(负责基金资产的保管,如银行或其他信托投资公司);经理人则是由各类投资专家组成的基金管理公司,负责基金的投资运作。投资人将资金集中起来组合成基金交给信托人保管。再由经理人去经营。单位信托基金在信托契约中均明确规定,基金必须由另一家独立信托公司持有和保管,将经营和保管严格分开。经理人对基金有支配使用权,而基金的保管权却掌握在信托人手中,信托人和经理人之间存在互相配合又互相制约和监督的关系,这样可以从根本上保证投资者利益。在投资人、信托人、经理人之间的三角组合中,经理人作用最为重要,因为基金的投资回报完全取决于经理人的业绩。第三,分散投资风险。在投资中风险和收益成正比。基金投资可凭借其雄厚的资金,进行科学的投资组合,以达到避免"非系统风险"的目的。第四,流动性强。投资基金是一种变现性能良好、流动性较强的投资工具,如封闭型基金的转让一般在证券交易所进行,投资者通过证券进行竞价买卖,其程序与买卖股票相同。第五,便于境外投资者。基金是境外投资者间接投资于异地证券市场的理想中介。

(二)中长期社会养老保险基金参与金融市场的投资方案

1. 建立社会保险银行直接对外投资

是指社会保险机构成立专业银行投资,是社会保险基金投资的载体,如政府授权社会保险银行具有金融机构的职能,它本身就拥有对外贷款的权限,但又不同于金融机构,它的盈利要纳入保险基金。社会保险银行是经营企业,除了必须认真贯彻政府有关社会保险的各项方针政策外,还有承担信用活动的任务,其本身也应实行自主经营、自负盈亏,国家可以给予免征营业税、所得税及其他的税种,所得利润应按规定的章程充实保险基金,以增强资金的实力,其投资办法可以有两种选择:一是自行对外投资;二是委托其他金融机构进行贷款。采取后者形式,社会保险机构对中介组织在他们经营时不指定投资范围和对象,由金融机构全权经营,委托人除规定的利益外,还拥有最终分享利润的权利。为了保证投资的方向性,社会保险机构还可以对其有约束力。

2. 直接投资生产或流通领域

这是指社会保险专门机构利用养老保险基金积累的长期较稳定的特点进行资本投资,以期望取得投资的收益。其增值率一般高于银行存款利率,但存在投资风险,为确保投资的安全性,在管理和技术操作上需要有专门机构负责对养老保险基金的投资项目。实际操作应选择流通性好、变现快的短期项目或者效益好、稳定安全的中长期项目。其原则首先是保值,争取增值,力避风险过大的投资项目;二是采取分散化、多元化投资的策略;三是间接投资为主,直接投资为辅;四是委托银行的信贷机构投资。但投资对象的选择最好是公益事业的实体,如与社会保险福利项目相结合,投资于医院建设、医疗保险设施,与国家有关部门共同投资国家短期的产业或国家垄断性行业,如铁路、航空、高速公路、水电能源、信息和通信设施等等。此外,投资要积极支持大中型企业的经营机制的转换和现代企业制度的建立,包括挖潜、革新、改造等技术革新,实行内涵扩大再生产。

3. 不动产投资

这是指社会保险专业机构投资房地产。房地产投资在国外是一种很有前途的开发产业。在我国,随着人民生活水平的提高和对住宅的需求,特别是住宅本身就是福利项目,应成为社会保险基金增值的手段之一。社会保险专门机构可以作为联营机构参与房地产的经营,各级政府在土地使用上应给予一定优惠,以尽可能降低建造住宅的成本。

4. 购买企业债券

企业债券是一种按期取得固定利息并到期收回的债务凭证。对于公司股票和债券,由于我国证券市场尚不十分成熟,投资风险大,当前尚不宜涉足。但从发展趋势看,社会保险基金将成为主要法人的持股机构,也是经济学家认为最能抵制通货膨胀与资产贬值的投资方式之一。其优点是利息率比较高,流动性强,缺点是没有政府、财政、银行作后盾,风险比较大。为了投资的可靠性,可通过一些途径与方法,对此类企业的资金偿还能力、现有的经济效益作详细的调查分析,然后作出决策,或者选择那些有担保、有信誉的企业,力争获得较大的收益,但其中有许多操作性技术,应注意的是对行业企业债券的选择,即采取分散风险的策略,如购买金融性公司债券就优于生产性、商业性公司;购买国有大中型骨干企业股票就优于私营企业;另外还要从地域和时间上分散风险。总之,"鸡蛋不要放在一个篮子里"。决策者要善于认识风险,分散风险,这取决于投资者的知识、经验和胆量和所能运用的巧妙投资策略。无论是近期投资目标还是远期投资目标,都要重视投资方向、投资科学组合的研究,其目的是处理好利益与风险的关系。换句话说,是根据各类投资方式在一定时期内的收益率及其稳定性,寻找出一组收益率较高且稳定性较好的投资组合。总的来讲,养老保险基金的投资,资金要适当地集中,目的是为了决策机构能较好地统筹安排;分散使用的目的是保证基金的安全,降低风险。没有资金的集中管理和分散使用,投资方向的选择和投资的科学组合就难以达到。

至于以上各种投资的比例,根据国际劳工组织提供的材料,允许基金投资运营的国家的基金投资的比例一般是:公司股票和不动产占60%,公司债券占17%,政府债券占6%,短期贷款占3%,有担保的贷款占14%,但这些比例应根据我国各省的经济发展、资金市场和管理能力来确定。

(三)搞好社会保险基金营运的配套措施

为适应社会主义市场经济的运行,促进社会保险基金健康发展,应采取以下几项措施:

1. 制定科学的社会保险基金运营法规

在市场体制下,要使社会保险基金的投资运营和保值增值走上法律化、规范化道路,必须以相应的法律、法规为依据。立法、立规是行为的前提,否则将无法可依,束缚投资者的手脚,或者是产生不规范行为。因此建议在制定《社会保险基金投资法》中应对投资的一系列问题作出明确规定,内容应包括:投资机构的主体、投资原则、投资方向、投资权限、可用于投资的比例、入市基金的筹措、运营机构的市场准入制度及收益程度、风险管理、奖惩办法、管理质量评价等。

2. 改革和完善现行的社会保险基金的投资管理体制

养老保险基金保值增值的主要途径是使它与社会资金融通,以达到增值的目的,因此应由政府的职能机构依法管理:其一是理顺管理体制,明确各组织部门之间管事与管钱职能的分工,各司其职,相互协调,相互配合,共同运用好基金。其二,按照资金所属范围做好投资预测,完善财务管理制度,制止侵占、挪用基金的现象发生。其三,强化投资营运,当前养老保险基金仅局限于市、县级,个别省级统筹,在利益机制的制约下投资的方向乱而效果差,因而要进行清理。如果没有按国家法规投资范围的项目,要限期收回返还给基金,对不依法投资造成损失收不回来的,要追究当事人的责任。自此以后按照法规的规定进行投资。其四,组建专门进行社会保险基金运营的投资公司,名称可定为"社会保险基金管理公司"或"委员会",配备专职人员负责此项工作,同时接受政府有关部门的业务指导;负责研究社会保险基金的保值增值有关问题,包括选择基金经营者,立项调查、投资咨询的选择,依据国家产业政策宏观经济导向,确定投资方向,进行组合投资审批效益评估等,防止对保险基金管理的多中心和资金用途过多。其五,从实际出发逐步形成统一的社会保险基金投资制度,建立和完善能够"一低二高"的基金运行机制,加强社会保险基金营运的监督。

3. 加强社会保险基金营运的定量研究和投资预测的分析

我国社会保险实行多层次的保险制度和部分积累制后,基金的积累已具有一定规模。巨额资金如何运用,有一个投资量的规定及投资预测:一是加强定量研究,通过对一定时期的就业情况、工资水平、社会保险收缴率、财政承受能力、价格、利率等因素综合分析,对社会保险基金的筹集、使用、积累和投资以及发展趋势作出科学的预测。二是对投资总量的控制。中国社会保险各项基金目前尚未纳入财政预,也未实行专门预算管理,个别地方也有部分纳入财政专户的,但缺乏有效监督,因此必须建立社会保险基金的预决算制度,对其实行总量的控制。三是制定有关基金保值增值的投资计划,做好立项前可行性调查和科学分析,慎重选择技术上合理、经济上合格、期限短、风险小的基金投向,避免基金的贬值和损失。四是建立大额基金动用上报审批制度,从根本上消除当地政府和部门随意挪用和借用基金的无序行为。

第二节　失地农民社会养老保险基金风险与监管

一、社会养老保险基金风险的基本含义和风险来源

（一）社会养老保险基金风险的基本含义

李珍教授认为,所谓社会养老保险基金风险,是指政府在对社会养老保险制度作出正式制度安排时,由制度环境变量、制度设计缺陷与制度实施缺少效率等因素所产生的对社会养老保险基金本身施加的风险影响,表现为预期效果与实际效果的负差距。这些风险可以集中表现为两个方面:由社会养老保险基金收支不平衡所引发的对整个社会养老保险制度的信任危机,迫使制度变迁。可见,对社会养老保险基金体系进行风险分析,既是保证基金共需平衡、基金增值保值和基金合理给付的重要理论研究与实践管理内容,又是提高基金管理水平的重要工具。①

（二）社会养老保险基金的主要风险来源

1. 地方政府官员的"理性行为"导致的风险

当社会保险基金的管理人和资产管理人的利益与养老基金成员的利益不一致时,代理风险就产生了。与长期投资期限相联系的复杂投资组合策略、养老基金管理人和养老金领取成员之间的信息不对称,以及许多养老金领取人员在法律和金融经验上的不成熟,这些因素为社会保险基金管理的低能力、低效率和徇私舞弊创造了空间。尼斯坎南曾经指出,"可以进入官僚的效用函数中的几个变量有如下几个:薪水、职务、津贴、各个声誉、权力、任免

---

① 李珍:《中国社会养老保险基金管理体制选择》,人民出版社2005年版,第184页。

权、局的产出、易于更迭与易于管理局机构"。① 作为社会保险基金二级代理人，地方政府代表中央政府行使准公共产品的职责，而地方官员具有追求个人效用最大化的倾向，这一点类似于私人企业经理的地位：他们都不能够从追求效率中得到好处，只好转而追求效率以外的东西。而在我国现行公务员工资制度中，薪水、津贴等又不是太高，"内部人控制"以及"权力寻租"等就成为可能。

"寻租"赖以存在的前提是官员权力对正常政治活动的介入，是"看不见的脚"对公共权力的践踏。某些官员通过非法努力，借助已经获得的对社会保险基金管理的垄断权力，获取高额"垄断利润"——如果还可以称作利润的话。从广东、上海等各地暴露出的数个社会保险基金管理机构官员腐败案例可以看出，该种制度环境风险对社会保险基金的完整性危害较大。国外也有许多这样的案例，例如英国的"马克斯韦尔"（Maxwell Affair）事件，在 20 世纪 60 年代末美国发生的有组织的犯罪集团对工会养老基金的转移，这些事件都使代理风险成为人们关注的焦点。

2. 人口老龄化带来的基金支出可持续性风险

人口老龄化是指老年人口比重不断上升的一个过程，当老龄人口的比重达到一定比例的时候，人口结构就进入老龄化人口结构。2000 年，中国 65 岁以上的老年人口比重突破总人口的 7%，已经进入老龄化国家的行列。以重庆为例，重庆市人口老龄化程度全国排名第六。据了解，重庆市目前有六十岁以上的老年人口超过 400 万，占全市人口 11% 以上。重庆市 1994 年底进入人口老龄化社会，比全国提早 5 年，是西部地区第一个进入老龄社会的城市，也是老龄化程度最高的城市。2005 年年底，全市年满 60 周岁

---

① 转引自文建东：《公共选择学派》，武汉大学出版社 1996 年版，第 126 页。

及以上老年人已达 429.8 万余人,占总人口的 14%,其中 80 周岁以上高龄老人 47 万余人,占 11%。

值得一提的是,全市 40 个区县(自治县、市)进入老龄社会的时间差距很大。早在 1978 年,渝中区第一个"迈进"老龄社会,而目前相对"年轻"的城口县将在 2008 年最后一个踏入老龄社会门槛。到 2036 年,四个重庆人中就有一个是老人。根据市老龄委的介绍,2036 年将是重庆人口老龄化的最高峰值年,全市老年人口将突破 900 万,占总人口的 25% 以上。由于社会保险和医疗保险覆盖面小,老有所养、老有所医问题将越来越突出。

据市老龄委介绍,重庆市自 20 世纪 90 年代初开始,进入老龄门槛的人每年净增 10 万左右。这样的增长趋势一直要持续到 2009 年。

从 2010 年到 2040 年,人口老龄化将出现两个高峰期。在 1950—1958 年和 1963—1976 年两个生育高峰期出生的人口,将在 2010 年后相继进入老年人行列。第一个高峰期将出现在 2010 年到 2018 年,在这 9 年里,全市老龄人口将增加 150 万;第二个高峰期在 2023 年到 2036 年,在这 14 年里,老年人口将增加 340 多万。

然而,目前,社会保险的覆盖面只占全市人口的 17%,绝大多数农村和其他城镇人员尚在社保体系外。全市企业退休人员的养老金和农村"五保老人"的供养低于全国平均水平。此外,医疗保险覆盖面小,城市职工参加医疗保险的仅占 8.6%,农村仅占 1.3%,老年人因病致贫、因病返贫的问题较为突出。2007 年 1 月 1 日,重庆市政府在全市农村推行最低生活保障制度。

对上百万失地农民来讲,如前文所述,参加商业养老保险的仅仅占 10% 左右,绝大多数还没有参加任何保险。而重庆广大农村,自然经济依然占据统治地位,农民致富增收十分困难,一旦失去土地,就几乎一无所有了。许多青年失地农民就到广东沿海打工去了,留下的大多数是60岁以上的老头老太婆。他们一辈子也没有积累下什么财富,政府为他们建立的社会养老基金就是他们的养命钱。从制度结构来看,老龄化的失地农民群体对养老保险制度的巨大需求与现存残缺的社会养老保险制度之间存在着巨大的需求矛盾。一些区县在"地方管理、地方统筹"的基础上出现部分地区社会养老保险基金收不抵支的状况,个别地区未能真正建立社会养老保险金随物价或者工资增长率的指数调整机制,缺乏应有的弹性,由此产生外生风险。

还有,参加社会保险的失地农民已经死亡,但是社会保险经办机构并未及时获得信息,可能存在"信息时滞",在一段时间内有可能发生由他人代领的现象。可见,在社会保险金给付的过程中,经办机构处于信息劣势的一方,而个人处于信息优势的一方,信息优势方可能会利用自己的信息优势获得在双方博弈中的主动地位。如果经办机构有资金的预算约束却没有有效的激励机制来管控道德风险和逆向选择,在很多时候就可能耗费较大的交易成本,更多的时候是无能为力,结果导致社会保险基金支付的不可持续性。

3. 法制环境风险

养老保险基金监管涉及各方利益,为了保障基金监管有章可循,国家高度重视相关法律法规的建设,取得了很大成绩,基本建立了涵盖各方面的法律法规体系,主要有《保险法》、《信托法》、《证券法》、《证券投资基金法》、《商业银行法》、《社会保险基金监督举报工作管理办法》、《社会保险基金行政监督办法》、《全国社会保障基金投资管理暂行办法》、《企业年金试行办法》、《劳动和社会保障部、财政部、信息产业部、中国人民银行、审计署、国家税务总局、国家邮政局关于加强社会保障基金监督管理工作的通知》等。所有这些法律法规的颁布实施都为社会保障基金监管部门有效履行权力提供了法律上的保障。

问题在于,我国虽然出台了一系列社会保障相关的法律法规,但是仍然没有一部关于社会保障的统一法典,或者是针对某一问题较为全面的法律规章。比如针对养老基金投资,虽然颁布了许多相关法规,但是仍没有一个系统的具有较高法律效力的法律文本。在国外,美国早在 1935 年就颁布了《社会保障法》,作为较为完备的社会保障法典。另外,在补充养老保险方面,美国 1974 年通过的《雇员退休收入保障法》(ERISA)对涉及的相关问题作了详尽完备的阐述。可见,我国的法律制度建设相对滞后,不利于社会保障制度的健康发展。

另外,现行投资模式下也存在着投资风险。一般说来,投资风险主要来自通货膨胀风险,国家政治、经济政策不稳定的风险,经济周期造成的投资风险、利率风险、购买力风险等风险。

由此可见,养老基金的风险是客观存在的,来源是多方面的,加强社会保险基金投资监管就成为养老体系监管的基本内容之一。养老基金投资资产是养老基金资产的基本部分,而养老基金资产管理与养老基金负债管理紧密相关,因此还与养老基金的负债监管有关,并且与养老基金的受益人利益保护这一主题密切关联。郑木清指出,包括养老基金投资监管在内的养老基金监管的整体目标是:安全、效率、透明和公平。[1]

---

[1]　郑木清:《养老基金投资监管立法研究》,中国法制出版社 2005 年版,第 31 页。

二、我国社会保险基金监管存在的问题

我国现行的养老保险基金监管制度是以行政监管为核心、审计监管和社会监管为补充的三位一体的养老保险监管体系。这种监管体系，在一定程度上对于规范、管理和使用养老保险基金起到了非常重要的作用。但是，从实践操作来看，我国现行养老基金监管制度的局限性主要体现在以下几个方面：

（一）缺乏统一规划，重复监管现象严重

首先，"三方"监管的主管部门缺乏统一规划，相互协调较差，经常会出现一个地区、一个项目刚刚由一个监管部门检查完毕，另一个监管部门又开始检查。这种各自为战、重复监管现象，不仅造成了社会资源的极大浪费，而且严重干扰了被检查者的日常工作。其次，在实际监管工作中，"三方"监管部门对于监管的范围、内容、重点、所查出的违纪违规问题、先进的监管理念和监管方式等监管信息不能充分交流和共享，致使养老基金监管逐渐陷入孤军作战、流于形式的怪圈之中。再次，我国养老基金的监管缺乏有效的风险监测、评价、预警和防范系统，没有实现非现场监管和现场检查的有效结合，导致监管缺乏规范化和系统化。

（二）监管人员综合素质不高，难以保证监管质量

目前，我国养老基金监管人员的综合素质较低。就行政监管而言，监管人员基本是兼职的，对于养老基金方面的业务知识知之甚少，加之养老基金管理日常工作量大，致使行政监管或是"蜻蜓点水"，或是仅做表面文章，实质性效果不甚明显。就审计监管而言，年复一年的审计任务，使得审计人员们筋疲力尽，他们没有更多的时间去提高自己，要想在规定的时间内，高质量地完成审计任务实在是勉为其难。就社会监管而言，据查，各地的社会保障监督

管理委员会只是个"虚设"机构,其组成人员多数由身居高位的政府官员组成,具体从事实际监管业务人员仅有几人——多数是政府机构改革分流下来的,其管理水平可想而知。可见,无论是行政监管、审计监管还是社会监管,由于监管人员素质不高,严重影响了我国养老基金监管质量和监管效率;由于缺乏专业的监管人才,很难满足全方位监管的客观需求,从而影响了监管的有效性和权威性。

(三)监管立法滞后,难以保证规范有序监管

从我国现已颁布的有关社会保障方面的法律、法规来看,还难以涵盖社会保障的全部,存在着监管的法律"真空"。原来制定的单一条例、规章,已经不能完全适应现行社会保障体系的客观要求,也难以发挥其应有的法律效力。尤其是与养老保险基金监管有关的立法,以及相应的法律法规,也处在不断改进、修正的过程之中。如对于基金管理公司,缺乏科学有效的监管和市场退出等方面的法律规范等,这在一定程度上增加了社会养老保险基金管理、使用的不确定性和风险性。

(四)信息化建设滞后,监管效率不高

首先,我国的社会保障部门还没有形成一套完善、通用性强的社会保障信息化操作系统,致使社保、地税、财政等部门之间有关财务数据、信息传递缓慢;各部门之间的对账制度尚未有效地建立起来,因而常常会出现同样一个数据,三家差别较大,甚至连养老保险个人账户对账单也无法及时、准确地打印公布。其次,我国还没有建立起养老保险基金统一监管的信息库,有关的计算机软件十分缺乏,现行使用的软件有着较大的局限性;加上社会保障体系涵盖的内容广泛,如果不及时调整监管战略,增强监管的有效性,势必会影响养老基金制度改革的顺利进行。

三、我国社会保险基金监管制度建设

(一)社会保险基金监管的基本原则

对社会保险基金实施有效监管,非常必要:第一,社会保险基金是老百姓的"养命钱"、"救命钱",目前我国社保基金规模已相当庞大,它涉及亿万群众的切身利益,因此基金是否健康成长,直接关系到社会的稳定与安全。第二,运营特点的需要。社会保险基金的运营,尤其是在投资过程中,存在着广泛的委托代理关系,在信息不对称的情况下,需要有效的监管机制来制止因为代理人的道德风险而可能造成的伤害,最大限度地维护基金安全。加强监管,有利于社会保险基金的保值增值。通过对基金有效监管,可确保基金安全,促进基金经办和运营机构建立良好的基金运营结构和信息反馈体系,改善管理方式和运营环境,合理配置基金资源,稳步提高投资效益,实现保值增值的目标。

社会保险基金监管,涉及收、支、管、投等各个环节,只有全过程的跟踪监管,才能保证资金的安全。在众多原则中,我们认为应当坚持两个基本原则。

1. 法制性原则

所谓法制性原则是指社会保障基金监管主体利用法律手段来监管社会保险经办机构和社会保障基金管理服务机构的业务。这主要体现在以下三个方面:一是用法律形式确定被监管对象的权利、义务,以及社会保障基金收支和投资运营的行为标准,监管社会保障基金各委托管理单位依法行使权利、履行义务。二是用法律形式确定监管机构的法律地位、监管权威与监管职责,以法律形式确定监管的行为标准和管理办法,使社会保障基金监管工作的执行有法可依。三是用法律形式确定监管机构与其他机构之间的

关系,主要涉及政策制定部门、中介机构、国内外相关机构,确定这些机构在社会保障基金监管中的地位、职责以及权利和义务等法律关系。法制性监管原则的确定,使社会保障基金的监管具有严肃性、强制性和权威性的特点,从而保障社会保障基金监管的有效、顺利执行。

2. 审慎性原则

关于社会保险基金投资组合监管规则的大量理论研究和实践表明,在具备必要条件的情况下,如英美发达国家,审慎规则和数量限制规则相比较而言,具有较强的降低投资风险和增进投资回报率的作用。并且,当前社会保险基金投资的时代趋势是,越来越多的国家积极倾向于由实行数量限制规则转向为审慎性规则。

审慎性原则是指社会保障基金监管机构必须进行审慎监管,其主要包括审慎地批准社会保障基金投资管理人、基金托管人、账户管理人等社会保障基金管理服务机构的市场准入与退出,审慎地定论和处理问题,监管工作做到松紧适度,既要给予经营社会保障基金的管理服务机构以适当的政策指导,又要防范社会保障基金经营的各种风险,防患于未然。依据审慎性原则,社会保障基金的监管重心,应该放在为经办机构和基金管理服务机构的规范管理和运营创造适度的竞争环境和防范经营风险的发生上。

(二)社会保险基金的监管手段

1. 完善法律监督的制度建设

从总体上看,中国的社会保障立法相当落后,难以有效地保证现有社会保障基金监管制度的全面实施。中国虽然在宪法中已经明确规定了社会保障监管的重要性,但在社会保障法和社会保障管理法方面的社会保障法律法规体系还不够健全。目前,基金监管中主要依靠行政手段,不仅使监管缺乏应有的权威性与规范性,而且会导致有法不依、执法不严，最终的结果是监管弱化。权威的、操作性强的监管法律法规能够更好地促使基金监管部门从消极监管走向积极监管。因此，必须加快中国的社会保障基金监管的立法进程。一是要制定《社会保障法》，使其与《会计法》、《审计法》联手，如果在某些关键环节实施会计监督以及审计监督受到阻碍时，可以采取必要的司法介入，在社会保障及其最低生活保障方面发挥内外共同监管的效应。该法律中应该贯彻宪法中的社会保障基本原则，对我国社会保障事业发展的目标、立法原则、实施范围、实施模式、实现途径等基本问题作出明确规定。在此基础上，对现行的各种社会保障制度单项条例进行修改，使之上升为社会保障单项法规。二是要加快制定《社会保险法》和《社保基金监督管理条例》，以对社保基金实施有效监管。

2. 加强财务监督，严格信息披露制度建设

在对社会保险基金的收支进行严格的会计审计和税务监督的同时，各个国家都要求对社会保险基金账目实行外部审计，尽管外部审计的范围和质量在各个国家之间差别很大。在欠发达的法律和制度环境中，外部审计并不能够对社会保险基金状况提供独立和客观的评估，而审计师的法律责任是不明确的，也是难以执行的。相反，在法律制度健全的国家，外部审计却成为监管的最主要的工具。

同时，社会保险基金面临的风险越大，基金管理人与被保险人共享信息的重要性就越强。被保险人有权获得有关信息的要求，如既得收益权、基金积累、基金投资、基金财务和基金收益等方面的信息等，并且一经提出就有权利立即获得其相关信息。信息披露要求被认为是金融体系各个部门监管的不可或缺的重要组成部分，不过社会保险基金是否受到了监管机构的严格监管，社会保险

基金行政管理人都必须向被保险人和受益人提供充分的信息。

3. 基金运作与基金监管分离,内外监控相结合

基金监管部门必须真正独立于基金运作的其他各个职能部门,具有超脱的地位,独立行使监管权,才能够保证监管职能在客观公正的环境下,有效行使其监管职责。这是保证社会保险基金市场参与各方正当权益的必然要求,同时也是保证参与社会保险基金投资和相关活动的机会的公平性的必然要求。

同时,要做到内部稽查与外部监督结合。社会保障基金的管理运营涉及许多领域,主要有财政部门、审计部门、证监会、银监会等。它们较强的专业性,保证了监督质量。在充分发挥社会保险基金管理运营机构的内部审计职责外,还要建立职权明确、职务分离、相互制约的岗位设置以及基金征缴、拨付、运作的管理制度。在外部监督方面,要发挥政府代表、被保险人代表、单位、工会代表等组成的基金监督委员会的监督功能,人大代表、政协委员的监督、舆论监督等其他监督同样不可缺少。

当前,我国社会保障基金已全面纳入财政专户,实行收支两条线管理,此举为防止保障基金被挤占挪用、保障其安全起到了至关重要的作用。当前的基金基本上都存放于银行,由银行提供一定的优惠利率实现其保值增值。但在银行利率较低的情况下,容易受到通货膨胀的影响,无法满足人民群众的社会保障需要。建议目前社会保障基金的一部分存入银行,以保证其流动性、随时支付的需要;结余部分宜由中央政府掌握投向,除按照规定投资于国家发行的债券外,应当积极探索更有效的投资方式,如投资于效益高、收益稳定的公共工程和公益设施的建设等,以求得最大利益。当然,结余部分增值或亏损情况应定期向社会公布,接受人大和社会公众的监督。

4. 加速信息化建设,实现科学高效监管

首先,建立劳动保障、财政、税务、企业和银行之间统一规范的信息管理系统,以提高管理水平。统一规范的信息管理系统,有助于各项日常、基础性工作的开展,保证各项统计指标的准确性,同时为政府制定政策提供准确的信息资料。其次,建立社会养老保险数据库和信息传输系统,完善信息披露制度,包括职工数据库、离退休人员数据库、欠费企业数据库和个人账户数据库等,并要及时更新和扩充,便于从全局把握养老保险基金的基本情况,以实现社会保障服务周到化、智能化,最大限度地维护参保人员的根本利益。再次,加大社保基金管理软件的开发、评审、验收工作的力度,注重开发管理功能和安全防范功能,保证社保信息系统安全高效的运作。最后,深化改革,建立"三位一体"的社会监管体系,加强监管体制改革,建立以养老保险基金投资管理机构内部监管为核心,社会监管和国家监管为补充的全方位的养老保险监管体系。监管机构之间既要分工,又要协作。劳动保障、财政、审计、税务和人民银行要履行各自的职责,分别从不同的角度来加强对社会保障基金管理和运营机构的监督检查,实施对社会保险费征缴、保险金发放、基金管理和运营各个环节的全面监管;要定期召开监管联席工作会议,相互交流监管信息,可以采取一方牵头、多方参加的方式,加强各监管机构之间的横向联系,协同作战。在建立现代监管体系框架时,要注重实现社会养老保险基金监管的战略性、前瞻性和有效性。

5. 加强诚信道德建设,控制道德风险

道德风险与保险如影随形,自从有了保险便产生了道德风险。赵曼教授认为,一般来说,保险与道德呈正相关相度,保险程度越高道德风险就越严重,欲降低道德风险则需要降低保险程度。

"鱼和熊掌不可兼得",必须在二者之间折中,以取得最佳效果,这正是设计保险制度(包括社会养老保险、医疗保险和商业保险制度)的基本思路。①

这里,我们借鉴声誉理论来分析道德风险在社会保险基金给付中的控制思路。

大量文献和产业观察证实,不对称信息可能在动态环境下得到部分缓解。在多期、频繁交往的环境中,长期参与约束会使企业和个人因为关注未来的收益而放弃不合作策略,因为长期合作具有声誉效应,并且分割的时间不影响其效果。当然长期效应还取决于策略。信誉的激励机制是:把信誉引入社会保险的公共产品合同,从而使信誉转化为可供社会保险经办机构识别的养老金领取的现金流量,社会保险经办机构通过衡量信誉的经济特征而调整对个人和企业的服务供给行为。

信誉是一种昂贵的资源,它放弃短期的机会主义收益,并且在长期内小心谨慎地积累信誉资本,当然给予的回报也是丰厚的:较少的检查造成的成本节约、信任造成的交易成本下降,更多的合作机会和由此造成的正外部收益。信誉还能够产生双重效应:扩散效应和声誉效应。当出现有利的信息冲击时,企业或者个人由于有利信息在消费者、供应商以及合作者或者同事、亲戚朋友和上级之间扩散,将导致其在相关机构和个人中的声誉上升,最终通过市场途径直接给予奖励,收益以乘数方式上升;相反,将导致乘数性惩罚效果。另一方面,由于信息跨期效应,它将使企业和个人因为有好名声而获得长期回报,或者因为坏名声而遭受持续的信誉市

---

① 赵曼、吕国营:《社会医疗保险中的道德风险》,中国劳动社会保障出版社2007年版,第9页。

场惩罚。正是由于信誉能够产生租金,加之它来之不易(沉淀成本高),因而企业和个人会格外珍惜它。

另外,我们还可以借鉴澳大利亚关于"合理性与反欺诈"的规定。[①] 澳大利亚控制道德风险的管制措施有三大要素:(1)预防,是使错付的风险最小化的制度和程序;(2)发现,是指及时而准确全面地发现错付情况;(3)威慑,用以增加公众对风险和处罚的认识。预防有两类措施:其一,是一般而有效的"前门"措施,包括设计合理的申领表格、身份证明以及更为完整的证明文件,对重要事实的核查和根据风险特征对顾客的分类;其二,是更有力的"前门"控制措施,包括对新的申领者的重要信息每天自动进行核查,特别是要发现诈骗和内部欺诈行为,同时要注意内外勾结的情况。发现的措施有两类:一是根据风险类别,通过与税务、卫生等重要政府机构的大量数据进行比较、甄别顾客;二是对公众或者其他机构的信息进行调查研究。威慑的措施有五种:一是效果显著的"预先"制度和程序;二是使用行政处罚手段;三是有效的债务追索措施;四是起决定作用的起诉手段;五是与传媒和重要社会团体进行全面沟通。和规体系的配套要素包括:在使用信息技术服务方面的巨大投入;增强各级政府以及私有部门之间的联系和合作;政府和部门的强有力支持。

总之,上述实践操作和理论解释为控制因为信息不对称而产生的道德风险提供了两条路径:其一,是采用正式的制度安排如预防、发现、处罚威慑来控制道德风险;其二,是采用非正式的制度安排如声誉机制来控制道德风险。这两种制度安排也许在某些国家

---

① 吉姆·拉费迪、雷怀特:《发现欺诈行为的方法》,载《上海中澳社会保障基金监管研讨会论文集》,2003 年 1 月。

和某些文化氛围中能够发挥积极而有效的作用。然而,尽管我国有着悠久的诚信文化,但是在市场经济体制建立过程中,一些企业和个人的信誉度越来越差,其根本原因是在法制不健全的环境中过度追求私利,导致边际社会成本与边际私人成本极不相称,产生极大的负效应。因此,要真正控制道德风险,还得从制度环境着手,逐步建立起对劳动者"记录一生、服务一生、管理一生、受益一生"的社会保险基金支付管控系统,以最大限度地压缩道德风险存在的空间。

第七章　失地农民就业保障制度

第一节　失地农民入城就业分析

一、失地农民劳动就业的社会学分析

无论过去还是现在,受教育程度的高低都是进入某一个阶层或者从事某种职业的前提条件。美国社会学家邓肯和布劳认为,在美国对个人职业地位影响最大的因素,首推其受教育程度,路径系数为0.39(许欣欣,2000)。人们倾向于把受教育程度当作一种"筛选机制"(波普诺,1987),具有敲门砖的作用,也有反映个人素质高低的作用。受教育程度的敲门砖作用对于身处中国社会最底层的农民来说显得尤其重要。因为从新中国成立到1978年改革开放的几十年间,只有达到一定的受教育程度才能够使农民跳出"农门",成为城市人,还可以当上国家干部。现在虽然不完全具有这样的路径,但是,受教育程度依然对人们从事一定职业、工作岗位具有识别功能,它作为一种身份资本对于失地农民来说,不仅对在进入城市之初寻找工作具有决定性的作用,而且对今后的职业生涯也将起着持续性的影响。

中国农民的劳动时间几千年来主要是按照节气来计算的,尤其是地方边远的西南边陲,农村地理位置相对偏僻,山大路陡,交

通不便，信息不流畅，接收和识别信息的能力有限，长期盘踞农村的传统保守的思想进一步阻碍了他们自身素质的提高。在农村劳动期间，一般一年的有效劳动时间是 100 天左右。农业生产强烈的季节性，导致了农民在农闲季节的闲置。对于大部分地区的农民来说，他们往往是"二个月过年，三个月种田，七个月休闲"。农民劳动很少有连续高强度的，一般要按照节气进行，农村种植水稻、小麦的时候往往是最繁忙的时候。其时间安排一般是按天计划的，而不是城市工作那样以小时或更小的时间单位计算。与此同时，由于农村土地承包到一家一户，什么时间劳动和不劳动，种植什么不种植什么，大都可以自己随心所欲，自从 2005 年开始，各地取消农业税以后，现在的农户也没有上交税收的压力。这样一来，农村的慢节奏劳动养成农民的惰性，往往不思进取，安于现状。

这些农民一旦失去土地，其行为选择往往是盲目的，无所适从。既然本地的经济不发达，工资收入低，所以，大多数人通过亲友介绍，选择了外出打工的谋生之路。在广东、上海、江苏等劳动力输入的主要地区，当地的工厂、企业大部分都是与他们签订短期用工合同，有的甚至根本就不签订劳动合同。对这些打工群体来讲，能够在外找到一份工作，按时发放工资，维持生计才是最重要的。对于工作本身是不是有意义，有没有兴趣，有没有劳动保护条件，生产的车间与产品是不是符合环境保护等等，他们是不会顾及的。他们也缺乏这些方面必要的知识储备。当然，对于工厂严格的纪律和操作流程，他们是很不习惯的。

英国早期的"圈地运动"把大量农民赶出了家园，然而，这些被突然抛出惯常轨道的农民，不习惯工厂的纪律，因此宁愿流浪也不愿意进工厂做工。由于政府颁布的血腥法律，终于在鞭打、酷刑之下，被迫适应工厂劳动纪律，从而成为"现代工人阶级的祖先"

（辜胜阻,简新华,1994）。对此,早期社会学家马克斯·韦伯也注意到了现代工厂对人的不良后果,它迫使人们受制于枯燥单调的纪律和重复劳动（吉登司,2000）。

如果把我国1978年前的失地农民进入工厂称为主动城市边缘化的话,那么,在当前,城市化过程中的失地农民就只能看成被动城市边缘化。在城市化的进程中,城市生活和工厂工作作为一门全新的课程也是一种角色,是需要农民来学习的,在这样的学习过程里面,他们需要熟悉角色扮演的基本规则和技巧。然而,城市生活和工厂工作的内容比起农村来要复杂得多并且也相当陌生,因此,对于失地农民的角色扮演与转换并不容易,许多失地农民进入工厂很长时间以后依然难以适应,即失地农民的角色适应期相对城市居民要长。所以,也有不少失地农民宁愿呆在家里看电视、在大街上无所事事地游荡,也不愿意出去主动寻找工作机会。我们的社会制度不容许采取酷刑来逼迫他们劳动,同时,庞大的人口压力、就业岗位的稀缺又没有这么多的工作资源让他们工作。这些人的失业就在所难免了。

随着20世纪90年代以来新科技革命的影响和我国产业结构的调整推进,对劳动密集型产业有所冲击,产业对就业的带动作用下降。信息技术革命深刻地改变着经济和社会各个领域。产业结构的变革推动着技术的创新,技术的创新使劳动生产率提高,促使产业结构升级换代,并使劳动力发生转移,对劳动力的技术要求越来越高。

然而,由于失地农民自身受教育的平均年限为8.5年,以初中文化居多。在科学技术日新月异、现代化的工厂需要更高文化素质和技能水平的人才的今天,失地农民的就业就成为一个大问题。这需要政府提供一种制度安排,让他们有机会来系统学习城市生活,学习科学文化技术,学习城市居民的角色扮演,以加快其城市化的步伐。

二、失地农民失业的经济学解读

经济学家认为,产生失业的情况主要有以下几种:

摩擦性失业(frictional unemployment)。传统经济学家庇古(C. A. Pigon)认为其产生的原因在于:人们在各个地区之间、各种工作职位之间不停地变动,或者正在跨越生命周期中的某个阶段。例如,刚刚大学毕业的学生,就需要寻找工作。由于摩擦性失业的劳动力经常是在变动工作岗位,或者是正在寻找更好的工作,所以人们常常认为是一种自愿性失业。

20世纪30年代资本主义经济大危机后,国家开始大规模干预宏观经济。英国经济学家凯恩斯在其名著《就业、利息和货币通论》中,提出了"非自愿失业"理论,又称为有效需求不足失业理论。因为有效需求不足,劳动者愿意接受现有的工资水平也找不到工作,这就是"非自愿失业"。只要国家积极干预经济,刺激私人投资,促进国家投资,刺激"有效需求",就可能消除失业,这一理论为促进就业立法奠定了理论基础。

结构性失业(structural unemployment)。美国经济学家汉森(A. H. Hansen)在其名著《经济政策与充分就业》中指出其产生原因是劳动力的供给和需求不匹配。如果对一种劳动的需求上升,对另一种劳动的需求下降,而劳动的供给又未能及时作出调整,则这种不匹配的情况就有可能发生。他认为,在一个动态的市场经济中,季节性的、过渡性的、周期性的、技术性的失业是不可避免的。周期性失业(cyclical unemployment)出现在对劳动力整体需求比较低的时候,当总支出和总产出下降时,失业在所有领域都明显上升。某些行业例如农业、建筑业、旅游业等的经营活动随季节的波动，因此在淡季工人会被临时解雇导致季节性失业。在自由社会，人们往往喜欢为自己喜欢的人工作，这样就产生了劳动力流动。常见的情况是，产业的兴衰所引起的职业间或者地区间的结构性失衡。比较典型的是我国东北三省老工业的衰退和有些夕阳产业的市场退出，大量工人不得不重新寻找新的工作。这就需要对劳动力进行再培训，实行积极的人力资源政策，这为就业培训立法提供了理论准备。

制度性失业（police unemployment）。由于政治、经济制度和社会的转型，制度的变革导致失业，这就是隐性失业显形化。这种失业被认为是发展中国家特有的社会现象，例如中国现在进行的市场经济改革，原有的国有企业为了减少员工，增加效益，大量多余工人被裁减分离出来，成为失业群体。美国经济学家刘易斯在《劳动无限供给条件下的经济发展》一文中，提出了二元经济结构下的失业问题。他认为，传统农业部门劳动生产率很低，边际劳动生产率甚至为零或者负数，这里有大量的非公开性失业，而现代工业部门的劳动生产率相对比较高，但从业人员比较少，其相对较高的工资水平可以吸引传统农业部门的劳动力转移。刘易斯等人强调现代工业资本积累对吸纳传统农业部门劳动力和最终解决二元经济结构失业发挥着重要作用。

失业原因从表面上看很清楚，过多的劳动力角逐过少的工作岗位，但这个简单的现象令经济学家们困惑了60年。经验表明，价格的上升或者下降会出清竞争市场（供给与需求均衡）。在市场出清的价格水平上，卖者所愿意卖的正是买者所愿意买的。但是，当成千上万的失地农民虽然愿意接受现行的工资却找不到一个工作时，劳动力市场运行就受到阻碍了。劳动力市场失灵的类似征兆,在所有的市场经济中都能发现。

这里,我们可以停下脚步,听听一位失地农民寻找工作的回忆:

"我去劳动力市场寻找工作,可是他们都不需要我,因为已经有人从事这些工作了,没有这么多的工作岗位。大部分工作都要求受到高等教育,有大学文凭。我寻找任何可以找到的工作,从茶馆、小饭店、汽车清洗场到任何其他事情。但是,我被无情地日复一日地拒绝,被拒绝的次数多了,以至于你不得不怀疑你自身的存在价值。

于是,你成天干什么呢?回到家里,变得垂头丧气。家里每个人又都变得有些紧张和不安。他们开始为了一些蠢事而相互争吵,因为每个人都成天被囚禁在那个空间里,整个家庭气氛都被破坏了。"

三、失地农民失业制度保障环境分析

总体来看,随着经济体制改革的深化和社会主义市场经济的建立,我国就业形势发生重大变化,就业方式由单位正规就业为主已经转变为以灵活多样的非正规就业为主。2004 年,全国城镇就业总人数 2.6 亿多人中,城镇各类单位职工人数近 1 亿,而各类灵活就业人员包括个体私营经济和中小企业吸纳的劳动力,国有和集体企业下岗职工再就业以及城镇登记失业人员能够实现再就业的约占就业总数的60%以上。此外,在城镇就业的外来农民工大多从灵活就业开始他们的打工经历。陆续出现的 4000 多万失地农民也必然面临从事灵活就业的问题。随着城市化的进一步扩展,正规就业人员比重还可能降低,非全日制、临时性、季节性、钟点工、弹性工作等各种灵活就业形式已成为扩大就业的重要渠道。

在 2004 年城镇 2.6 亿多就业人员中,参加养老保险的有 12242 万人,比例约为 46%;参加医疗保险的有 8286 万人,比例约为 31%;参加失业保险的 10584 万人,比例约为 40%;参加工伤保险的 6823 万人,比例约为 25%。从参保人员结构分析看,现行城镇社会保险制度还是以正规就业的单位职工为主要对象,灵活就业人员基本上还没有纳入到城镇社会保险制度中来。

大部分灵活就业人员的经济状况介于中低收入的正规就业人员和失业贫困者之间,属于社会弱势群体。而招收这些失地农民的企业大多数也是中小型企业,抗市场风险的能力比较低,随时可能关门倒闭,而在这些企业工作的失地农民,企业本身也不会主动去办理失业保险、工伤保险等。他们长期游离于社会保障之外,缺乏社会保护,市场风险不能得到化解,将带来难以预料的城镇贫困和社会不稳定因素。这些人青壮年时期不参保,年老时就会成为社会的负担。目前,在失地农民灵活就业的人员中不断引发的工伤、职业病、拖欠工资、子女教育以及因病致贫返贫等矛盾都在积累中越来越严重,长期不能分享社会发展进步成果也将带来边缘化心理障碍,随着矛盾的加剧,极有可能诱发大的社会震荡。社会保障是民安所在,从我党为人民服务的宗旨到坚持以人为本构建和谐社会的执政理念考虑,都必须高度重视这个问题。

第二节　反对就业歧视、加强制度保障

一、我国劳动就业法律规范

新中国成立后,我国劳动立法经历了两个历史性阶段,即 1949—1978 年,计划型劳动就业法律制度形成;1978 至今,市场型劳动就业法律制度建立的过程。

　　新中国成立之初,百业待兴。我国面临的中心任务是恢复生产、发展经济,为此颁布了救济和安置失业人员的一系列劳动就业法律法规。1950 年 6 月政务院发布《关于救济失业工人的指示》,1952 年 6 月政务院又公布了《关于劳动就业问题的决定》。1950 年 5 月劳动部发布了《关于失业技术员登记介绍办法》。政务院发布《关于救济失业工人的指示》之后,劳动部随即于 1952 年 7 月发布了《救济失业工人的暂行办法》。1952 年 8 月政务院劳动就业委员会发布了《关于失业人员统一登记办法》。这些法律法规对于解决当时失业工人的困难和从积极方面安排失业人员就业都起到了很好的作用。其中《关于劳动就业问题的决定》宣布国家对职工实行统一调配政策,对失业人员采取全部由政府包下来的办法,这是我国全面安置劳动就业的第一个政策性规定。值得指出的是,政务院于 1951 年 2 月 26 日颁布了《中华人民共和国劳动保险条例》(1953 年 1 月又作了若干修正,重新加以公布),对企业单位职工在生育、养老、疾病、伤残、死亡等方面建立了劳动保险制度。

　　1978 年 12 月党的十一届三中全会以后,我国进入了改革开放的新时期,劳动就业立法也进入了一个新的发展阶段。1982 年全国人大制定了《宪法》,第 42 条规定:"中华人民共和国公民有劳动的权利和义务。国家通过各种途径,创造劳动就业条件,加强劳动保护,改善劳动条件,并在发展生产的基础上,提高劳动报酬和福利待遇。"1994 年 7 月 5 日,全国人大常委会八届八次会议通过了《中华人民共和国劳动法》,这是我国劳动立法的一个重要里程碑。该法第 5 条规定:"国家采取各种措施,促进劳动就业,发展职业教育,制定劳动标准,调节社会收入,完善社会保险,协调劳动关系,调节劳动收入,逐步提高劳动者的生活水平。"第 10 条规

定:"国家通过促进经济和社会发展,创造就业条件,扩大就业机
会。国家鼓励企业、事业组织、社会团体在法律、行政法规规定的
范围内兴办产业或者拓展经营,增加就业。国家支持劳动者自愿
组织起来就业和从事个体经营实现就业。"以《劳动法》为基本法,
国务院及其劳动行政部门制定了许多与其配套的行政法规和规
章,关于劳动就业的立法主要包括:《劳动合同法》、《禁止使用童
工的规定》、《劳动力市场管理规定》、《就业登记规定》、《职业指
导办法》、《职业介绍规定》、《境外就业中介管理规定》、《农村劳
动力跨省流动就业管理暂行规定》、《就业训练规定》、《职业培训
实体管理规定》、《企业职工培训规定》、《失业保险条例》等。当
然,与此有关的法律还有 1991 年《未成年人保护法》、1992 年《妇
女权益保障法》(2005 年修订)、1990 年《残疾人保障法》、1984 年
《民族区域自治法》等。

关于失地农民进入城市就业的法律规范,除以上法律规范外,
还有 2004 年 12 月 27 日国务院办公厅颁发的《关于进一步做好改
善农民进城就业环境工作的通知》(国办发〔2004〕92 号)、2004 年
1 月 10 日《重庆市按比例安排残疾人就业规定》(重庆市人民政府
渝府令第 162 号)、2006 年 1 月 1 日起执行的重庆市财政局、重庆
市劳动和社会保障局、重庆市就业再就业工作领导小组办公室发
布的《关于切实做好职业介绍补贴工作有关问题的通知》(渝财社
〔2006〕42 号)等中央和地方政府制定的一系列行政性制度规范。

二、加强劳动就业保障

20 世纪 90 年代初明确市场经济的发展道路至今,我国已初
步建立起了适应市场经济要求的劳动就业法的基本框架,这些立
法推动了市场型的劳动就业制度的建立,形成了劳动者自主择业、

市场调节就业和政府促进就业相结合的市场导向的就业机制,逐步形成了包括职业指导、职业介绍和职业培训等在内的公共就业服务体系,同时也建立了失业等社会保险制度和城镇居民最低生活保障制度等社会救助制度,其覆盖范围不断扩大,初步形成了与我国经济发展水平相适应的失业保障安全网。同时,我们必须清醒地认识到,现行劳动就业法律还很不完善,离法治国家的要求还有一段距离。通过与国外劳动就业立法的比较和对我国劳动就业立法历史的考察,可以总结出我国劳动就业立法的特点如下:①

(一)立法层次低,最高立法机关立法很少,以行政法规和部门规章为主。许多法规是暂行法律文件,修改和变化频繁。在实际工作中多以地方劳动社会保障行政机关的"红头文件"作为执法的依据,人大的法律和国务院的行政条例在很大程度上成为一种象征意义的摆设。

(二)法律体系尚不够完整,法律内容也不完善。我国的劳动就业立法大致包括就业调控法、就业管理法、反就业歧视法、特殊群体就业保障法、就业服务法、职业训练法、失业保险法等。其中就业调控法缺失,反就业歧视法的规定尚不完整(尽管《劳动合同法》作了一定的规定)。农民工等社会底层的劳动权益很难以维护,以至于出现农民向国务院总理讨要工资的现象。

(三)总体而言,劳动立法的主体存在地方与中央争权,双方立法权限不明确。已有的法律规范尚不够严谨细致,法律责任不够明确,可操作性不强。例如我国现行法律对劳动保护等问题规定多是口号式的宣言条文,欠缺可操作性,从而也导致实务部门对

① 林嘉、杨飞、林海权:《劳动就业法律问题研究》,中国劳动社会保障出版社2005年版,第185页。

于诸多的损害劳动者权益的现象执法力度不强,劳动者的权益在现有的法律诉讼或争议解决途径中难以得到有效救济。①

为此,我们认为,应当采取有力措施,严格执行《立法法》,加强劳动立法的审查,加快国家劳动立法的进程,彻底改革各个省级人大和政府擅自越权立法,改变多头立法的现象。同时,要努力提高立法的质量,细化劳动立法的条款,增强实际工作中的可操作性,加强劳动执法的力度,严格追究违反劳动法律的责任,直至追究刑事责任,使劳动立法真正改变"软法"的社会形象。

三、劳动就业领域的歧视现状

目前,对失地农民等困难群体的就业歧视现象进一步加剧了他们在求职、就业方面的困境,其主要表现在:

年龄歧视。纵观当今的招聘广告,我们不难发现诸多的企业招聘员工时,招聘条件几乎都刻板成统一模式了:"男,35 岁以下"或男女一律"35 岁以下"。这让众多胸怀大志的、35 岁以上的求职者望职兴叹。某地人才市场某一日的招聘信息显示:137 家现场招聘的单位中,有 113 家对求职者的年龄作了明确要求,其中有 82 家单位明确表示,35 岁以上者免谈! 因此,现在许多人就把 35 岁以上的群体称为"影子失业群体"。

身高歧视。2001 年 12 月 23 日,中国人民银行成都分行经省人事厅许可,在成都某报刊登《中国人民银行成都分行招录行员启事》的广告。其中第一条规定考录对象为"男性身高 1.68 米,女性身高 1.55 米以上"。四川大学应届毕业生蒋某仅仅由于身高不够,就被拒之报名对象之外。蒋某愤而提起行政诉讼,将招工单

---

① 陈亚东:《劳动鉴定制度应当改革》,载《法学杂志》2006 年第 5 期。

位中国人民银行成都分行告上了法庭。大学生就业尚且受到刁难和歧视，更何况区区一失地农民！用工单位甚至将找上门的失地农民赶出大门。

血型歧视。一家公司不惜重金聘请销售总监和国内、国际市场销售经理，除了要求高学历、多年在大型企业的工作经验、出类拔萃的管理开拓能力外，还有一个条件：血型为 O 型或 B 型。

性别歧视。很多企业招用员工时将女性拒之门外。同等条件下，除非女性应聘者特别优秀才会考虑，而对男性并没有这个要求。

经验经历歧视。在一些招聘广告中，常常有对"经验"的要求，这使一些根本没有工作经验的大学生或无工作经验的人才望而却步。其实，有些职位对经验的依赖并不多，只要经过短期的接触或培训就可胜任。对于应聘者来说，个人经历也是一个很重要的因素，有过犯罪前科或坐过牢的人，他们的就业道路将是处处碰壁、一片荆棘。

学历学校歧视。有很多企业在招聘过程中，对"学历"的要求动辄以硕士、博士为硬性标准，但实际上所需人才的岗位有专科学历就足以胜任，没有必要高薪聘用硕士、博士，造成无谓的人力资源浪费；有的企业则对名牌大学情有独钟，非名牌毕业生不录用；而有的企业则偏爱"海龟（归）"，有句话叫："海龟上岸，土鳖滚蛋"。

户籍地域歧视。现在各大城市都有许多工种不允许外地人涉足，也就是户籍歧视。北京就曾明文规定一些行业限制使用外地人员，如金融与保险业的各类管理员、业务员、会计、出纳员、调度员、星级宾馆前厅服务员、收银员、话务员、核价员、出租车司机、办公室文秘等，这些工作都不许没有北京市户口的外来人员从事。

此外,地域歧视也相当严重,比如前一段时间炒得相当热的《河南人惹谁了?》、《千万别惹东北人》等书都反映了地域歧视的严重态势。

姓氏歧视。一位裴姓求职者想找工作,连找了10余家单位均告失败。最后一位女老板向她道出了其中的理由:"你说你姓啥不好,偏姓裴(赔),有哪个商家愿赔钱?"直到这时裴女士才弄清了自己找不到工作的原因,原来是自己的姓氏在作怪。

无独有偶,某证券交易所招聘了一位姓熊的大学生,其他条件都非常满意,唯独姓氏不理想,领导再三斟酌后决定不要,担心不吉利天天带来熊市怎么得了? 类似的姓如"佘"等等也成为理由。

容貌歧视。有些用人单位在挑选求职者时,优先录用相貌好而不是成绩好的。许多女大学生为了找工作无心学习,而是忙于化妆打扮,甚至拍摄十分暴露的写真集以"扮靓"简历。

其实,这还不算太苛刻的。南方一家服装公司招聘一名前台接待文员时,不仅要求应聘者年轻美貌,而且还对女性三围提出了特别的要求。

健康歧视。残疾人就业受到各种歧视自不必说,还有一些病毒携带人群也受到歧视。如"乙肝歧视"问题,已经引起全国一亿多乙肝病毒携带者的强烈反应。其实,没有传染性的乙肝病毒感染者是可以就业的。根据《全国病毒性肝炎防治方案》规定,乙肝病毒携带者除不能献血及从事直接入口的食品和保育员工作外,可以照常工作。

身份歧视。有的非秘密单位和非国家机关的私有企业竟然也要求应聘者须为中共党员。农民工遭受的就业歧视就更是司空见惯了,甚至一些地方政府还通过制定行政规章等方式明目张胆地歧视农民工。如1994年11月17日劳动部颁发的《农村劳动力跨省流动就业管理暂行规定》,对跨省流动进城农村劳动力就业作出若干限制,1995 年 2 月 13 日,作为推行再就业工程的重要举措,上海市劳动局发布《上海市单位使用和聘用外地劳动力分类管理办法》,将行业工种分为三类:A 类为可以使用外地劳动力的行业工程;B 类为调剂使用外地劳动力的行业工种;C 类为不准使用外地劳动力的行业工种。随即公布了上海市各企事业单位不得招聘外地劳动力的首批 C 类行业和工种。此后,该做法作为推进再就业工作的成功经验在全国许多城市产生了示范效应。在青岛,该市将对外来劳动力的招用数量控制在市属企业职工总数的 14% 以内,并规定每使用一名外来民工需交纳 50 元费用,而每吸收一个本地待岗 6 个月以上(女在 35 岁或男在 40 岁以上)的人员则可获得 3000 元补贴。在武汉,《武汉市劳动力市场管理条例》(1999 年 1 月 22 日)第 13 条规定用人单位招用本市失业、下岗职工的,按规定享受有关待遇,在第 14 条规定用人单位招用外来劳动力的,应符合本市外来劳动力计划和行业工种目录要求。这些措施剥夺、排斥了农村劳动者进入城市后参与公平竞争的就业机会,是一种典型的户籍身份就业歧视。

类似的就业歧视现象不胜枚举。按照联合国《经济、社会及文化权利国际公约》规定,人人都应有机会凭其自由选择和接受的工作来谋生的权利,并将采取适当步骤来保障这一权利,但公民平等的就业权利在现实中却不断被阉割。它不仅损害了劳动者的公平就业权,影响了他们的基本生活,导致和强化了不平等,更为重要的是,整个社会也受到影响——造成人力资源的浪费,社会经济不平等加剧,妨碍社会进步和经济发展,进而影响和谐稳定。

四、我国反就业歧视的制度缺陷

对就业歧视现象,一些国家和国际组织制定了不少法律法规,并采取措施予以消除。1995 年世界妇女大会通过的《行动纲领》强调"消除职业隔离和所有形式的就业歧视"。英国为保障妇女的平等权利,颁布了《反对性别歧视法》、《同酬法》等法律,日本颁布了《妇女平等机会和待遇及女工福利改进法》。国际劳工组织《残疾、老年和遗属津贴公约》等国际劳工标准规定了为残疾人等提供职业训练、帮助就业、保持工作和获得保障的权利。

我国政府一贯反对就业歧视,在《宪法》和法律中都有规定。例如,《宪法》第 4 条、33 条、36 条、38 条等都规定公民的平等权,从正反两个方面对就业歧视作出了禁止性规定。《劳动法》、《妇女权益保障法》、《残疾人保障法》、《艾滋病防治条例》、《劳动保障检察条例》等法律法规都禁止就业歧视。但是,我们也要看到,现实生活中严重的就业歧视清楚地反映了我国在禁止就业歧视方面存在许多缺陷:

第一,《宪法》有关禁止劳动就业歧视的规定缺乏实际意义。我国宪法虽然在整个法律体系中具有最高法律地位,是国家的根本大法。但是,由于我国没有建立违反宪法的司法救济措施,没有规定违反宪法的独立审查机构,在制度操作层面上,司法机关审判各种案件也不需要援用其法律规定,因此,宪法在公众的视野里犹如空中楼阁,可望而不可及,于实际生活没有什么意义,只是一种象征。

第二,劳动法规定的就业歧视范围过窄,缺乏救济措施和渠道。例如《劳动法》第 12 条规定的就业歧视主要有种族歧视、民族歧视、性别歧视和宗教歧视四种情况,而现实中的就业歧视层出不穷,在劳动法中并没有反映出来,导致受到歧视的劳动者寻求救济时于法无据。劳动部在关于执行劳动法的若干问题的意见中,规定公务员、军人、农村劳动者包括乡镇企业职工和进城务工、经商的农民、家庭保姆等不适用劳动法,这样,失地农民在劳动工作过程中受到的各种就业歧视就不能够得到劳动法的保护。在《企业劳动争议处理条例》等规定中也没有把就业歧视作为审理的范围。即使受到就业歧视,最多也只能够依据民法中的人格权损害提出司法救济。

第三,有关劳动就业歧视的法律缺乏明确界定。虽然劳动法禁止就业歧视,但是,相关的法律规定对就业歧视的定义、表现形式、举证责任、法律后果等都缺乏具体的配套规定,这就使劳动者根本无法依据劳动法主张权利,获得保护。新修改的《妇女权益保障法》第 40 条规定,禁止性骚扰,但是什么是性骚扰,其法律界定标准是什么,应当承担怎样的法律责任都没有规定。在劳动监察中也没有把就业歧视作为执法监察的内容,而劳动监察制度在现实生活中发挥的作用非常有限。在众多违反劳动法的案件中,很难听到各地劳动监察人员的声音,国家建立如此庞大的劳动监察执法总队、支队、大队,花费大笔行政费用,修建众多的行政办公大楼、购买执法专用车等,然而,这几乎没有什么效果,劳动者的合法权益依然难以维护,就业歧视依然如故。

五、反就业歧视的对策

(一)提高自身能力的禀赋值

显然,遭受就业歧视的群体一般为经济上的少数,即这个群体占有少数的资源禀赋和资本存量。在市场中,一部分人获益,而另一部分人因此受损,经济不会实现帕累托最优(即低效率)。我们必须牢记的是市场经济从不相信眼泪,与其悲天悯人,愤世嫉俗,不如去提高自己的"禀赋值",让歧视者购买不起对你的歧视,或者,一定要让歧视者为此付出沉痛的代价。要提高自身的"禀赋值",就必须加强能力建设。能力是人们在劳动力市场竞争中的一个重要砝码,所以提升能力或进行培训被看做是反社会排斥的社会政策。职业培训政策是反社会排斥的第二条途径。

(二)劳动力市场介入

就业歧视在我国愈演愈烈,其根本原因是劳动力生产大于需求和政府的行政不作为。为了解决这一问题,各级政府应当主动介入劳动力市场,制定出克服劳动力市场排斥的政策和方案。譬如,美国、英国等国家都设有公平就业委员会之类的专门针对就业歧视的机构,美国平等就业机会委员会平均每年处理超过70万件就业歧视控诉案件。同时,制定防止失业、就业歧视和社会排斥的政策和方案。譬如,抑制解雇、支持劳动密集型的生产、发展工作分享和其他新型的工作方式、发展雇主和雇员之间的合作等,通过"经济手段实现嵌入"(insertion by economic means)来防止和减少这些反劳动力市场排斥的行为发生。我国完全有必要加强公平就业保障的制度建设,这需要加强劳动监察队伍建设,强化执法权威,通过强大的行政执法,使广大劳动者在受到就业歧视时,能够在第一时间得到有力的行政救助。

(三)加强立法建设

首先,从制度层次来看,要加强对违宪、违法的法规、规章和文件的审查清理。针对有些地方政府从局部利益出发颁布的各种影响公平就业的歧视性法规、规章和各种决定,建议法制部门组织专业人员,加强对这些规范性文件的清理工作,对与《宪法》和《劳动法》相抵触的规范性文件,要有计划有步骤地予以废止。要修改现有的《劳动法》,弥补劳动法的许多不足,使之成为保障劳动者权益的基本法。

我国已经加入了《国际劳动宪章》和《世界人权宣言》等相关国际公约,依法应当履行相应的义务。为此,我们有必要把《劳动合同法》中规定不得进行就业歧视的条款,进一步细化严厉的处罚措施。要通过修改《劳动法》这一基本法,及时在法律中反映我国遵守国际公约的法定义务条款,规定就业歧视的基本含义,以列举的方式明确用人单位不得有前文所述的歧视性规定和行为。在《劳动法》中明确规定违反者的法律责任,规定其受害人的救济途径,加强劳动监察的力度,确立就业歧视的公益诉讼方式和程序,从而加大用人单位就业歧视的制度成本,为最终消除就业歧视奠定坚实的制度基石。

(四)加强对就业歧视的打击力度

平等就业权无疑是实现民生之本的必要条件。一个社会如果缺乏最基本的平等机会就业意识和观念,那么,将给整个社会的和谐与公正带来非常严重的后果。

在西方国家,用人自主权不是一个无限的权力,它要受到法律的限制。在美国,按照法律,雇主招聘时不可以对年龄、肤色、性别、种族、宗教信仰、国籍、个人身体素质、家庭状况等提出问题,甚至在面试时所提问题,也不能涉及这些内容。

美国 1967 年颁布的《雇佣年龄歧视法》明文规定,歧视 40—65 岁求职者是违法行为。在招募广告上指明招聘"成熟的"求职者,也是违法行为。

在美国,找不到公开的就业歧视的案例,我们不妨来看看他们对隐性歧视(不见诸文字的就业歧视)的态度,在这里,专门选择 3

个案例来说明：

案例一：2000年6月，就职于巴博汽车销售公司的7名阿富汗籍员工，被许多同事称为"恐怖分子"。公平就业委员会经调查认定，巴博汽车销售公司伤害他人自尊，违反《民权法案》，必须赔偿7名穆斯林员工55万美元。

案例二：美国祖布雷克女士曾是华尔街瑞士银行的一名雇员，几年前因被男上司认为"又老又丑不能胜任工作"而遭解雇。祖布雷克女士提起"性别歧视"诉讼，这场长达3年的诉讼终于结束，2005年法院判决瑞士银行付给祖布雷克女士2900万美元赔偿。这是一种惩罚性赔偿。

案例三：2006年，全球零售巨头美国沃尔玛有限公司一位名叫帕特里克·布拉迪的残疾员工，状告沃尔玛随意变更他的工作性质实际上是对残疾人的歧视。最后，陪审团裁定，沃尔玛被控的罪名成立，必须向原告赔偿750万美元，其中包括500万美元的惩罚性赔偿。

美国法律的惩罚性赔偿，基于如下原则：权利歧视是最严重的侵权。而法律的制定总是以普世的价值观为基础，在美国，就业歧视首先为主流价值观所不容，被看成与种族歧视一样的罪恶。这样的惩罚足以让任何企业都要分外小心就业歧视这根高压线。

美国反就业歧视的主要内容在其1964年民权法案的第七章就有规定。资本主义国家解决就业歧视的成功做法，值得我们学习和借鉴。反就业歧视，不仅是一个国家文明的标志，也是一个国家建设和谐社会的重要基础之一。反就业歧视，政府负有不可推卸的责任。

第三节　提高失地农民素质、增加就业机会

一、建立失地农民劳动素质拓展工程

当前,失业问题是世界性难题。联合国把保障失业者获得保护和再就业的权利作为全球努力的目标,发达国家也纷纷将失业治理上升为各自的头等大事来抓。中国是世界上人口最多的发展中国家,失业问题十分严峻,它已成为我国 21 世纪初期经济发展的最大挑战。为了减少失业,加强失地农民的职业培训使之重新找到新的工作就尤其重要。

实施有效的劳动素质拓展工程,加强职业教育,不仅能够增大失地农民就业的机会,还有利于他们迅速融入城市生活,使他们真正享受到城市化进程加快带来的社会溢出效益;并且可以促进城乡资源的进一步合理配置,城乡一体化协调发展,大力推进城市化的进程。在顺利实现失地农民城市化的过程中,我们必须根据其素质现状和职业教育的特点实施该工程,以提高其教育水平和教学效果。

我们可以人力资本理论为基础,着重强调文化技术教育、年龄性别、经济状况、知识技能、生活方式等对农民市民化的支持作用。从农民市民化的结果来看,之所以在同等的制度和网络环境下,农民市民化的最终结果会表现出巨大的差异和分化,其中一个很重要的原因就是其人力资本的不同。

所谓人力资本(human capital),就是通过投资形式,由劳动者的知识、技能和体能所综合构成的体现在劳动者身上的资本。人力资本理论认为个人对于教育、职业培训、保健以及迁移的投入都是一种有效的投资,其结果最终形成个人的"人力资本"。虽然人

力资本对于农民市民化起着最为直接的支持作用,但是农民人力资本普遍偏低却是不争的事实。笔者在 2005 年 6—10 月进行的"重庆市失地农民市民化研究"的调查中,300 余个有效样本中86.3%的被调查者的学历为初中及以下,其中文盲占到了12.8%。文化程度偏低是这些新市民群体的普遍特征,这对失地农民市民化来说无疑是一个软肋。

教育水平偏低直接导致农民在角色转变过程中对市民角色行为和城市生活方式认识的偏差,由此也会形成不少的障碍。要解决此类问题,政府需要在制度层面上有针对性地对失地农民新市民群体的形成开展各类培训和教育,帮助他们掌握新的职业技能、适应城市生活方式、形成新的价值理念和行为方式,通过人力资本的提高来实现农民向市民的真正转变。

就业乃民生之本。对失地农民的教育核心就是就业教育。有人说,当今社会,知识决定命运,教育支配人生。上不了学,不识字,不了解外面的世界,就是给座"金山"、"银山",也会坐吃山空。因此,优先发展教育事业,是切断"穷根"的关键所在。为此,我们在设置失地农民职业教育专业、安排培训计划、选择教育内容、开拓职业教育模式、配置职业教育资源时,首先要找准就业市场的需求,其次要根据市场需求制定有关的职业教育方案,配置教学资源,再次是要针对失地农民的现状和当前经济、社会发展的趋势,大力打造就业市场有影响力的失地农民职业教育品牌项目。

失地农民具有牵涉部门广(农业、林业、教育、财政等),涉及人数多(据有关资料统计,每年全国新增失地农民百万以上,重庆每年增加 20 万以上),专业覆盖宽,培训内容技能性强,自身素质参差不齐、技能层次基础不一等特殊性,给职业教育带来严峻的挑战。如果仅仅依靠职业学校或培训机构这单一的主体,就不能满足失地农民就业转移的需求。因此,无论从教育经费投入主体,还是从教育培训的主体或就业安置的主体来说,均需要政府的强力支撑。从职业教育投入来说,应建立政府投入为主渠道的政府主导投入机制。从职业教育培训机制来说,应动员全社会的力量,整合农、科、教等部门的资源,实行农科教结合,产学研结合,充分发挥农业、科技部门的人才优势,教育部门的基地优势。在重庆,应当充分发挥普通高校举办的职业教育学院的资源优势,让失地农民走进大学校园,接受系统的职业教育,确保教育质量。

二、鼓励失地农民灵活就业、自主创业

如前所述,尽管灵活就业已经成为失地农民的主要就业形式,但我们仍然要大力鼓励失地农民就业方式的多样化,增加劳动力市场的弹性。

近十年来,各国的就业方式呈多样化发展趋势。非全日制就业、派遣就业、远程就业、自主就业、临时就业等形式得到了一定发展。英国、日本、荷兰等国从事非全日制工作的从业人员占全部从业人员的比重上升,1999 年分别达到 23%、22.2% 和 30.4%。灵活就业的特点:一是主要分布在第三产业,适应了人们多种多样的需求。二是扩大了就业的空间,提供了大量就业岗位,有利于降低失业率。例如,荷兰从事非全日制的从业人员比重较高,其失业率1999 年为 3.6%,在欧盟国家中较低。三是增加了劳动力市场的弹性,为妇女、青年及一些就业困难群体提供了就业机会。四是灵活就业劳动者的人工成本较低。

我们要加强灵活就业人员的权益保护。主要是规定非全日制和其他灵活就业形式的劳动者与全日制劳动者享有同等权利。欧盟在《非全日制工人指南》中规定,非全日制雇员与全日制雇员如

从事同样的工作应得到同等的小时工资,并在病假、生育工资、职业年金等方面获得平等待遇。荷兰的规定明确具体:(1)同工同酬。无论采取何种就业方式,只要岗位、工时相同,雇员获得的薪金就相同。各类雇员一律有权享受法律规定的最低工资。(2)享受同等假期。非全日制雇员休假日数按工作时间总量等比例计算;对于某些特殊假日享受同等待遇。(3)享受同样的社会保险。非全日制雇员依据其工作时间总量的大小,可依一定比例获得健康保险、失业救济、病休补偿、残疾津贴和养老金。(4)执行同样的工作试用期(最长期限为2个月)、工作环境安全规则和超时补贴。

我们要建立非全日制就业补助制度。德国政府1998年规定,如果企业安排55岁以上的劳动者在领取养老金之前转为非全日制就业,并将其原来的工作安排给其他求职者,联邦政府将支付给当事人原工资的20%作为补助。同年德国建筑业的集体合同中规定:55岁以上的员工在工作的最后十年中或者工作时间缩短一半(为19.5小时/周),或者头五年不变,后五年提前退休,在非全日制就业期间工资为从前的70%,社会保险金减为从前的90%。该条款覆盖的劳动者约110万人。

我们要采取措施,进一步鼓励失地农民等困难群体自主创业。自主创业占各国就业比重的差异较大,发达国家中葡萄牙、意大利、新西兰所占比重较高,分别为25.5%、24.5%和19.9%。意大利服务业中自营就业者占该行业从业人数的64%。发展中国家菲律宾、墨西哥、埃及比较典型,自营就业比重分别为36.2%、28.5%和28.1%。国际劳工大会通过的《促进自营就业报告》建议各国政府:为促进自营就业提供财政补贴和贷款;提供市场开发援助;协助自营就业者得到原材料、工作场地;提供信息和技能管理培训等。意大利政府 2000 年推出了"荣誉贷款"计划,资助向适合从事自营就业的人员提供专门的培训;对创业计划提供可行性论证;提供一定的开业贷款等。德国、荷兰、丹麦、波兰等国家也通过提供信息咨询、低息小额贷款、开展培训等方式帮助失业人员自主创业。

在我国,浙江、江苏等东南沿海的人员自主创业的意识和精神都比较强烈,在当地企业连续工作 3 年以上的大部分都是来自四川、重庆、贵州等西部地区的外来人员,而没有本地人。这些现象说明西部地区人员的思想观念仍然需要接受市场经济的冲击和洗礼,要加强其自主创业的意识灌输,地方政府要在自主创业的政策方面予以进一步支持。可以学习西方国家的成功做法,为失地农民自主创业创造宽松的制度环境,要允许失败,鼓励擦干眼泪,继续努力。

三、大力发展非公有制经济,增加就业渠道

根据 2006 年 11 月 16 日重庆市国民经济和社会发展论坛的介绍,截至 2006 年 9 月底,重庆市非公有制经济产业活动单位 51.81 万个,其中非公有制企业 7.85 万个,个体工商户 44.16 万户;从业人员达到 587.2 万人,实现增加值 1277.1 亿元,占重庆市GDP 比重达到 54.4%。非公有制经济已经成为推动重庆经济社会快速协调发展的重要力量。非公有制企业也成为扩大就业的主渠道。"十五"期间,非公有制经济平均每年新增就业岗位 30 多万个。2005 年年底,全市非公有制经济单位从业人员达到 565.4 万人,比 2000 年增加 170 万人,占重庆市二、三产业从业人员的比重达到 65.9%。在"十五"期间,绝大多数乡镇企业已经改造成为非公有制企业并且成为农村经济的重要组成部分。发展非公有制

经济,已经成为转移农村劳动力、增加农民收入和新农村建设的重要依托。

　　尽管重庆市非公有制经济发展迅速,但与北京、上海等经济发达地区相比,仍然显得落后。同时,重庆市非公有制经济总量比较少,其发展仍然受到许多因素的制约。一是体制性障碍没有得到彻底清除,例如市场准入、政府行政管理等问题还没有得到根本解决。二是政府护持和鼓励非公有制经济发展的政策落实不够,尽管国务院、地方政府出台了一系列扶持和鼓励的政策,但是在执行过程中很多政策不能够兑现。三是非公有制经济自身素质有待提高,许多企业在法人治理结构、产品结构、技术水平、员工素质等方面难以适应市场竞争的要求。四是非公有制经济仍然普遍存在融资困难、融资手段单一、对银行贷款的依赖度过高等问题。

　　重庆与西方发达国家就存在更大的差距,尤其是促进企业成长、创造就业机会方面。发达国家的积极就业政策中最重要的一点就是注重创造新的就业机会,促进就业增长。其主要举措有:首先,鼓励创办新企业以增加就业机会。德国政府为新企业创办者提供创业培训,失业者在接受此类培训时还可以领取生活费补贴。政府还为新企业的创办提供厂房、仓库、实验室等必要设施,并对新创办企业提供政策优惠与财政补贴,补贴额相当于新办企业自有资本的1%。这项措施不仅使一半以上的创业培训者实现了自我创业,还为德国社会提供了新的就业机会。

　　其次,大力发展第三产业和中小企业以扩大就业机会。法国政府大力发展第三产业,把企业的保卫、财务、通讯、饮食及其他相关服务分离出来,实现企业后勤服务社会化,同时,建立全面社会服务体系,以便提供更多的就业机会。法国政府还利用财政手段,逐步将向创造就业机会的企业发放奖金改为减免企业社会保险费,鼓励中小企业增加雇佣人数,扩大就业机会。德国政府大力支持中小企业发展,尤其是在资金方面加强对中小企业的支持,如提供财政补贴和低息长期贷款、实行税收减免、提供科研和技术补贴、设立中小企业发展基金等。1988 年,德国联邦政府和地方政府用于资助中小企业的款项约 50 亿马克,1989 年,德国联邦政府和各州政府还为中小企业获得贷款提供 90% 的担保。德国现有中小企业 300 万家,中小企业就业人数占总就业人数的 2/3 以上。美国历次经济危机中,中小企业都吸收了大量人员就业,到 20 世纪 90 代初,中小企业的就业人员已占其就业总量的 70% 左右。这与美国立法支持中小企业发展是分不开的。美国国会先后通过了《中小企业法》、《公平执行中小企业法案》、《中小企业投资法》等以保障和创造中小企业参与公平竞争的机会。其中《中小企业法》规定,政府应尽可能地帮助、支持、保护中小企业参与竞争的利益。此外,美国的许多法律都限制大企业的市场扩张,其中最主要的就是《反托拉斯法》,目的是给中小企业制造一个公平竞争的环境;美国的《政府采购法》还有专门条款规定,保证中小企业获得政府的定货。加拿大政府对中小企业的扶持和保护主要是通过税收优惠进行的。其制定的《中小企业减税法》、《联邦减税法》都规定对中小企业实行税收优惠。韩国也通过立法对中小企业采取了全方位、多层次的综合扶植政策。其相继制定了《中小企业基本法》、《中小企业振兴法》、《中小企业调整法》、《中小企业创业支援法》和限制垄断的《公平交易法》,所有这些法律的内容均在于优先培育中小企业,使其有计划地实行现代化。同时,韩国还制定了《促进中小企业产品购销法》,规定公共机关优先购买中小企业产品。这种强有力的支持,使得中小企业成为韩国劳动力就业的"半壁江山"。

发达国家不仅注重通常意义上的就业促进制度的构建,亦不乏对特殊弱势群体就业促进制度的特别供给。以法国为例,其弱势群体社会保障制度有很多经验值得我们学习。法国依据联合国对贫困人口的定义,将月收入不到平均收入一半的困难群体定义为贫困人口并针对他们制定了专门的法律制度,建立紧急救助体系,帮助他们积极就业、融入社会。法国1998年颁布的《社会保障保证法》在开篇即强调"消除贫困是国家的重大任务,是国家政治的优先领域",并明确提出"本法旨在保证所有人的就业、住房、保险等基本权利"。其中在促进贫困人口就业方面的制度主要有:首先,通过经济手段,即免税、减税等多项措施帮助贫困人口就业;其次,建立"社会帮助合同"制度,使得企业和协会能用最低成本雇佣员工从而积极促进贫困人口的就业,即凡雇佣职业能力较弱、身处贫困的人员,由国家承担所雇佣员工一定比例的工资。据统计,有50%的贫困人口通过此项措施实现了就业,其中三年内又有50%与雇主签订了长期合同,得到了长期工作。

最后,通过政府扶持多种形式的社团组织和机构帮助贫困人口实现就业,具体包括:一是帮助贫困人口融入专门的弱势群体企业,这类企业一般由民间社团开办,属非营利性质,主要是为吸收弱势群体就业而设,国家对企业给予资助;二是开设中介机构,由这些机构雇佣贫困人口后再介绍其到企业或团体就业。在社团企业或机构中,被雇佣者享有正常就业人员的权利,领取最低工资,有特别的管理培训人员对其进行培训管理。此项措施实施情况良好,有70%的贫困人口通过这两种方式于三年后都能找到正常工作。

为了促进非公有制经济发展,增加就业渠道,我们必须努力为他们发展创造良好的环境。一是要提高政府运行的总体水平,逐步建立起政务公开、管理科学、运行高效、权责统一的法治、服务、责任、效能政府。二是进一步落实党中央、国务院关于大力发展非公有制经济的若干政策和措施，在税收、银行信贷、融资渠道、投资领域等方面切实做到与其他国有企业、三资企业一视同仁，积极营造公平竞争的市场环境。三是当前要贯彻好国务院《关于鼓励支持和引导个体私营等非公有制经济发展的若干意见》所规定的各项政策，进一步明确非公有制经济在进入垄断行业、社会事业、公用事业、基础设施等领域的进入程度、参股比例、介入方式、审批环节等细节。四是认真建立和畅通非公有制经济企业的利益表达渠道，包括信访制度、听证会制度、市长信箱等，建立行政服务责任追究制度，完善政府的回应机制。

四、加强失地农民灵活就业的社会保障

（一）灵活就业的社会保障存在困难

国家统计局 2003 年的一项调查显示：农村外出务工人员（包括失地农民）中，85% 左右仅具备初中以下文化程度，只有不到 15% 的人接受过专业技能培训。而且，农民工通常没有主动意识也没能力为改善自己的知识和技能进行投资。这些因素限制了他们的择业范围，也形成了低级劳动力市场竞争过度、高级劳动力市场供给不足的结构矛盾。同时，给扩大农村劳动力转移规模增加了难度。

目前，以国有企业单位保障为原型，针对国有企业正规就业人员设计的现行社会保险制度难以覆盖所有层次的社会人群，灵活就业人员参保受到制度设计的局限，这也是社会保险扩大覆盖面难以推动的制度原因。

一是单位要承担大部分缴费责任，它依托于正规单位，要求单

位集体参保。而灵活就业人员所在的单位既不愿承担缴费责任，也不愿组织员工集体参保。

二是缴费率过高，灵活就业人员难以承受。现行基本养老保险的单位缴费率为20%左右，个人为8%；基本医疗保险单位为6%左右，个人为2%；失业保险单位为2%，个人为1%。如果灵活就业人员全面参加现行的几项主要社会保险制度，单位和个人承担的费用约占工资的39%。一方面，企业人工成本将大幅增加，超出企业的承受能力，甚至会危及中小企业的生存。另一方面，许多无单位自雇者个人必须承担本应由单位和个人共同负担的全部缴费，他们参保的负担往往是正规就业人员（只需缴纳较少的个人缴费）的数倍。大多数灵活就业人员收入较低，有些人只略高于最低工资，低得多的收入水平和高得多的缴费水平形成强烈反差，员工本人往往不愿意或无能力参保。

三是要求单位和职工定期缴费，而灵活就业人员就业不稳定、收入也不稳定，无法确定一个稳定的缴费基数，难以按月定期缴费。

四是统筹层次低且区域分散。灵活就业人员经常更换就业地区、工作地点和工作岗位，相当部分农民工在外出就业一段时间后最终还要返回家乡。目前大多实行地市级或县级统筹，参保人的社会保险权益难以从一个统筹地区转入另一个统筹地区，即便允许带走个人账户积累部分，其他缴费积累实际上也是补充了当地社会保险基金，弥补了当期资金缺口。就业地区的变动意味着社会保险权益的丧失。尤其值得注意的是，当前灵活就业人员的流向往往是经济欠发达地区向发达地区流动，由此形成在发达地区务工交纳社会保险费，为发达地区的社会保险基金做贡献，而由原籍承担养老等保障风险的情况。这有悖社会保障的公平原则，加大地区间再分配差距,严重侵害灵活就业人员的利益。

五是不同地区社会保险缴费年限不能累加。现行制度规定职工达到一定的缴费年限,才能享受保险待遇。据对农民工调查,平均在城市打工的年限为4—6年,且很多人往往在多个地区打工,使得大多数外来人员由于在任何一个就业地区的缴费时间都达不到享受退休待遇的最低缴费年限而最终不能享受全额养老保险待遇。

随着灵活就业群体的扩大,各地相继出台的一些针对这一群体的社会保障办法收效甚微。而正在酝酿的办法也难以解决他们流动性大、社会保险权益转移等实际问题,难以逾越现行制度障碍。有关部门提出,允许灵活就业人员按年积累社会保险权益,即每工作一年,积累一定百分比的养老金待遇,在不同地区所获得的社会保险权益可以累加,同时建立全国性的社会保险管理中心,汇集和累加流动人口在不同地区的社会保险资金,最终把汇集的资金转移到流动人口退休时定居地的社会保险管理机构,由他们承担支付流动人口社会保险待遇的责任。这个办法操作性不强,管理成本过高。试想在上万个社会保险经办机构中,从上亿参保者中,筛出灵活就业参保者集中到全国管理中心,再根据若干参保者的流向划转,这是一个何等艰难的、长期的、动态的、难以掌握的工作!

此外,有些地方为解决灵活就业人员社会保障的燃眉之急,采用为外来务工人员建立综合保险的办法。职工个人不缴纳保险费,由用人单位为职工缴纳保险费,每年累加。当职工离开本地时,要么退保,要么积存在此,待退休时一次性给付。这个办法避免了参保者保险权益被侵吞,但未能根本解决职工年老时的保障问题,这些人在年老时还是遇到养老等风险问题。

应当说,各级政府非常重视社会保障工作,不断出台社保有关政策,中央财政也不断加大财政投入力度,2006年初中央财政已下拨160多亿元支持社会保障。但制度结构不做调整,只是不断增加投入和修补制度的举措,即使不是拆东墙补西墙,也是属于锦上添花,所惠及的还是已经参保的城镇正规就业人员,涉及不到迫切需要保障的灵活就业群体。高门槛的社会保险制度只能拉大不同就业群体的保障差距,使处于弱势地位的灵活就业群体望洋兴叹。

当前,从政策层面看,无论养老、医疗保险等均允许灵活就业人员参加现行社会保险制度。如在有关部门草拟的完善企业职工养老保险制度预案中,提出当前及今后一个时期,要以灵活就业人员为重点,扩大养老保险覆盖范围。此方向无疑是正确的,但操作起来难以尽如人意。预案规定灵活就业人员参保缴费基数为当地上年度职工平均工资,缴费比例为20%,其中12%进入社会统筹基金,8%记入个人账户(相当部分灵活就业人员须全部由个人缴纳)。以北京为例,2003年社会平均工资为2100元/月,缴费额应为420元/月。大部分灵活就业人员工资介于中低收入和最低工资之间,北京的最低工资为545元/月,假设取社会平均工资与最低工资中间作为灵活就业人员的平均工资,420元/月即意味着占灵活就业人员工资的32%,这还仅是养老一项。可以想见,这个方案对于他们的负担还是很重的,这种缴费额对于低收入群体来说,几乎占其工资的绝大部分,严重影响他们的当期收入和基本生活。这是一个令他们望而却步、难以接受的办法。

(二)从实际出发,加快解决失地农民灵活就业的社会保障问题

上述分析可看出,目前采取的种种办法都难以解决灵活就业

人员的保障权益问题,财政无论对保障缺口怎样加大投入,参加不进这个制度中来的人都难以享受。制度标准、待遇设立得越高、越完善,制度内外差距则越大。在现行制度框架下任何加大投入和完善制度的措施都只是对制度内人群有利,与制度外群体无缘。完善保障制度的根本出发点,是要适应就业形势变化,普惠所有城镇劳动者,使他们有业可为,遇险可避。在市场经济中,这样一个庞大的、缺乏基本社会保障的劳动群体对于任何政府及社会稳定都是一个潜在的风险。因此,这个问题不宜久拖不决,必须下决心尽快扭转这种局面,找出比较可行的突破口,从根本上解决灵活就业人员的社会保障问题。基本思路是先从风险最大、最迫切需要保障的项目入手,首先为他们建立工伤、大病保险,并加快研究他们的养老保险问题。因为从风险性质来看,医疗风险是即期发生,重点、难点是养老问题,养老需要一个积累过程,必须及早安排。

为此,我们亟待完善的养老保险制度应该是使绝大多数劳动者参加的、可持续的、低门槛的、多形式的养老保险制度。党的十六届三中全会《决定》明确提出,加快建设与经济发展水平相适应的社会保障体系,将城镇从业人员纳入基本养老保险,条件具备时实行基本养老保险金的基础部分全国统筹。因此,当务之急是加快推进基础养老金全国统筹的步伐,使这种养老保险制度惠及城镇所有从业人员。使城镇所有从业人员均有一个统一的、低水平、低成本、保障基本生活的基础性保障制度。

具体办法是:尽快建立由中央政府负责管理的全国统筹的基础养老金制度。即变费为税,在全国范围内统一征收基础养老金性质的社会保障税,在全国范围内以国税形式筹资。从现行制度中将社会统筹基金所支撑的基础养老金部分分离出来。税率可暂定为8%—10%,单位和个人各缴纳一半,由国税部门统一征收。

养老保险税的税基为纳税人的全部工薪收入，纳税对象为城镇所有从业人员。起步阶段，基础养老金待遇标准可定为省或市社会平均工资的30%。这样在基础养老金层面不会存在过去那种身份及待遇差别。

这样做充分体现了保障基本生活、降低保险成本的原则，最大限度地体现了再分配制度的公平原则和公民基本权利保障，真正实现了社会互济。它可以适应各种就业形式和各类人群的基本保障需要，并适应经济转型期劳动者在单位、地区、城乡间合理流动及灵活就业的需要。至于个人账户养老金则各地可根据经济水平和承受能力确定缴费率及待遇水平，收入和效益更高的人群可通过建立各类职业年金或商业保险来体现差别。这样从根本上解决非正规就业人员的社会保障问题，真正实现了低水平、广覆盖、适应各种就业形式、各类收入人群的多层次社会保障。

在目前未实行这一办法之前，可先在灵活就业人员中建立养老保险专项账户，还是依据雇主雇员各4%—5%的标准缴纳。待全国养老保险制度作出统一调整时，再并入统筹基金。这样可解决他们的保险权益转移等保障问题。

（三）实行城乡统一的就业保障制度

解决失地农民就业问题的根本出路在于发展经济。在此之外，另一个重要的方面是，政府要积极探索多种形式就业安置办法，把就地安置、招工安置、投资入股安置、住房安置、划地安置和失地农民自谋职业等安置形式有机结合起来。

1. 继续发挥征地单位就业促进的作用。建议在出让土地时，本着互惠互利的原则，与征地单位签订提供一定数量或一定比例就业岗位的协议，或在同等条件下优先吸纳被征地单位的劳动力。

2. 积极鼓励失地农民自谋职业，自主创业。鼓励失地农民从事经商开店等活动,并在政策允许条件下对自主创业人员在资金、税收、场地、收费等方面予以扶持,以减少他们的创业风险,增强自主创业的信心。对农业生产方面有特长的农户,要发挥他们的种植、养殖技能,为他们积极创造条件到农业园区、异地、基地继续从事农业生产。

3. 积极探索市场经济条件下集体创业的新路子。村集体经济组织的发展是失地农民就业的重要途径。国家征用土地时,应在规划区内留出一定数量土地返回给村集体,由村集体经济组织开发、经营,安置失地农民就业;在村民自愿的前提下,允许村集体利用征地补偿费作为发展基金,大力发展劳动密集型的行业和产业。同时,政府应制定扶持政策和创造条件,帮助这些集体企业快速成长。

4. 大力开发社区就业岗位,把解决失地农民再就业问题同加强城市的绿化、环保、卫生、交通、便民服务等项事业结合起来,使之形成提供就业岗位与创造本地财富的新循环。

5. 实行公共就业工程计划,如实施建筑、道路、绿化、社会建设等劳动密集型工程,或结合当前城乡环境整治等工作,帮助大龄失地农民再就业。

6. 就业资源枯竭地区,应组织开展劳务输出。

消除就业障碍,为失地农民营造良好的就业环境。各级政府和社会各界要像关心城镇下岗职工那样关心支持失地农民的就业与再就业,逐步清除各种不利于统筹城乡就业的制度和文化因素。当前要着力加强两个方面的工作:一是消除影响征地劳动力流动和就业的各种壁垒,保护他们的合法权益,切实解决好农民进城后的职业培训、子女教育、劳动保障以及其他服务和管理。二是把失地农民纳入城镇就业体系,与城镇居民享有同等待遇。

重视资产建设,缓解失地农民的就业压力。失地农民的资产建设,有赖于政府的重视和培植。首先,政府应充分认识资产建设对失地农民的就业促进作用,把资产建设作为失地农民就业战略的重要内容。其次,政府应从政策上引导和帮助失地农民积累资产。可行之策有两条:第一,抓好失地农民的住宅规划与建设。城市规划部门与建设单位在设计建造失地农民的住宅时,既要考虑确保他们乐有所居,也要方便他们能从房屋资产中形成长效受益机制。具体而言,原则有三:一是住宅最好规划在具有一定商业价值的地段,如沿街、靠近集市等。二是住宅应实行小区化。居住小区化不仅能方便居民日常生活,居住区内商业用房也可作为村集体资产获取收益。三是推行多层公寓住宅。多层公寓既可把节约下来的宝贵土地用于发展集体经济,形成一份产业,也便于失地农民在满足自住的基础上,有一定面积的房屋用于出租,获取租金收益。第二,壮大村级集体经济。对于必须由国家征用的公益性建设用地,可以在规划区内征用土地中留出一定数量土地,由村集体经济组织开发、经营。留用地比例以征用地总面积的 20% 为宜,10% 专项用于村集体发展二、三产业,另外 10% 用于农民生活安置。对于那些土地征用量大、土地征用补偿费较多的行政村,政府应积极倡导社区股份合作制的改革,促进集体资产保值增值。

(四)《就业促进法》为失地农民就业提供了制度保障

2008 年 1 月 1 日起将实施《就业促进法》,这为建立城乡统一的就业制度、促进失地农民就业提供了制度性保障。

就业促进是国家采取的帮助公民实现劳动就业的一系列措施的总称。现代社会中几乎各国的经济政策都致力于解决就业问题。减少失业、促进就业是世界各国共同努力的目标。各国政府在就业促进中的责任包括:尽力降低社会的失业率,尽量达到充分就业;通过监督与干预,建立公平竞争的就业环境;扶助特殊社会群体就业,对失业者给予救济;建立公共就业介绍体制,为社会成员免费提供有效的就业服务。

国际劳工组织1964年通过的关于就业政策的公约和建议书中,明确指出:"每一个会员国都应当为了鼓励经济增长和发展、提高生活水平、满足对劳动力的需求以及克服失业与就业不足而宣布和执行一项积极的政策,促进充分的、生产性的和自由选择的就业,并把它作为一个重大的奋斗目标。这项政策的目的是要确保所有可以工作并在寻找工作的人都有工作可做,而且这样的工作应当尽可能是生产性的;还要保证人人享有选择职业的自由,并且有尽可能充分的机会获得为了做适合于他的工作而需要的资格以及得以实现人尽其才,而不论他是什么种族、肤色、性别、宗教、政治观点、民族血统或社会出身。"20世纪70年代中期,举行了世界就业、收入分配和社会进步以及国际劳动分工会议,对就业状况的关心延伸到了"贫困"问题,即大量的工人虽有职业但其收入不足以维持最低水平的生活。会议宣言指出促进就业和满足每一个国家人民的基本需要应当是国家发展计划和发展政策的优先目标,呼吁各国政府要检查和变动各自的发展政策,以确保人民的充分就业和获得最低限度的食物、住房等基本生活需要。

美国把充分就业作为政府对宏观经济干预和调节的目标。1946年《就业法》规定政府要对控制社会就业承担责任,争取达到最大的就业。国家有责任保持高水平的就业、生产和贸易能力。1978年,《充分就业与平衡发展法案》,要求为所有的求职者提供就业的可能性。美国还建立了失业率和膨胀率期望指标体系,作为制定政策的参考。

德国首先通过法律和政策对解雇进行严格的限制。在1969

年 8 月 25 日颁发的《解雇保护法》中，"一般解雇保护"包括了"无正当理由解雇"和"更改性解雇"，如雇员认为解雇不具备正当理由，可在解雇后一周内向企业委员会提出异议。如企业委员会认为异议有理，则应努力与雇主协商。根据雇员和雇主的要求，企业委员会可就异议向他们发表书面意见。雇员也可在解雇后三周之内向劳动法院提起诉讼，请求法院确认这一解雇无效。其次，资金保障也是德国政府就业促进政策的体现。法律规定在政府预算中，拨付专款用于职业介绍和咨询、创造工作岗位、职业培训过程中失业者的补贴等。

在我国，政府促进就业不仅是保障劳动者就业权实现的内在要求，也是国家保障公民生存权的重要举措。我国《劳动法》对促进就业作了专章的规定。我国政府促进就业的措施主要有：通过促进经济发展，创造就业条件，扩大就业机会；采取措施鼓励企业、事业组织、社会团体在法律、行政法规规定的范围内兴办产业或者拓展经营，增加就业；支持劳动者自愿组织起来就业和从事个体经营实现就业；建立和完善劳动就业的服务体系。

政府的就业促进责任应当以法律的形式加以确定，因为就业促进需要采取长期有效的、相对稳定的制度保障。我国在《就业促进法》中借鉴了国外的经验和相关的国际公约，明确规定各级政府有促进就业并确保就业增长的责任与义务，并将这一指标作为国家立法机关监督与考核行政机关效能的重要指标。在经济指标增长的同时，应当要求创造就业岗位和劳动者就业的指标增长。

我国实行积极的就业政策，特别是通过发展劳动密集型产业来创造就业机会，可以改变现有的收入分配结构，缩小收入差距。这样一个机制是通过提高新增劳动力的工资水平实现的，这会使得劳动者在劳动报酬方面有所受益。

　　《就业促进法》有很多条款涉及公平就业和就业歧视问题,起到了规范劳动力市场的作用。当前就业领域中一种严重的歧视现象是对进城农村劳动力的就业歧视。《就业促进法》在第三十一条中明确规定,"农村劳动者进城就业享有与城镇劳动者平等的劳动权利,不得对农村劳动者进城就业设置歧视性限制"。这无疑为农村劳动力进城公平就业提供了制度保障。进城农民工主要是农村中的中青年劳动力,他们是这部法律主要受益群体。在进城农民工中有许多是失地农民,他们在就业方面受到许多歧视,而且变得越来越严重。与城市人相比,失地农民在劳动力市场上处于"一高四低"的地位,即在失业率上要高于城市人,在劳动力市场参与率上要低于城市人,在工资上要低于城市人,在工作环境上要低于城市人,在晋升机会上要低于城市人。我们非常期待《就业促进法》实施以后会改变这种趋势。

第八章　失地农民工伤保险制度

第一节　工伤保险的制度变迁

一、工伤的概念与特征

工伤(industrial injury)亦称职业伤害(occupational injury),是指劳动者从事职业活动或者与职业责任有关的活动时所遭受到的事故和职业病伤害。因而,工伤的概念有两个主要部分,一是职业事故伤害,二是职业病。工伤的本质特征是对受害人机体的损伤,它既可以是由工作事故引起的,也可以是由致病的危险因素所引起。在英美法中,工伤被定义为:因为职业引起(rising out of employment)或者在职业过程中(in the course of employment)而受到的伤害。《中国职业安全卫生百科全书》(1991年)将工伤定义为:"企业职工在生产岗位上,从事与生产劳动有关的工作中,发生的人身伤害事故、急性中毒事故。但是职工即使不在生产劳动岗位上,而是由于企业设施不安全或劳动条件、作业环境不良而引起的人身伤害,也属工伤。"

工作事故伤害(industrial accident injury)是在职业活动(如企业生产活动)所涉及的区域内,由于突发性致害因素使人体组织受到的损伤。职业病(industrial disease)是劳动者在职业活动中,因接触职业性有毒有害环境(诸如粉尘、噪声、高温、放射源,有毒有害化学物质,致病微生物等因素)而引起的所有疾病。事故与职业病可以用突然性的标准加以区分:前者是以引起身体损害的突发性事件为前提的;后者的发生时间则不可能精确地确认,这是因为疾病与工作场所致害因素的关系常常细微而复杂,而且职业暴露与初始症状之间有较长的潜伏期。工伤的直接后果是致使受害人的劳动能力暂时性(局部或者完全)丧失或永久性(局部或者完全)丧失,或者导致受害人死亡。

工伤具有如下特点:

1. 工伤对职工人身产生的伤害逐渐扩大和加重。由于工作原因而产生的伤害是工伤的最基本特点。这里的工作原因包括的范围日趋广泛,由原来的工作过程中的意外事故,逐渐扩展到工作中的日常侵害和为工作原因而在交通或出差过程中发生的意外事故。这种引发工伤伤害原因的范围的扩展体现了对职工权益保护的扩大和加强。工伤是对职工身体健康和生命的伤害,包括对职工的生理和心理两方面的伤害,其损害程度随着科技的发展而有加重的趋势,例如苏联切尔诺贝利电站核泄漏导致的大范围、长时间的损害。

2. 工伤产生的工作原因和加害的主体有多样化的趋势。在工作范围内,如在工厂车间内、在工作时间内、在工作岗位上或者在工厂环境范围内执行岗位工作之外的企业交付的任务时,由于发生意外事故而致使职工身体遭受伤害,负伤、致残或者死亡。这种伤害是典型的因工作原因而负伤,当然是典型的工伤。这种伤害应当由企业来承担经济补偿责任是没有争议的,也是容易理解的。

在非工作范围的环境内,由于执行工作任务时遭受意外事故伤害的,也是工伤。因为,这种伤害也是由于职工的工作引起的。

由于执行工作的行为而引发的事故伤害属于工伤,那么,在执行工作过程中,由于非工作行为之外的与工作行为无关的意外事故所引发的对职工的伤害是否也算是工伤呢? 按照国际上现有的惯例和我国的规定,凡在工作时间内,在工作或执行企业任务过程中发生的事故伤害均属于工伤,而不论这种伤害是不是由于工作行为或工作本身引起的。

这里的"工作原因",除前面已经讲过的工作行为过程中的意外事故和工作时间过程中的全部意外事故之外, 还包括更宽泛的内容:工作中接触的物质或者工作环境给职工身体健康造成的逐渐性伤害, 致使职工在长期工作过程中形成疾病。这种由于工作条件、工作环境给职工造成的日积月累的伤害也是工作原因引发的伤害, 就是我们这里所说的职业病伤害, 也属于工伤。另外, 为工作的原因, 在上下班规定的时间和必经的路线上以及在出差过程中发生的非本人责任或者非本人主要责任的意外事故, 也被包括在"工作原因"之内, 凡是由于这些"工作原因"而对职工产生的意外事故伤害和职业病伤害都可以被认定为工伤。

3. 工伤的范围具有法定性。各国虽然一般都规定了工伤的构成条件,规定凡符合条件的职工伤害就构成工伤。但是,各国同时也大都通过立法给工伤一个大致确定的范围,规定职工在什么情况下所受的伤害构成工伤,什么情况下所受的伤害不属于工伤。这就是工伤的法定性。我国《工伤保险条例》中就明确规定了工伤的范围,该《工伤保险条例》第14条规定,以下情形可以认定为工伤:

（一）在工作时间和工作场所内，因工作原因受到事故伤害的；

（二）工作时间前后在工作场所内，从事与工作有关的预备性或者收尾性工作受到事故伤害的；

（三）在工作时间和工作场所内，因履行工作职责受到暴力等意外伤害的；

（四）患职业病的；

（五）因工外出期间，由于工作原因受到伤害或者发生事故下落不明的；

（六）在上下班途中，受到机动车事故伤害的；

（七）法律、行政法规规定应当认定为工伤的其他情形。

第 15 条　职工有下列情形之一的，视同工伤：

（一）在工作时间和工作岗位，突发疾病死亡或者在 48 小时之内经抢救无效死亡的；

（二）在抢险救灾等维护国家利益、公共利益活动中受到伤害的；

（三）职工原在军队服役，因战、因公负伤致残，已取得革命伤残军人证，到用人单位后旧伤复发的。

职工有前款第（一）项、第（二）项情形的，按照本条例的有关规定享受工伤保险待遇；职工有前款第（三）项情形的，按照本条例的有关规定享受除一次性伤残补助金以外的工伤保险待遇。

第 16 条　职工有下列情形之一的，不得认定为工伤或者视同工伤：

（一）因犯罪或者违反治安管理伤亡的；

（二）醉酒导致伤亡的；

（三）自残或者自杀的。

二、国外工伤保险制度概述

工伤保险作为工业化发展的直接产物和现代社会保险制度的重要内容,至今已有一百多年的历史。由于工业生产是一种企业组织行为,这种企业组织的社会关系基础是雇主与雇员之间建立的雇佣关系。雇员受雇于雇主,从理论上讲,是把劳动力出卖给雇主,从而获得物质报酬。当劳动者在工作中受到无法弥补的、自身经济能力无法承受的和自身无法控制的身体伤害时,理应向雇主提出补偿的要求。

工伤保险起步于 19 世纪,伴随欧洲国家工业化的进程而发展。到了 19 世纪后期,由于现代工业的发展导致工伤事故日益增多,英国、德国、法国等工业化较早的国家相继以法律的形式规定雇主要为受职业伤害的工人支付补偿金,强制雇主负责工伤赔偿。作为大陆法系的代表,1884 年德国政府颁布了世界上第一个工伤保险社会统筹的法律,即《工人灾害补偿法》。其出发点是"不以追究事故责任者确定赔付的原则",其含义为,在工伤赔付上,无须再追究是雇主还是雇员方面的过错,而是以是否发生在就业过程中为确定工伤赔付范围的划定标准。工伤保险法律将过去由工人方面承担事故后果,转移向雇主方面承担。但雇主的责任不是以企业主个人承担民事责任的形式体现,而是由社会互济的方式来承担。劳动者在生产工作过程中遭受工伤事故后,无论其是否对意外事故负有责任(蓄意制造事故者除外),均应依法按照规定的标准享受工伤保险待遇。1885 年,德国成立了工伤保险同业公会,该公会以行业来划分,每个雇主都是同业公会的成员,由雇主承担的法律补偿责任交由工伤保险同业公会承担,统筹组织工人补偿事务,建立工伤社会保险基金,担负支付工伤费用。1963 年的新法律,在机构组织形式方面的改革几乎没有变化,但重点强调了职业康复工作,并按照 1957 年的公共养老金改革要求,提高了工伤职工的待遇标准。此外,还将工伤保险的范围扩大到产业工人之外的所有工作的职工。

德国的工伤保险覆盖了所有的订立了工作、服务或咨询指导合同的人员,而不管他们收入多少。家庭帮工、从事艺术人员、按时注册的失业人员和农场工人等也包括在内。该计划还覆盖了一些公共领域的人员,如医疗卫生、福利工作等政府或公共服务的人员。此外,自谋职业者也要参加工伤保险。受文官条例保护的政府公职人员、宗教人士,私人医生、牙医、药剂师,不拿薪水的家务人员可以不参加工伤保险。德国工伤定义为"由于与被保险活动相联系而造成的身体的突发性伤害"。上下班途中的交通事故也被认为是工伤。职业病病种由法定形式确定,没有列入职业病种的疾病如果满足职业病的条件,也可享受职业病待遇。

作为英美法系的典型,英国 1897 年开始实施工伤保险,并且颁布了工伤保险法律。最早实施的法律中,保留了雇主的民事补偿责任。一旦发生工伤事故,工人不得不选择其中一种制度进行。工人补偿法本身是从严格的无过错补偿雇主责任的原则基础上发展而成的强制性的法律。英国又于 1946 年颁布了国民工业伤害保险法,这一法律比较先前的法律有所发展,但没有实质性改变,作为当时建立的国民保险法律的一部分,并与国民健康服务、家庭津贴计划和社会救济等项目,构成了英国社会保障保护体系。英国工业伤害保险使雇主对工人的补偿责任变为一种社会责任,并为工伤职工提供社会服务。

雇主责任是相对于集体责任而言的。几乎所有国家现行的工伤保险计划都是根据"职业风险"原则确定的,而先前是根据"过错"原则或民事侵权行为进行补偿。因为雇主的(或者工人的)过错或疏忽往往难以得到证实,而用职业风险的原则既能使雇主免受诉讼之累,又能使工伤职工得到补偿,因而职业风险的原则得到了广泛的运用。"职业风险"的理论内容是:使用人力和机器进行经济活动的雇主,要建立一个负责支付工伤费用的机构,不论工伤是由于自己疏忽引起的,还是由同事引起的,都要给予补偿。这笔费用如同维修机器、厂房的费用和支付职工的薪水一样,要由雇主承担。工伤补偿计划按照雇主应负的责任,分成个别雇主责任计划和雇主协会责任计划。最早是由工伤者的雇主负责提供补偿金,到 20 世纪末,一些国家开始采取由雇主协会负责提供补偿金的办法。因为按照个别雇主责任计划,工伤者或其遗属直接向其雇主要求领取补偿金,雇主也应该支付这笔补偿金。政府部门只有在当事人不能达成一致时才进行干预。个别雇主补偿计划不足之处在于:资金有限的小企业负担工伤补偿存在实际困难,特别是一旦发生了伤亡人数多的大事故时,要负担大笔补偿金,有可能会使企业无力负担而造成倒闭、工人失业。而且,小企业提供补偿的费用较低,一般低于实际需要。完全丧失劳动能力的或因工死亡的,补偿数额通常为伤亡者本人 3 年的工资,往往也是一次性支付,不能保证工伤者和遗属的基本生活需要。

目前,世界上绝大多数国家已步入工业化时代,工伤保险的发展在近些年得到了更为广泛的关注,绝大多数国家优先考虑建立的社会保险制度,在社会保险体系中占有重要地位。在全球近200 个国家和地区中,有 172 个国家建立了社会保障制度。其中,建立工伤保险项目的有 164 个国家,其他 30 多个国家也有与工伤事故相关的立法。各国工伤保险的主要模式有雇主责任保险、工伤社会保险以及上述两种形式并存。预防、赔偿、康复三位一体的做法在国外较为通行。大部分国家设立工伤保险机构,开展工伤保险赔偿、事故预防和职业康复工作。

三、工伤事故保险的概念和特征

（一）工伤保险的概念

工伤保险是指国家和社会为在生产、工作中遭受事故伤害和患职业病的劳动者及其亲属提供医疗救治、生活保障、经济补偿、医疗和职业康复等物质帮助的一种社会保障制度。工伤所造成的直接后果是伤害到职工的生命和健康,并由此造成职工及其家庭成员的精神痛苦和经济损失,劳动者的生命健康权、生存权和劳动权利受到影响、损害甚至被剥夺。劳动者在工作和劳动的过程中,形成了与用人单位之间的劳动关系,如果不幸发生了事故,造成劳动者伤残、死亡或者患职业病,劳动者就应该享有工伤保险的权利。

工伤社会保险已单独成为社会保险体系的一个项目。除了和其他社会保险一样包含待遇补偿和支付的内容之外,工伤保险的特点还在于它具有预防事故发生、预防职业病伤害以及职业康复的内容,这是其他社会保险制度中所不具有的内容。

（二）工伤保险的基本特征

工伤保险具有补偿和保障的性质,与其他社会保险项目如养老、失业、医疗保险等相比较,待遇最为优厚、保险内容最为完备、保险服务也最周到,而且易于实现,其性质和基本特征如下:

1. 工伤保险具有强制性。工伤保险是国家宪法确立的劳动者的一项基本权利,为保证劳动者这一权利的实现,国家必须通过建立法规强制实施。法规所规定范围内的用人单位及职工,都应该参加工伤保险,缴纳保险费。工伤具有突发性,多属意外事故,同时工伤也具有不可逆转性,其造成的损失往往难以挽回,对个人也将带来终身痛苦,于企业和国家都不利,因此工伤保险应该是强制性的。

2. 工伤保险具有社会性。工伤保险是世界上历史最悠久、实施范围最广的社会保险制度,其对象包括不同地区、不同行业和不同岗位的劳动者。因此保险金领取人数众多,对整个政治生活、社会生活、经济生活都会产生广泛的影响。政府部门可以通过对社会经济生活的干预,在发生劳动风险与未发生劳动风险之间进行收入再分配,切实达到保障劳动者基本生活的目的。

3. 工伤保险具有互济性。工伤保险可以通过统筹基金来分散劳动风险,这是社会保险的基本办法。由于工伤人员在社会上分布不均,必须依靠社会力量进行保险,解决企业和地区之间压力不均的矛盾,体现出互济性,对企业和劳动者双方都会形成保护机制,在较大范围内分散了风险。

4. 工伤保险具有福利性。工伤保险基金属于劳动者所有,是保障职工安全健康的基础,专款专用且国家不征税,并由国家财政提供担保,由隶属于政府部门的非营利性的事业单位经办,为受保人服务。

(三)工伤保险与意外伤害保险

通过对工伤保险和意外伤害保险的比较,可以使我们更好地把握工伤保险的基本特征。工伤保险同意外伤害保险有严格的区别。

1. 实施保险的目的不同。工伤保险是政府的一项社会保障政策,是在劳动者因工伤残、丧失劳动能力之后给予其基本的生活保障,是不以营利为目的的;而人身意外伤害保险虽然也给劳动者带来一定的保证,但是商业性很强,以利润为商业保险公司的经营目标。

2. 实施方式不同。工伤保险是强制性保险,不管本人是否愿意,只要在实施范围之内的人都必须参加,并由政府授权的社会保险管理机构强制实施;人身意外伤害保险的实施是在双方自愿的基础上产生的,投保人或者被保险人纯属自愿投保,并可中途变更保险公司,遵循的是契约自由的原则。

3. 实施范围不同。工伤保险的被保险人与用人单位之间的关系是一种劳动关系,被保险的对象限定在一定范围,属于劳动保护范畴;人身意外伤害保险的保险人与被保险人之间的关系则是一种等价交换关系,任何人只要符合保险合同规定的条件都可投保,双方根据保险合同而产生权利与义务。

4. 保险基金的来源不同。工伤社会保险贯彻劳动者不缴费原则,保险费全部由企事业单位承担,摊入成本,当收支不平衡时,国家财政给予一定的补贴;人身意外伤害保险一般则是根据保险合同的规定,由投保人负担,为了使被保险人或受益人获得领取保险金的权利,投保人必须履行缴纳保险费义务,国家并不给任何补贴。

5. 保险金额的确定和给付不同。工伤保险金额的确定是根据整个社会的经济生活水平和国家的福利政策,由政府单方面确定,在保险金额的给付上,完全依照社会保险法规的规定给付,待遇水平既要考虑劳动者基本生活的需要,又要考虑他们过去贡献的大小;人身意外伤害保险的金额则是由保险人与投保人双方确定,双方约定后,投保人按规定缴纳保险费,当发生保险事故时,保险人按合同的规定给付保险金。

6. 保障程度不同。工伤保险所提供的保障水平一般仅满足于被保险人的基本生活需要,高于社会贫困线,低于劳动期间的工资标准;人身意外伤害保险所提供的保障水平高低则完全取决于保险双方当事人的约定和投保人缴费的多少,投保人只要有缴费能力,身体健康状况符合合同的规定,投保金额不论多少都是可以的。

7. 管理体制不同。工伤保险一般由国家授权的劳动部门和社会保险公司管理;而人身意外伤害保险则是由金融系统的商业保险公司来管理。

因此,对劳动者而言,工伤保险是一种基本的、强制的保险;而意外伤害保险则是一种临时的、自愿的保险。工伤保险是一种政府行为;人身意外伤害保险则是一种商业行为。二者可以相互补充,但不能互相取代。

总之,根据工伤保险的特点,与其他社会保险相比:一是工伤保险是社会强制性保险,实施范围较广泛,它适用于一切从事社会化生产的劳动者,是国家立法强制建立的社会保险制度;二是工伤保险具有赔偿性质,实行无责任或无过错赔偿原则,只要是在劳动中受到工伤,无论有无过错和是否应负责任,一律享受工伤保险待遇;三是工伤保险费用全由用人单位或雇主负担;四是工伤保险待遇相对较为优厚,标准较高,服务项目较多。

四、我国工伤保险制度的建立和发展

我国政府历来十分重视职工的合法权益,1949 年新中国成立以来,国内的工伤保险事业也得到了一定的发展。1951 年 2 月,政务院公布了《中华人民共和国劳动保险条例》(于 1953 年 1 月重新修订)。这部劳动保险综合法规对各项劳动保险待遇作了明确的规定,并将工伤保险列在各项保险项目之首。根据《劳动保险条例》的规定,当时工伤保险的实施范围主要是国营、公私合

营、私营及合作社经营的厂、矿，以及铁路、运输、邮电、工矿、交通事业和国营建筑公司等；实施对象包括了上述企业职工、学徒工、临时工和试用人员。

1953 年 1 月，劳动部制定了《劳动保险条例实施细则》，其中对工伤保险等问题作了较为详细的规定。同期还颁布了全国总工会制定的有关管理章程、卫生部制定的职业病名单和管理规定等一系列配套规章。此后，国务院及劳动部、卫生部等主管部门又多次就我国工伤保险的实施作了补充规定。1957 年 2 月卫生部颁布了《职业病范围和职业病患者处理办法的规定》，将危害职工健康比较严重的 14 种职业病纳入工伤范围，享受因工伤残和死亡的相关待遇。"十年文革"处于倒退阶段。从总体上看，1987 年以前没有多大的发展。

改革开放以后，我国于 1993 年 8 月 1 日起实施国务院颁布的《中华人民共和国企业劳动争议处理条例》，1994 年颁布了《劳动法》，把工伤保险制度作为养老保险、失业保险等五项社会保险之一规定下来，并适用于我国境内的企业、个体经济组织和与之形成劳动关系的劳动者。1996 年 8 月，劳动部发布了《企业职工工伤保险试行办法》，在我国首次把工伤预防、工伤康复和工伤补偿三项工伤保险的任务结合起来。同年 3 月，国家技术监督局颁布了《职工工伤与职业病致残程度鉴定》（GB/T16180—1996），标志着对多年沿用的旧的工伤保险制度开始了一次全面的改革。进入 21 世纪以来，国家为保障劳动者的权益，加快了职业伤害保障方面的立法步伐，发布了一系列重要的法律、法规和规章。在安全生产方面，主要有《中华人民共和国安全生产法》（2002 年）、《国务院关于特大安全事故行政责任追究的规定》（2001 年）、《危险化学品安全管理条例》（2002 年）、《使用有毒物品作业场所劳动保护条例》(2002 年)以及铁路运输、民用航空等特定领域安全生产方面的条例。在职业病防治方面,主要有《中华人民共和国职业病防治法》(2001 年),以及《职业病诊断与鉴定管理办法》、《职业健康监护管理办法》、《职业病危害事故调查处理办法》、《职业病危害因素分类目录》、《第一批国家职业卫生标准》、《职业病目录》等一系列行政规章和标准(2001—2002 年)。在《职业病目录》中,我国法定职业病由原来的 9 类 99 种增加到 10 类 115 种。我国职业安全与卫生保障法律框架已初步形成。2003 年 4 月 27 日国务院颁布《工伤保险条例》,自 2004 年 1 月 1 日起实施,这是自 1951 年制定、1953 年修订颁布《中华人民共和国劳动保险条例》之后,第一次制定专门的工伤保险法规,对于推进工伤保险改革、规范工伤保险制度、解决工伤保险争议至关重要。2004 年 5 月 1 日起施行的最高人民法院《关于审理人身损害赔偿案件适用法律若干问题的解释》也是解决工伤的重要司法依据。

　　目前,以《职业病防治法》、《安全生产法》和《劳动法》、《工伤保险条例》为主体,以国家法律制裁的强制力为后盾,包括相关法律、法规、规章在内的事前预防、事中保护、事后补偿相辅相成的职业安全与卫生保障法律体系已初步形成。其中,安全生产法律规范侧重于生产活动中事故伤害的事前预防和劳动保护,职业病防治法律规范侧重于生产过程中职业病特殊危害的预防和劳动保护,工伤保险法律规范针对劳动者在职业活动中遭受事故和职业病伤害的事实为劳动者提供事后的补偿。三个方面互为补充、互相衔接、相辅相成,成为我国劳动法律体系中十分重要的组成部分。

第二节　职业伤害与预防康复

一、我国职业安全与劳动卫生状况

根据 2006 年 10 月 23 日《工人日报》的报道，据劳动部门统计，2005 年年末全国就业劳动力人口超过 7.58 亿，涉及企业 1600 万家。每年新增劳动力人口 625 万。在这些劳动力人口中，暴露于各种职业危害因素者超过 2 亿，分布在煤炭、冶金、建材、有色金属、机械、化工等 30 多个行业，其中乡镇企业的务工人员数量在 1.3 亿以上。据卫生部统计报告，2005 年全国 30 个省、自治区、直辖市（不包括西藏、港、澳、台）收到的各类职业病报告 12212 例，其中尘肺病病例报告 9173 例，仅煤矿就达 4153 例。截至 2005 年年底，尘肺累积病例 607570 例，其中存活病人为 470089 例，煤矿占近一半。由于我国职业病统计要经过严格的诊断、鉴定程序，未进入这一正规程序的职业病患者，特别是广大从事有毒有害作业的农民工因为无知被伤害的情况是大量存在的，与大量的"未报告"和"隐性"职业病例相比，"报告病例"只是"冰山一角"。个案层出不穷，但总体底数不清。

根据中新网 2006 年 7 月 16 日电，在全国报告的各类职业病中，尘肺病占到 80%，其他急慢性中毒约占 20%。据统计，20 世纪 50 年代以来，我国累计报告尘肺病例 58 万多人，这个数字相当于世界其他国家尘肺病人的总和。其中已经有 14 万多人死亡，现有患者 44 万多人。但专家同时指出，由于现在厂矿企业劳动者的体检率低，报告不全，因此估计实际发病要比报告的例数多 10 倍，尘肺病实际发生的病例数不少于 100 万人。现今，职业病发病人数呈现增长势头。职业病发病者呈现年轻化趋势，且发病者多属于困难群众。我国职业病危害正在由城市工业区向农村转移,由东部地区向中西部转移,由大中型企业向中小型企业转移,职业病危害分布越来越广。根据有关部门的粗略估算,每年我国因职业病、工伤事故产生的直接经济损失达1000亿元,间接经济损失2000亿元。另外,在国际贸易中,因劳工标准(工人工资+劳动保护)遭到反倾销造成的出口贸易损失更难估计,职业病所造成的经济损失越来越严重。

在这些受到职业伤害的群体中,大多数是包括失地农民在内的农民工。

二、我国工伤损失严重

(一)我国职业病危害严重

目前,我国职业病发病形势依然严峻。主要表现为:

1. 我国职业病危害因素分布广泛,从传统工业到新兴产业以及第三产业,都存在一定的职业病危害,接触职业病危害因素人群数以亿计,职业病防治工作涉及三十多个行业,法定职业病名单达115种。接触职业危害人数、职业病患者累计数量、死亡数量及新发病人数量,都居世界首位。

2. 我国职业病发病形势严峻。近十年职业病发病情况呈现明显的凹形反弹倾向。发病人数从20世纪90年代初逐年下降,1997年降至最低后又呈反弹趋势。其中主要是尘肺病检出率显著回升。截至2002年,全国累计检出尘肺病581377例,其中累计死亡139177例,病死率22.22%。尘肺病现患病人442200例。

我国的职业危害主要以粉尘为主,职业病人以尘肺病为主,占全部职业病的71%,中毒占20%,两者占全部职业病的90%。尘肺病又以煤工尘肺、矽肺最为严重,尘肺病患者中有半数以上为煤工尘肺。

3. 职业性疾患是影响劳动者健康、造成劳动者过早失去劳动能力的主要因素,所波及的后果往往导致恶劣的社会影响。一旦患上职业病,往往很容易使患者丧失劳动能力甚至致残、致死,这将严重侵害劳动者的身心健康。急性职业病往往以出现群死群伤为特点,其危害的严重性不容忽视。慢性职业病往往需要终身治疗,治疗和康复费用昂贵。截至2001年,我国已有尘肺病患者约44万多人,按每例每年花费4万元计算,全国每年因此直接经济损失180多亿元。此外,全国每年新增的尘肺病例造成新的经济损失也在以每年6亿元的速度增长,给劳动者、用人单位和国家带来沉重的经济负担。

一些企业由于慢性职业病人逐年不断累积,其医疗和福利费逐年增加,导致企业不堪重负,有的甚至被拖垮,结果造成绝大多数职业病患者得不到定期康复治疗,职业病患者应享受的法定权益得不到保障。由于农民工职业病患者享受法定权益更难以保障,因病致贫、因病返贫比较普遍,特别是那些丧失劳动能力或病故的农民工,其家中老人和孩子无人抚养,极易成为社会不稳定因素。

职业病患者绝大多数是青壮年,直接影响到我国人口素质和劳动力资源的可持续发展;加之,部分职业病危害因素可侵害人体的生殖系统,容易引发致畸致癌致突变,影响后代繁衍。

目前在最发达的工业化国家,职业卫生服务覆盖了70%—90%的劳动力人群,在中国仅为10%—20%左右,而且职业卫生服务仅限于少数的大型工业企业。占总劳动人口70%—80%的高风险行业、建筑业、农业、林业、中小型企业、个体经营者、流动人群及非正式作坊式的劳动者仍得不到职业卫生服务。这是我国职业病危害得不到有效控制的重要原因之一。为劳动者和企业提供有效的职业卫生服务,是落实职业病防治法的一项基础工作,是有效防治职业病的重要措施。

4. 职业伤害使企业遭受重大经济损失甚至破产。事故经济损失包括直接经济损失和间接经济损失。直接经济损失较为现实和直观,首先被反映出来。直接经济损失包括:人身伤亡后的支出经费,其中包括各项工伤保险待遇支出;善后处理费用;财产损失价值。经济损失数额因事故大小而异,一起重大、特大事故可以损失几百万或几千万元,上亿元直接经济损失的事故也发生过。1993 年深圳市清水河化学品仓库发生爆炸事故,直接经济损失超过 2.5 亿元。对于微利、亏损企业或者小企业来说,事故经济损失如同雪上加霜,有些企业因此破产。对于国家来说,严重的企业职业伤害造成人员、财产和资源的巨大损失,也污染了环境和破坏了生态,制约了国民经济的可持续发展。据国际劳工专家估计,每年职业伤害的经济损失约占 GDP 的 2.5%—4%,说明职业安全卫生工作的好与坏,可以使一个国家的国内生产总值增减 2—4 个百分点,这是影响国民经济全局的大事。

(二)我国矿难频发,危害严重

煤矿灾害事故频繁发生,让我们先看一组国家安监局公布的官方数字:煤矿企业 2000 年共发生伤亡事故 2863 起,死亡 5798人;2001 共发生死亡事故 3082 起,死亡 5670 人;2002 年共发生死亡事故 4344 起,死亡 6995 人;2004 年全年煤矿企业发生各类伤亡事故 3853 起,死亡 6009 人。随着科技水平的提高和企业管理的规范,我国煤矿安全生产状况从总体上讲出现了不断好转的局面。在开展机械化生产、原煤产量不断提升的情况下,1949 年至2000 年全国煤矿百万吨死亡率总体趋于稳步下降态势。1999 年煤矿的百万吨死亡率为 6.08,2000 年为 6.0,2001 年为 5.85,2002 年为 5.0,2003 年为 4.170,2004 年为 3.100。2003 年世界煤炭产量约 50 亿吨,煤矿事故死亡总数约 8000 人。当年我国的煤炭产量约占全球的 35%,事故死亡人数则占近 80%。2003 年我国煤矿平均每人每年产煤 321 吨,全员效率仅为美国的 2.2%,南非的 8.1%;而百万吨死亡率则是美国的 200 倍,南非的 30 倍。2004 年全国煤矿百万吨死亡率即使控制在 3.1,但与世界上先进产煤国家相比,差距仍然不小。美国 2004 年产煤 10 亿吨,仅死亡 27 人,美国已经连续 3 年煤矿死亡人数在 30 人以内。中国是世界产煤大国,2005 年煤炭产量约 19 亿吨,远远超过美国、俄罗斯等国。按理较为发达的产业,其安全技术也应比较先进,然而在中国情况却并非如此,中国煤矿事故死亡人数是世界上主要采煤国家死亡总人数的 4 倍。2005 年,中国煤矿事故夺去了六千多人的生命,制造了六千多个家庭悲剧,对国家和社会造成了巨大损失。难怪有人把中国的煤炭称之为"带血的煤炭"!

三、贯彻 OHSAS18000 标准,加强职业伤害预防

据了解,目前我国进城务工的农民已达到了 1.2 亿人之多,其中每 3 个产业工人就有 2 个来自农村。从农民所从事的职业上看,吸纳他们最多的是建筑业,已达到了从业人员的 90%,煤矿采掘业达到 80%,制造业达到 60%。总体上看这些行业又都属于劳动密集型,而且职业风险较高。调查显示,有 91.6% 的工伤者是农民。由此可见,农民的职业安全与工伤保险是中国城市化建设乃至中国现代化建设过程中不可忽视的问题。

为了保护职工的身体健康,减少工伤事故和职业病的发生,保障人权,最大限度地减少或消除组织经营的职业安全卫生风险,改

善作业条件,提高劳动者身心健康,提高劳动效率,提高企业安全生产的管理水平和管理效益,树立企业生产经营符合法律法规和其他要求,主动守法,善尽组织的国际/社会责任,各个企业要加强安全生产保障体系建设,改善职工工作环境,减少工伤事故的发生。

现在的市场竞争是全球性的,要适应全球市场竞争的需要,根据关贸总协定(GATT)乌拉圭回合谈判协议的要求,"各国不应由于法规和标准差异而造成非关税贸易壁垒和不公平贸易,应尽量采用国际标准"。职业健康安全问题与环境问题一样,日益受到世界各国的普遍关注。许多国家以此为借口,对他国的产品、活动或服务采取单方面的进口限制,因而采用 OHSAS 标准,及早建立体系并通过认证,有助于企业完善国际间互认制度,清除贸易障碍,顺利开展贸易活动,帮助组织抢占国际贸易先机。

OHSAS18000 全名为 Occupational Health and Safety Assessment Series 18000,是一国际性安全及卫生管理系统验证标准。美国、英国、澳大利亚、日本等国家正在实施这一职业安全卫生管理体系。如英国的 BS8800、亚太地区职业安全卫生组织 ASOSHO 的 AP1000 以及欧盟的 OHSAS18001 等管理体系标准。其目的均是依据近代管理科学理论制定的管理标准来规范企业的职业安全卫生管理行为,促进企业建立现代企业制度,预防为主,控制事故的发生,保障劳动者的安全与健康。我国要大力推行 OHSAS 标准,要求企业有相应的制度和程序来跟踪国家法律、法规的变化,以保证其持续遵守各项安全生产、环境保护等法律法规的要求,使企业由被动接受政府的监察转变为主动接受,提高全员安全生产意识,有效地控制事故隐患,避免员工和企业利益受到损害。

在贯彻国际职业安全卫生管理体系过程中,我们要十分注意国际劳工组织关于工伤的国际公约的实施,主要有 1921 年国际劳工大会通过的《农业工人赔偿公约(第 12 号)》,1925 年通过的《事故赔偿公约(第 17 号)》和《职业病赔偿公约(第 18 号)》,1934 年通过的《职业病赔偿公约(修订)(第 42 号)》。1961 年国际劳工大会对上述几个公约进行通盘修订,通过《工伤补助公约(第 121 号)》,同时通过《工伤补助建议书(第 121 号)》。第 121 号公约要求批准公约的成员国在进行工伤保险立法时,可将保险范围界定在某些规定类别的雇员中,但参加保险的总人数不得少于所有工业企业总人数的 75%。该公约还对工伤事故和职业病的范围、享受对象以及确定救济金数量的原则作了具体规定。

四、职业伤害康复

职业伤害康复,简称职业康复(Vocational Rehabilitation)或者称为工作康复(Work Rehabilitation)、工业康复(Industrial Rehabilitation),它是现代工伤保险制度的重要内容。这几个名词在不同的国家政府机构中往往交互使用,其基本含义是有针对性地帮助工伤职工重返原来的工作岗位的康复计划,从而恢复其在开放劳动力市场上的竞争力和生产能力,使残疾者保持并获得适当的职业,从而促进他们参与或重新参与社会。

康复原意是"复原"、"恢复到原来正常或良好的状态"。1969 年世界卫生组织医疗康复专家委员会给康复下了一个定义:康复是指综合地和协调地应用医学的、社会的、教育和职业的措施对患者进行训练或再训练,减轻致残因素造成的后果,使其活动能力达到尽可能高的水平。残疾人康复工作也是人力资本投资的一个方面,康复工作有间接的经济效应。据美国政府官员和康复界统计,美国政府向康复投入一美元,财政就可以多收五美元。因此,通过各种康复措施提高参加参与社会的能力有重大的现实意义。

在工伤保障方面,国际劳工组织做了大量工作,除前文所述的公约作了具体规定外,国际劳工组织大会还于 1983 年 6 月 1 日通过的《(残疾人)职业康复和就业公约》(第 159 号公约)第七条规定:"主管当局应采取措施提供职业指导、职业培训、安置、就业和其他有关服务项目并对之进行评估,以便使残疾人获得和保持职业并得以提升;现有为一般工人的服务项目,只要可能并且合适,均应经必要调整后加以利用。"

我国在工伤职工康复方面做了大量工作,制定了一系列法律法规,例如《工伤保险条例》和《残疾人保障法》等,这些法律规范的最终目标是帮助工伤劳动者重返社会、重返工作岗位、恢复自信、自尊。为了改善工伤职工的健康状况,部分或者全部恢复其生活和劳动能力,我国在各个省市甚至县级地方,建立了许多工人疗养院、残疾人康复中心等公益组织,采取政府财政拨款、社会捐助等方式,筹集大量资金帮助工伤职工接受医疗卫生、心理健康咨询等服务。政府采取的这些有力措施以及确立的各项制度大大推动了工伤职工的职业康复工作的向前发展。其康复工作内容可以概括为:综合协调使用药物、度假疗养或教育措施,使残疾人恢复一定的工作、生活能力。这个过程包括医疗康复和职业康复。医疗康复主要包括医学上的治疗、运动治疗、语言训练、义肢安装、体能测试、职业指导和护理,其具体工作由卫生部、民政部等部门负责实施。考虑到伤残者的身体能力,使其伤残后的潜在素质与再就业合理结合,即根据伤残者的具体情况帮助其就业,各地劳动主管机关专门设立了伤残等级鉴定制度,按照职工身体和心理恢复的情况,积极帮助解决再就业问题。

尽管如此,与国际发达国家相比较,我国职业康复存在着开展较晚、发展较慢的态势。要使工伤康复工作适应新的形势,就要在现有基础上实现更大的发展,要开拓完善工伤医疗康复、职业康复和社会康复三大服务体系,实现工伤康复服务从医院到工厂到社区的无缝链接,推动伤残职工实现再就业。劳动保障部门要把工伤保险和工伤康复摆在更加突出的位置,一方面要加强工伤预防,另一方面要尽快完善工伤康复配套政策,规范工伤康复管理,探索工伤康复业务规范和技术标准,推动工伤康复工作走上制度化、规范化的轨道,切实维护好广大劳动者特别是农民工的工伤保险权益。

职业康复是一门复杂的系统工程,仅仅依靠政府部门解决所有的问题很不现实的,我们的基本对策是:第一,努力加强《安全生产法》、《劳动法》等法律的检查实施情况,严厉惩处违反安全生产和劳动法律规范的行为,尽可能减少事故的发生。同时,要加强防止工伤和职业病的发生所实施的各种措施,如:进行公共卫生教育;提供干净、符合标准的水源和卫生设施;改善劳动者的营养、卫生和身体状况;提高安全、卫生、舒适的工作环境等。

第二,如果出现工伤、职业病,要尽可能防止恶化,以免影响劳动者功能。如果出现功能受损,就要防止演变为残障。主要做法是提供及时、优质的康复服务。对于已发生的残疾,处理原则为复原、代偿和适应。复原是指采用医疗措施恢复患者的功能,包括功能恢复训练、药物治疗和手术等。代偿是指通过残存功能或其他功能来弥补丧失的功能。这必须通过再训练才能达到。也可以通过辅助器具来达到补偿功能的目的,如助听器、假肢。适应是指改变生活环境以减轻它对残疾的影响,如无障碍设施、立法、舆论宣传等。

总之,职业康复对于工伤职工的未来至为重要。我们要采用医学的、工程的、心理的、社会的和教育的各种手段,促使工伤职工的功能恢复到尽可能好的水平,以便在身体、精神、社会活动、教育就业等方面的能力得到最大限度的发挥,从而最大限度地实现回归社会。

五、体面劳动

在1999年6月第87届国际劳工大会上,国际劳工局局长胡安·索马维亚向大会提交的《体面的劳动》(Decent Work)的报告中,提出了给人人以"体面的劳动"的新观念,将核心劳工标准以及恰当的报酬、工作条件和社会保障融入其中,作为检验"全球化的试金石"(林燕玲,2005)。该报告认为,在经济全球化的背景下,国际社会要求给经济以"人道的面孔"。因此,"国际劳工组织当今的首要目标是促进男女在自由、公正、安全和具备人格尊严的条件下,获得体面的、生产性的工作机会"。胡安·索马维亚的报告,为国际劳工组织在当前全球处于转轨之时提出一个首要目标,即确保世界各地的男女有体面的劳动。

体面劳动原则是国际劳工组织为应对全球化条件下劳动和社会领域各方面问题采取的一项战略措施,主张通过促进就业、加强社会保障、维护劳动者基本权益,以及开展政府、企业组织和工会三方的协商对话等方法,保证广大劳动者的利益。这一原则提出后受到国际劳工组织175个成员中的大多数成员国的欢迎与支持,也得到三方成员的普遍认同。它包含的四个方面的内容,即提供生产性的、有报酬的和安全的工作机会,提供适当的社会保护条件,尊重工人的基本权利和促进社会对话,是国际劳工组织在总结其所从事的工作和关注的问题的基础上,为新世纪劳动保障工作提出的一个纲领和综合性计划框架。它们之间具有密切的内在联系,是不能任意分割的。

我国政府积极支持和响应了国际劳工组织提出的体面劳动这一口号。劳动和社会保障部有关领导曾指出:实现体面劳动的关键是改善那些处于不利地位的劳动者群体的就业环境和劳动条件。在中国实施体面劳动,最直接的意义是对处于弱势地位的劳动者的权利保障提供了一个目标和标准,而这一目标和标准的实施,将会直接促进我国经济体制改革的深化,并保障经济和社会的稳定发展。目前,我国的重点是促进就业和减少不平等及贫困,特别重点关注促进、支持和保护农村剩余劳动力、失地农民等弱势群体向城市地区转移过程中的劳动就业权益,例如彻底解决工资拖欠问题等;改善劳资关系、争议处理、劳动法的强制执行和三方机制,促进全球契约和企业社会责任(CSR),提高生产率和改进对国际劳工标准的实施,以此改善他们社区的可持续生计机会。

毫无疑问,中国经济在最近20多年得到快速发展,国家经济实力大为增强。但是经验表明,经济和科技的快速发展并不一定会自动增加就业机会。而就业机会则是维持生命和满足个人基本需求的基本手段,是对个人选择、家庭幸福和社会稳定至关重要的因素。因此,越是在经济和科技快速发展时越是要注意积极发展与劳动密集型相关的产业和中小企业,以创造更多的就业机会。而进一步完善社会保障制度则是确保个人最低生活和维护社会稳定的根本保证。中国现阶段研究实施体面工作战略的优先重点,就是要大力拓展就业领域,积极发展城市基础设施的建设,加强新农村建设,尤其是要大力发展西部地区乡村道路、教室、卫生诊所、灌溉系统和供水管线等基础设施,这就意味着更有可能采用以当地资源为基础的战略并在当地招聘劳动力,促进劳动力在本地就业。当然,在工程承包合同、劳动合同中要明确引入包括最低工资、非歧视、禁止使用童工和强迫劳动、安全与卫生及工伤保险在内的劳工标准条款。通过采取这些积极的劳动力就业市场政策，鼓励劳动者采取灵活多样的方式就业，大力发展服务业等劳动密集型产业，进一步完善社会保障制度。

另外，由于我国劳动力资源充分，有不少企业为了牟取暴利，常常盘剥工人，不发足工资，或者任意克扣工资，少发甚至拖欠工资，丧失了最起码的社会责任感。工资报酬不合理不说，福利待遇也是若有若无，企业在节省人力成本的同时，也极大地伤害了员工的身心健康。由于我国人力成本低下，使得一些跨国公司纷纷来华投资建厂，使我国披上了"制造业大国"的尴尬外衣，实则大多数企业是在从事一些低水平低技术含量的加工制造或贴牌生产，赚取低廉的加工费用。但就在此种情境下，我国的一些企业还在拼命降低本企业的人力成本，置员工的生活基本保障于不顾，因此而背上"血汗工厂"的骂名。根据《中国青年报》4月3日消息，深圳市劳动和社会保障局等单位组成的课题组调查发现，深圳千禧制衣厂长期拖欠克扣工资，当月工资要拖到第三个月才发，加班工资只有0.4元/小时，只相当于法定最低标准的10%。该厂还长期强迫员工月平均加班160小时以上，部分员工更高达230小时。这样严峻的现实使我们清醒地意识到体面劳动的推行任重道远。

作为一种理念，体面工作很难有固定的标准，但是至少有基本的判断原则。根据国际劳工组织的相关规定，其指标可以分解为以下内容：

1. 工作中的权利

（1）5—14岁儿童非入学率；（2）在国际职业标准分类（ISCO1）中的女性就业比例；（3）提交劳动法庭或国际劳工组织的申诉/案例。

2. 就业权利

(1)劳动力参与率;(2)就业—人口比率;(3)非正规就业;(4)临时工/日工(劳动者)的数目和工资;(5)青年失业率;(6)青年非活动率;(7)失业率;(8)按就业身份和经济活动部门划分的就业;(9)农业、工业和服务业中的妇女工薪就业比例;(10)劳动生产率;(11)人均实际收入(来自国民核算)。

3. 社会保护

(1)社会保障覆盖率(对工薪收入者);(2)公共社会保障开支(占国内生产总值的百分比);(3)工伤事故指标(致命/非致命);(4)超时工作(超过每周49小时);(5)最低小时工资率。

4. 社会对话

(1)工会会员人数;(2)加入雇主组织的企业数目;(3)集体谈判覆盖率;(4)罢工和关厂。

当然,它的内涵在不同国家的不同经济发展阶段是不同的。因此,它是动态的和渐进的。但在实施过程中,成员国应根据各自的具体情况和实际需要因地制宜地制定实施计划和步骤,并应分地区、分阶段、有重点、有选择地予以实施,以期最终达到全面实现体面工作的目标。

在政策层面上,主要的政策文件集中关注生产性就业、核心公约得到更多批准,以法律和制度改革使国家法律和实践与国际标准趋于一致,制定平等就业机会立法,以及特别注重促进性别平等和对易于遭受强迫劳动和/或歧视之害的劳动者的保护。在计划层面上,要制定和实施关于技能和就业能力、社会保障、职业安全与卫生、消除最恶劣形式的童工劳动和人人享有教育、与HIV/艾滋病作斗争等方面的国家战略计划。在能力建设方面,雇主组织和工人组织以及政府劳工部门在最高级别更有效地参与社会对话和决策的能力得到提高;以及劳动力市场改革和实行体面劳动的机构得到加强。在对目标群体的影响方面,为众多劳动者群体设定了体面劳动专项指标,包括非正规经济从业人员、失业和不充分就业的男女青年劳动者、失地农民、海外移民工人和容易遭受以劳动和性剥削为目的的贩卖人口之害的妇女和儿童、土著人和受到危机、灾害和冲突影响的人群。在知识开发方面,体现在知识工具和关于定量和定性数据库的开发、调试、翻译以及在本地区国家间的分享、其他国际组织对这些工具和战略的采用,以及从地方到国家各级的和国家间的经验的杠杆作用。目前,对劳动者而言,应通过改善劳动力市场信息和劳动力市场分析,将教育体系和技能培训与市场需求联系起来,更加倡导多技能化、技能培训和技能升级,以增加就业机会以及提高生产率和竞争力。

第三节　我国现行工伤保险制度研究

一、工伤保险的受益范围过于狭窄,形成两套救济体制

工伤保险覆盖面过于狭窄,并且缺乏法律制裁措施,其违法成本低。目前实行的工伤保险制度,只覆盖了各类企业,没有将党政机关、社会团体和非企业化管理的事业单位及个体经济组织列入参保范围。在实际生产、工作中,这些单位同样存在着因工(公)伤亡,在处理时就形成了同样是工伤,却享受两种不同待遇的情况。例如,1997 年 8 月 8 日,人事部发布了《人事争议处理暂行规定》的通知(人发[1997]71 号),1998 年 11 月 31 日江苏省人事厅以苏人通[1998]206 号文件,发布《江苏省人事争议仲裁暂行办法》,2004 年 6 月 4 日重庆市人民政府发布了《重庆市机关事业单位工作人员工伤管理暂行办法》,由人事部门负责工伤认定、等级

鉴定、损失赔偿等管理工作，为此，专门成立了相应的机构。其他省市也与此雷同。这样，就形成两套行政管理体制，适用不同的法律制度，既增加了行政成本，导致机构膨胀，还不利于各类人员在企业、机关、事业等单位之间的合理流动，更容易产生攀比现象。而被列入工伤保险范围的部分私营、外资、乡镇企业，又以种种理由不参加工伤保险，致使工伤保险覆盖面主要集中在国有和集体企业。

强制性的法律，就必定要有强制性的可执行性，强制性的可执行性就必定要有违法成本的经济核算。如果违法成本很低，甚至没有，则强制性就可能成为空文。在《工伤保险条例》中找不到任何关于用人单位如果拒不缴纳工伤保险费的惩罚性条款，用人单位如果不为职工购买保险，并没有谁去强制，也无须承担惩罚责任。《工伤保险条例》第六十条："用人单位依照本条例规定应当参加工伤保险而未参加的，由劳动保障行政部门责令改正；未参加工伤保险期间用人单位职工发生工伤的，由该用人单位按照本条例规定的工伤保险待遇项目和标准支付费用。"除此之外没有别的惩罚性规定。实际情况是，那些没有参加工伤保险的用人单位从没有受到过任何处罚。

用人单位没有参加工伤保险的占绝大部分，立法如果不考虑这绝大部分对象的利益，立法就失去了意义。劳动和社会保障部、国家统计局公布的《2003 年度劳动和社会保障事业发展统计公报》显示，"年末全国城乡就业人员 74432 万人，年末全国参加工伤保险的职工有 4575 万人"。参保比例占就业总数的 6.1%。为什么一部强制性的涉及中国七亿职工社会保障的法律在执行了近十年时间，居然只有 6% 的效果，这是对中国法律保护弱势群体的极大讽刺。然而在新颁布的《工伤保险条例》中仍然沿用了原有的法律理念，似乎中国的用人单位是天生的道德家，而事实证明他们往往缺乏社会责任感，常常违反劳动法律法规。

二、工伤保险待遇与道路交通事故、普通民事侵权赔偿存在差异

从工伤待遇上看，按照《工伤保险条例》等规定，目前实施的赔偿标准是：

1. 医疗费赔偿金额 = 诊疗金额 + 药品金额 + 住院服务费金额

（依据工伤保险诊疗项目目录、工伤保险药品目录、工伤保险住院服务标准）

2. 住院伙食补助费赔偿金额 = 因公出差伙食补助标准（元/人/天）× 70% × 人数 × 天数

3. 交通食宿费赔偿金额 = 交通费 + 住宿费 + 伙食费

4. 辅助器具费赔偿金额 = 普通适用器具的合理费用 × 器具数量

5. 护理费赔偿金额 = 统筹地区上年度职工月平均工资（元/月）× 50%（完全不能自理）40%（大部分不能自理）30%（部分不能自理）

6. 伤残补助金赔偿金额 = 本人工资（元/月）× 24（一级伤残）22（二级伤残）…6（十级伤残）

7. 伤残津贴赔偿金额 = 本人工资（元/月）× 90%（一级）85%（二级）…75%（四级）

8. 一次性工伤医疗补助金，伤残就业补助金（由省、自治区、直辖市人民政府规定）

9. 丧葬补助金赔偿金额 = 统筹地区上年度职工月平均工资（元/月）×6

10. 供养亲属抚恤金赔偿金额 = 工亡职工本人工资（元/月）×40%（配偶）30%（其他亲属）（孤寡老人或孤儿在上述标准上增加10%）

11. 一次性工亡补助金赔偿金额 = 统筹地区上年度职工月平均工资×（48到60个月）

这一赔偿标准与特殊民事损害、普通民事侵权赔偿标准是不一致的，实际上在许多地方，工伤赔偿与后者相比较是很低的。而且在实施过程中，还存在以下问题：

第一，老工伤与新工伤待遇不一致，导致纠纷。目前我国工伤保险制度只规定基本待遇项目和标准，未规定各种特殊情况下的补助制度。不少职工由于工伤造成收入降低、生活困难，有些老工伤人员工伤待遇比同年龄、同工种的职工工资或退休金标准低了许多；有许多老工伤由于在受到伤害时还没有出台工伤保险条例等法律规范，有的只是国务院的相关行政规定，不利于老工伤寻求司法救济。

案例：尹秀华，女，1936年2月8日出生，重庆市电车公司职工。1974年1月因工受伤，当时就医于重庆第三军医大学大坪医院，一直进行治疗，由于伤势严重，从此永远丧失了体力劳动能力，腰无法直立，手不能够负重。1979年5月8日经西南医院检查诊断为：胸12压缩骨折，陈旧性，不能参加体力劳动。1987年9月13日，重庆市肿瘤研究所检查鉴定的结果与前面的一样，认为符合国发（1978）104号文件第21条的情况，符合四川省干部、工人因伤、病丧失劳动能力鉴定标准第19、21条的规定，属于三级伤残护理。1987年10月13日，重庆市医务劳动鉴定委员会以（87）1

号出具了同意工伤退休的意见。1995 年上厕所时曾经因为无法站起来而倒地导致膝盖骨粉碎性骨折。2005 年 5 月 24 日沙坪坝区残疾人联合会发给三级残疾证。2005 年重庆渝中区劳动能力鉴定部门认定为九级伤残。尹秀华不服,再次申请工伤等级鉴定。

本案历时 30 多年,由于当时没有工伤赔偿,只是发放了基本工资,到 2006 年,其每月退休工资还只有 500 余元,另外,每月 20 元的护理费;按照现行的工伤保险条例,工伤应当得到赔偿。当事人看见单位后来的其他同事受到工伤之后都有赔偿,而自己一直没有,心理不平衡,连续 20 多年信访,要求赔偿。

第二,作为特殊民事侵权损害,道路交通事故赔偿要高于工伤赔偿。

我国把上下班通勤事故列入工伤范围,与其他工伤待遇相同。一般情况下,我国的道路交通事故赔偿要高于在生产过程中工伤的一次性伤残补助金,另外遗属获得交通事故赔偿生活补助金后,还可重复享受遗属年金;交通事故伤残者若旧伤复发,还可享受工伤津贴和医疗待遇,这样就造成了其他工伤职工心理上的不平衡。

案例:吴某,35 岁,2004 年 9 月 1 日在某煤矿工作时被炸药炸伤,致双目失明,认定为工伤,二级伤残,煤矿没有参加工伤保险,吴某工伤待遇适用工伤保险条例第三十三条:"职工因工致残被鉴定为一级至四级伤残的,保留劳动关系,退出工作岗位,享受以下待遇:(一)从工伤保险基金按伤残等级支付一次性伤残补助金,标准为:一级伤残为 24 个月的本人工资,二级伤残为 22 个月的本人工资,三级伤残为 20 个月的本人工资,四级伤残为 18 个月的本人工资;(二)从工伤保险基金按月支付伤残津贴,标准为:一级伤残为本人工资的 90% ,二级伤残为本人工资的 85% ,三级伤残为本人工资的 80% ,四级伤残为本人工资的 75% 。伤残津贴实

际金额低于当地最低工资标准的,由工伤保险基金补足差额;
(三)工伤职工达到退休年龄并办理退休手续后,停发伤残津贴,
享受基本养老保险待遇。基本养老保险待遇低于伤残津贴的,由
工伤保险基金补足差额。职工因工致残被鉴定为一级至四级伤残
的,由用人单位和职工个人以伤残津贴为基数,缴纳基本医疗保险
费。"在劳动仲裁裁决中,仲裁委员会考虑了代理人关于《工伤保
险条例》"保障"的统一性的意见,给吴某伤残津贴计算到 70 周
岁,裁决一次性支付,扣除相应的利息,但到法院的判决里将伤残
津贴又改为按月支付,吴某的伤残津贴要在某煤矿领取直到终年。

《工伤保险条例》第六十条规定:"用人单位依照本条例规定
应当参加工伤保险而未参加的,由劳动保障行政部门责令改正;未
参加工伤保险期间用人单位职工发生工伤的,由该用人单位按照
本条例规定的工伤保险待遇项目和标准支付费用。"表面上看《工
伤保险条例》对未参加工伤保险的赔偿与参加工伤保险的工伤职
工待遇是没有区别的,但实际上区别是相当大的,甚至可能严重损
害工伤职工的合法权益,使工伤职工完全失去保障和救济! 我们
知道工伤死亡的供养亲属的抚恤金和工伤一至四级伤残的工伤津
贴、护理费是按月支付的,参加了工伤保险的是在保险基金里支付
的,这是有保障的。而未参加保险的,这些待遇是由用人单位支付
的,这些待遇如果按月支付,要在用人单位里领取十几年,甚至可
能是几十年的待遇,就很难说有保证,可《工伤保险条例》中却没
有特别规定。就法律条文的适用上看,判决按月支付没有争议,但
却与工伤保险的立法宗旨相违背。中国人的平均寿命约 75 周岁,
如果工伤发生在职工 20 多岁时,可能就是支付六七十年的工伤待
遇。企业经营盈亏或者破产是很正常的事情,甚至违法转移财产
都是有可能的,按月领取等于是工伤职工或者供养亲属物质生活

的有无完全与这一个企业的盈亏共沉浮,企业一旦倒闭,则工伤职工的生活就没有保障,有些亏损企业连破产经费都不够,不可能有钱在将要倒闭时一次性支付巨额的工伤待遇,没有人相信这样的待遇能够实现。(蔡庆发,2005)

第三,工伤赔偿的金额要比普通民事侵权赔偿低,许多工伤职工愿意选择后者。根据2006年11月7日中国法院网报道,山东省武城县王云女士是该县某棉业公司正式职工。2005年11月15日8时许,她正在上班,突然打包机箱内起火,王云被烧伤并从高高的平台上摔落下来,造成腰椎体、横突等多处骨折,颜面及左手严重烧伤。经法医鉴定:左眼感光为七级伤残;左手功能丧失为七级伤残;右下肢瘫为八级伤残;椎体粉碎性骨折行钢钉内固定术,需二次手术治疗。事故发生后,王云被先后送往武城县、德州市等地医院治疗,累计住院45天,花去医疗费4.1万多元,其中1.1万元医药费已由棉业公司支付。在王云住院期间,其丈夫在没有王云口头或书面授权的情况下申请工伤认定。当年12月27日,当地劳动和社会保障局作出了认定王云为工伤的决定书。

王云伤愈出院后,经向有关法律界人士咨询认为,如果按工伤处理,其获得工伤赔偿太少,且自己身上多处残疾、丧失了部分劳动能力,还要供养孩子上大学,故对劳动和社会保障局作出的工伤认定决定书提出异议,要求撤销工伤认定,同时,王云向棉业公司请求民事损害赔偿。

2006年2月27日,劳动和社会保障局以王云没有授权其丈夫为其申请工伤认定为由,作出撤销认定王云为工伤的决定书。棉业公司不服,曾以劳动和社会保障局撤销工伤认定书的理由不充分为由提起行政诉讼,人民法院判决驳回了棉业公司的诉讼请求。由于王云直接索要民事损害赔偿未果,遂直接提起民事诉讼,

11月3日,山东德州市中级人民法院对此案作出一审判决,被告棉业公司赔偿原告王云的医疗费、护理费、误工费、残疾赔偿金、交通费、鉴定费、精神损害赔偿金等共计11.4万元。

以职工死亡补偿为例,《工伤保险条例》第三十七条第一款第三项规定,一次性工亡补助金标准为48个月至60个月的统筹地区上年度职工月平均工资;而最高人民法院《关于审理人身损害赔偿案件适用法律若干问题的解释解释》第二十九条规定,死亡赔偿金按照受诉法院所在地上一年度城镇居民人均可支配收入或者农村居民人均纯收入标准,按二十年计算。但六十周岁以上的,年龄每增加一岁减少一年;七十五周岁以上的,按五年计算。两者的在补偿数额的巨大差异是显而易见的。所以,《工伤保险条例》对工伤的低额补偿虽然在一定程度上分散了用人单位的风险,但却没有实现工伤保险制度中体现的快速、合理补偿,减少侵权诉讼成本等立法价值,由于利益分配不公平可能会引起更为烦琐的诉讼。

三、工伤鉴定制度

其主要问题有以下几个方面:

第一,维权成本过高,弱势群体无力承受。工伤认定一般需要劳动能力鉴定机构从申请之日起60日内作出决定,并书面通知劳动者和劳动者所在单位。书面通知的时间一般需要20个工作日。假如用工单位不服,可以申请劳动争议仲裁。按照1993年8月1日起实施的《中华人民共和国企业劳动争议处理条例》第32条:"仲裁庭处理劳动争议,应当自组成仲裁庭之日起六十日内结束。案情复杂需要延期的,经报仲裁委员会批准,可以适当延期,但是延长的期限不得超过三十日。"第30条:"当事人对仲裁裁决不服的,自收到裁决书之日起十五日内,可以向人民法院起诉;期满不起诉的,裁决书即发生法律效力。"如果对法院的一审判决不服,可以上诉到二审法院。关于诉讼期间,按照《民事诉讼法》的规定执行。有时一个工伤案件办理完毕,要花 3—5 年时间,部分受伤害职工由于实在没有这么多的时间和精力,只好中途放弃。而到了执行的时候,才发现用工单位已经注销了,劳动者花费上万元来维权,其结果可能是一无所有。

第二,劳动鉴定机构的权威受到挑战。在当事人对劳动仲裁裁决不服而向法院起诉的情况下,法院在委托有关机构进行劳动能力鉴定时,往往会出现委托司法鉴定机构进行劳动能力鉴定的情况。对于法院的这种委托行为,究竟应如何看待呢? 对此问题,有不同意见。一种观点认为,法院作为拥有独立审判权的司法机关,理应有权选择鉴定机构;另一种观点认为,法院选择鉴定机构,应受一定限制,只能委托劳动能力鉴定委员会,不宜委托其他机构进行鉴定。这些不同意见已在实践有所反映,甚至出现了在劳动仲裁程序中仲裁委员会依据委托省级劳动能力鉴定机构所作的鉴定结论作出裁决后,当事人不服诉至某基层法院,基层法院另行委托县级司法鉴定机构重新进行劳动能力鉴定,并依据新的鉴定结论作出判决的案例。

第三,劳动鉴定的法律规定太粗疏。我国劳动鉴定的法律体系从上位法来看,是《劳动法》,其次就是大量的行政法规、规章、政策,从来就没有形成系统化的法律规范体系。从《劳动法》来看,是 1994 年 7 月 5 日颁布,于 1995 年 1 月 1 日起开始实施的,其法律条文仅仅总共 13 章 107 个条文。涉及劳动工伤、医疗鉴定的只有几条,工伤处理的法律依据就只有以下几种:根据劳动部劳部发[1995]309 号文件关于印发《关于贯彻执行〈中华人民共和国劳动法〉若干问题的意见》的通知,劳动部办公厅劳办发〔1996〕28 号《关于处理工伤争议有关问题的复函》精神,现行处理工伤争议的法律和政策依据是《中华人民共和国劳动保险条例》、《中华人民共和国劳动保险条例实施细则》和全国总工会《劳动保险问题解答》及劳动部《企业职工工伤保险试行办法》(劳部发〔1996〕266 号)等规定。这些规定由于形成时间、指导思想、立法技术等方面的原因,整体上没有形成一个有机衔接的体系,相互之间的矛盾冲突大量存在。在实践中让人无法解决问题。例如,职工没有告诉用人单位就去进行了职业病、工伤的等级鉴定,用人单位事后才知道,对该结论不服,要求重新鉴定,但是劳动者不配合,不去检查、不去治疗,这种情况出现后,应当如何处理? 法律法规、行政规章都没有这些规定,这样就会使用人单位不满。

由于劳动鉴定结论具有明显的行业辅助性,鉴定目的具有特定的封闭性,在劳动鉴定职业资格、鉴定程序和技术标准缺乏统一性、可比性的情况下,劳动鉴定的可信度和公信度就成为一个严重问题。不仅如此,劳动鉴定权力的部门化和非职业化,鉴定程序的不统一和操作上的随意性,还容易给行政腐败提供土壤。比如个别人通过重复鉴定改变事件性质和工伤认定等级,通过不同结论混淆案件曲直,将清楚的事实模糊化,这就给一些不法分子提供了机会,其危害不言而喻。

如何解决这一问题,我们认为,完全可以借鉴司法鉴定的解决办法。2005 年 2 月 28 日,十届全国人大常委会第 14 次会议高票通过了《全国人民代表大会常务委员会关于司法鉴定管理问题的决定》(下称《决定》),并于 2005 年 10 月 1 日起实施。该决定对鉴定人负责制、鉴定人出庭、鉴定人准入条件等都有了原则规定,有利于司法鉴定活动的规范化、标准化和可靠度,有利于发挥司法鉴定应有的作用,优化资源配置,实现社会资源共享。从而保证鉴定质量,尊重科学规律,满足诉讼的需要,维护当事人的诉讼权利,最终实现司法公正与效率。

解决劳动鉴定领域存在的问题还必须建立一套保证机制。劳动鉴定领域的问题同以前的司法鉴定等其他行业鉴定存在的问题一样,也可能存在经济利益的驱动以及以权谋私的情况。因此,解决问题也必须从内外两个方面着手:一方面,必须保证鉴定委托的公正性,鉴定机构和鉴定人员的中立性,鉴定技术的规范性,鉴定程序的同质性,鉴定目的的单一性和鉴定结论救济的统一性;另一方面,在行业管理之外,还必须加强社会监督,加强对鉴定机构和人员的动态管理,加强鉴定设备的技术更新。只有法律调整、行政管理和技术管理三者有机衔接,才能有效解决劳动鉴定领域存在的突出问题,才能真正确保劳动鉴定的公正性和客观性。①

四、工伤认定时效

《工伤保险条例》第十七条规定:职工发生事故或者按照职业病防治法规被诊断、鉴定为职业病,所在单位应当自事故伤害发生之日或者被诊断、鉴定为职业病之日起 30 日内,向统筹地区劳动保障行政部门提出工伤认定申请,遇有特殊情况经报劳动保障行政部门同意,申请时限可以适当延长。

用人单位未按前款规定提出工伤认定申请的,工伤职工或者其直系亲属、工会组织在事故伤害发生之日或者被诊断、鉴定为职业病之日起 1 年内,可以直接向用人单位所在地统筹地区劳动保障行政部门提出工伤认定申请。按此条规定,工伤认定时效最长

---

① 陈亚东:《劳动鉴定制度应当改革》,载《法学杂志》2006 年第 5 期。

为一年。此规定看似比《企业职工工伤保险试行办法》第十条规定的三十天时间延长很多,但在《工伤保险条例》实施以前,劳动行政部门在工伤认定具体操作过程中一般对工伤认定申请不作时效规定。如按《工伤保险条例》第十七条的规定,劳动者在遭受因工致残后,企业不愿支付有关工伤待遇,只要找种种理由拖延一年以上的时间不申请工伤认定,劳动者立刻会陷入告状无门的悲惨境地。特别是在私营企业和个体工商户的职工受伤后,用人单位能主动自愿地支付职工的医疗费用和工伤保险待遇的是少之又少,而职工工伤后住院治疗超过一年的大有人在。《工伤保险条例》第十七条的规定要求工伤职工在住院治疗的病痛中还能想到并熟知《工伤保险条例》的有关条文,这未免是对工伤职工的一种过分的苛求。

如果一名外地民工在企业因工负伤后,伤势较重不能行动,身边又无亲友,企业不主动申请工伤认定,只支付医疗费和住院生活费。一年后治愈,他再申请工伤认定,劳动保障行政部门无法受理,不能作出工伤认定。没有工伤认定,在协商调解、劳动争议仲裁和诉讼中工伤民工就无法得到法定的工伤保险待遇。

在私营企业和个体工商户中一般没有工会组织,县区一级的工会组织又无法主动为每一名职工工伤申请工伤认定。《工伤保险条例》第十七条的时效规定,没有充分考虑到工伤职工的种种特殊性和困难,过分地考虑劳动保障行政部门进行工伤认定调查的便利,以一年的时效规定剥夺了部分有正当理由和特殊情况的工伤职工的合法权益。

《工伤保险条例》在规定工伤认定时效时,应该如同《民事诉讼法》和《企业劳动争议处理条例》的有关规定那样,规定因不可抗力或有其他正当理由超过时效的工伤认定申请,劳动保障行政部门应当给予受理,并作出是否工伤的决定,或者规定工伤医疗期内工伤认定时效中止。

五、应当认定为工伤或视同工伤的理解

《工伤保险条例》第十四条、十五条规定的认定工伤和视同工伤的情形中,工作原因、工作场所、工作时间成为工伤认定条件的三大要素,但由于这些规定过于原则,受伤职工、用人单位以及劳动保障行政部门对此理解不一,乃至法院内部以及不同法院之间、理论界对这几个词的法律理解分歧也很大,成为工伤认定案件中最难把握同时也是最为关键的问题。我们认为,职工伤亡情形千变万化,原因也复杂多样,有的是在私自加班过程中受伤,有的是在厕所或去车间的通道上受伤,有的是在自行帮助别人或从事有利于用人单位但并非其职责的事务中受伤等等,如果我们对工作时间、工作场所、工作原因作狭义理解的话,很多伤亡职工将得不到工伤认定和保险救济,这对社会弱势群体的他们是很不公平的。

我国工伤认定的立法精神就是最大可能地保障主观上无恶意的劳动者因工作或与工作相关活动中遭受事故伤害或者患职业病后能获得医疗就治、经济补偿和职业康复的权利,因此,在工伤认定的有关法律条文规定笼统、原则、列举不明的情况下,工伤认定案件应尽可能地朝着有利于劳动者利益的角度理解。对于事故伤害发生的工作场所的认定,一般应根据职工的工作职责、工作性质、工作需要、工作纪律等方面综合考虑,凡与职工工作职责相关的区域以及自然延伸的合理区域如单位提供的工间休息场所、卫生间等均应视为工作场所。对于造成事故伤害的工作原因,一般应从是否属于本岗工作、是否属于单位临时指派的工作、是否属于单位重大紧急情况等方面考虑。而且,这种工作原因既应考虑职

工本人的工作原因,也应考虑因单位设施或设备不完善、劳动条件或劳动环境不良、管理不善等原因。对于工作时间的认定,应当理解为既包括用人单位规定的工作时间和单位要求加班加点的时间,也包括为开展正常工作所必需的与工作有关的预备性或收尾性工作时间。同时,在外出开展工作过程中所发生的排除如个人休闲娱乐、游山玩水等因素而受到的伤害亦应当认定为工伤。

另外,关于职工在上下班途中受到机动车事故伤害是否认定工伤问题,实践中存在两方面问题:一是上下班途中如何理解?我们认为,上下班途中不应作过于宽泛的理解,应指职工在合理的时间与路线上离开用人单位回到家中或离开家回到用人单位的过程。所谓"合理",是指任何理智正常的人都可以同样判断的情形。如果其在中途去了其他地方办理其他事务,而该事务与其工作或回家没有必然联系的话,则该过程就不应认定为上下班途中。比如职工下班后先与朋友聚会或去逛商场购物然后再回家,则其在去与朋友聚会或到商场途中以及之后的回家途中,就不属于上下班途中。当然,如果职工在上班途中先去吃早餐,或下班后顺便买菜回家等等,由于该事务是其日常工作生活的必需要求,而且符合一般常理,应作上下班途中理解。

值得注意的是,本条规定上下班途中受到机动车事故伤害才能认定为工伤,我们认为只要事故各方当事人中有一方驾驶机动车,则该伤害就属于机动车事故伤害。二是在上下班途中,违反交通管理受到机动车事故伤害的,应否认定为工伤。对此存在两种观点。一种观点认为,职工只有在上下班途中发生的无本人责任的机动车伤害事故的情况方能认定工伤。另一种观点认为,《工伤保险条例》取消了过去《企业职工工伤保险试行办法》中有关责任因素、上下班路线等条件限制,其立法本意是为了更加充分地保护职工的合法权益,放宽认定工伤的条件。特别是 2006 年 3 月 1 日实施的《中华人民共和国治安管理处罚法》所规定的违反治安管理的行为中已删除了交通管理部分,如果因职工在机动车事故中负有一定责任而以职工违反治安管理规定为由不予认定工伤,则无任何法律、法规的依据。因此,职工在上下班途中受到机动车事故伤害时,无论受到伤害的职工在事故中是否承担责任,依法都应当认定为工伤。并且,工伤认定中的"违反治安管理规定"所指的法律依据是原来的治安管理条例,而该法规已经被《治安管理处罚法》所替代,这就意味着其适法依据不存在了。

显然,《工伤保险条例》还存在许多缺陷,需要进一步研究予以完善。

第九章　失地农民社会救助制度

第一节　社会救助法律制度演进

社会救助是现在通行的叫法,之前国人熟知的是"社会救济"。人们对接受"社会救济"的,有时称之为"吃救济粮"的。其基本含义是指国家和社会依照政策和法律的规定,向那些因自然的、社会的、个人的原因导致基本生活陷入困境而无力维持的人,提供援助的社会保障制度。它是社会保障制度中的一种。根据前民政部前部长多吉才让部长分析,社会救济与社会救助的实际工作并没有本质区别。① 虽然江亮演先生认为二者的区别有 16 处之多,②但是,我们从实际工作的角度来看,这些分析主要还仅仅是具有理论的探讨意义。社会救助一词的含义有多种理解,③但是从总体上看,可以这样定义:是指行政主体为保障个人或者组织的生存和受益,维持和促进国家与社会的稳定和发展,依照法律规

---

① 多吉才让:《中国最低生活保障制度研究与实践》,人民出版社 2001 年版,前言第 2 页。
② 江亮演:《社会救助的理论与实务》,桂冠图书公司 1990 年版,第 4 页。
③ 曹明睿:《社会救助法律制度研究》,厦门大学出版社 2005 年版,第 23—29 页。

定和相关政策向个人或者组织,尤其是出现生存困难并符合法定条件的个人或者组织,提供物质与非物质保障的行政活动及相关制度。

学界也承认,几乎所有国家都有社会救助计划,各个国家都寻求制定成文法规范来满足居民或者公民的需求,而发达国家一般都比较早地开展了这方面的工作,积累了比较丰富的经验。所以,了解发达国家的社会救助制度,可以对比分析我国相关制度建立和发展的轨迹,以期对我国社会救助制度建设有所补益。

一、发达国家社会救助法律制度

(一)英美法系

历史上西方国家社会救济事业的发展与教会的慈善济贫活动有着密切的关系,济贫被看作是教区需要承担的一项重要义务,教会组织在各个教区内开展救济穷人、照顾病者以及承担某些教育义务,济贫支出往往也是教区最大的一项公共开支,教友之间的互助接济和奉献是教会开展慈善济贫活动的重要资源。此类慈善活动一般都带有较强的传统济贫的特征和宗教色彩。

16世纪末、17世纪初西方封建社会开始解体,新兴资本主义生产关系促进了城市化的迅速发展。资本原始积累的过程使大批农民丧失土地,流入城市,不少人沦为游民、乞丐。与此同时,由于宗教改革,许多教会的教产被剥夺,从原教会土地上被赶走的农民,也纷纷进入了城市,城市的无业者与贫民骤增。

对于当时社会出现的这种现象,传统教会的慈善济贫已无法应对,社会的动荡要求有新的社会救助形式的出现。为了缓解社会矛盾,维持国家的稳定,在当时资本主义生产关系发展最快的英国,1572年,女王伊丽莎白一世下令开征"济贫税",兴办"教养院"，以收容流民。1601年英国又正式颁行了世界上第一部《济贫法》。同时还颁行了《教区救济贫民税法》，作为《济贫法》的配套法规。伊丽莎白《济贫法》的颁行，是英国开始以立法形式确认济贫事业是政府的一项职责，它把传统的由教会和私人兴办的慈善救济事业，转变为由政府主持，以专项税收为物质基础的社会救济事业。它是在资本主义经济开始取代封建土地经济的历史条件下产生的，标志着一种新的社会化的救助保障制度正在萌芽。

英国现代社会救济制度及其立法源自于《贝弗里奇报告》，它将社会福利作为一项社会责任确定下来，把救济贫民修改为保障国民的最低生活标准；规定无论何种原因，只要达不到国民生活最低标准的公民，都有权获得社会救济。英国近几十年来的社会救助立法，均体现出这种"普遍性"福利和救助的原则。1948年颁布的《国民救助法》，标志着延续三百多年的《济贫法》退出历史舞台，现代社会救助法建立。其中规定英国国民凡是收入不足以维持其基本生活者，都有资格向政府申请各种救助金。国民救助的内容有老年救助、残疾救助、孤儿救助、失业救助、一般救助。对于年老、寡妇、疾病患者及失业人员，政府负责给予有效救助，而救助经费大部分是由国库支付的。为使其名实相符，1966年11月28日，英国立法将其改为《补充救济法》。1968年，英国在国民救助的基础上实行"生活补贴"。英国国民中凡是维持不了最低生活者，均可申请领取国家的生活补贴。这主要包括两类人员：一类是失去劳动能力或无力从事经济活动而生活困难的人员；一类是长期失业人员。

在社会救助的过程中，英国实行了社会救助申请制和调查制。前者指申请补助的家庭应当向社会救助机构递交申请书，填写家庭人口、无劳动能力人口、工作人口以及收入和支出情况，作为申请救助的依据；后者指社会救助机构在接到申请后，派出专业人员，向申请家庭及其所在社区和工作者所在单位进行详细调查，根据调查结果及核实情况，决定是否批准救助申请的报告，一经批准，即依法按期发放社会救助金。

目前，英国有关社会救助的相关法令已达一千多条，规定了各种津贴和救济措施。

美国是由欧洲移民建立起来的国家。北美最初的移民大多数来自英国，他们仿效英国的《济贫法》实施社会救助，殖民地政府通过征收济贫基金进行济贫。北美最早的"济贫所"，创建于纽约殖民地的伦斯勒，随后出现于波士顿。较早的私人慈善团体是1657年，由居住在波士顿的27个苏格兰人成立的苏格兰慈善协会。私人慈善组织主要通过纳税、捐赠、遗赠及其他形式筹集慈善基金，向需要援助的穷人提供现金以及食品、衣服、居住条件等资助。

1935年罗斯福总统颁行的《社会保障法》（Social Security Act），内容包括社会保险、公共救助和儿童福利服务三大部分。由此，美国的济贫措施改称公共救助。公共救助是社会保险的补充，在社会保险方案中不能获得保障的人，改由公共救助给予保障。凡符合条件的受助者，可以从州政府获得公共救助。美国的社会救助对象主要是老人、病人、残疾人、儿童、盲人等。除此之外还设有一种一般救助。生活困难的居民如果不符合分类救助条件或分类救助不足以解决生活困难时，则以一般救助作为补充。1974年，美国对《社会保障法》作了重大修改：老人救助、盲人救助、残疾救助等原由联邦政府补助、各州办理的救助，重新收回社会安全局办理，并改称为补充保障收入计划（Supplementary Income Program）。

美国的公共救助已经相当科学化与专业化。其科学化主要体现在美国每周颁布一次"贫困线",作为确定救助对象的科学依据。美国政府规定,凡是家庭支出中有 1/3 或 1/3 以上用于购买食物以充饥的,便被列为贫困家庭和贫民,由政府给予社会救助。该"贫困线"制定的主要依据是"恩格尔定律";而其专业化的主要表现是它在全国普遍建立了社会工作员制度,大部分社会工作员都经过学校的专门培训,持有执照。美国的公共救助机构有很多获得社会学学士及硕士学位的工作人员。社会工作的专业化和社会工作员的普及,使美国的公共救助有了良好的行政实施基础。

(二)大陆法系

法国早在 17 世纪就创办"济贫院"救济贫民。但现代社会救助制度则是在 19 世纪末、20 世纪初开始创建。1889 年,"国际公共扶助会议"在巴黎召开,讨论了"公共扶助"即社会救助的相关问题。按照这次会议的精神,法国相继制定了《医疗救助法》(1893 年)、《结核患者救助法》(1905 年)等救助法规,形成了一些单项的社会救助制度。但从总体上讲,法国的社会救助主要是二次世界大战以后发展起来的。二次世界大战给各国人民造成了深重灾难,法国是欧洲主战场之一,战后人民生活困难,社会矛盾突出。因此战后法国政府积极建立和完善社会保障制度,社会救助就是其中的一项重要内容。政府多次颁布法规或发布政令对社会福利与社会救助的有关事项作出规定,并于 1956 年 1 月 24 日将各种单项社会救助规定综合成《家庭及社会救助法典》。从这时起,"社会救助"一词的使用代替了过去的"扶助"一词。法国社会救助包括失业救助、老弱病残救助、社会补助等方面。

德国《联邦社会救助法》规定,凡是生活在德国的居民,不论是德国人还是外国人,只要遇到该救助法所列的各种困难时,都可以要求国家救助。

德国的社会救助大体分为两大类:一类是一般低收入家庭的救助,一类是特殊困难家庭的救助。前者为被救助者提供衣、食、住、家庭用具、取暖方面救济;后者包括残疾人救助,老年人救助,疾病救助,盲人教育救助,孕妇和产妇救助,无家可归者、流浪者救助和在国外的德国人的救助等等。社会救助的形式有以下几种:第一,通过咨询和照顾给予帮助。第二,物质帮助。如接收进养老院、医疗帮助、康复帮助等。第三,资金补助。除了食品费、生活费、燃料费以及杂费等日常生活费外,也包括代为缴纳医疗、养老保险费,支付丧葬费和安葬费。对高龄、残疾、妊娠、妇女生育等特殊需求者,其救助标准比一般标准高30%。另外,根据需要还可以提供信贷。

德国社会救助所需资金主要由各级政府财政拨款解决。联邦、州、市、县都设立了社会救助的具体管理单位。

此外,带有社会救助性质的社会照顾,也是德国社会救助的重要内容。主要内容包括:一是儿童补贴。《联邦子女补贴法》规定,只要有子女的家庭都可以得到家庭津贴,子女越多得到的家庭津贴也越多。二是住房补贴。住房补贴是专门为解决低收入、多子女家庭及残疾人、老年人住房困难而实施的。《联邦住宅补贴法》规定,凡收入不足以租住适当面积住房的公民都可以享受国家提供的住房补贴。所谓"适当面积住房"是指成人每人12平方米、未成年人4平方米。

第二次世界大战前,日本就制定有扶助立法,包括济贫法、军事扶助法、母子保护法、医疗保护法、战时灾害保护法等。战争结束后,日本大多数国民生活陷入困境,以往片断式的救贫措施已无济于事。1946年,日本全面修改战前《扶贫法》,将修改后的内容合并重新颁布《日本生活保护法》。因此,日本将社会救助称为生活保护。该法规定,政府对于生活困难的国民,根据其贫困情况及需要程度,给予必要的保护,以维持其最低生活标准,并进而促使其自力更生。1950 年,日本对该法进行再次修订,后改称为《新生活保护法》形成施行至今的公共扶助制度。日本政府对国民生活的保护主要包括以下七个方面:生活扶助、教育扶助、住宅扶助、分娩扶助、医疗扶助、就业扶助、殡葬扶助。以上七项,求助者可得其中一项或多项。

二、我国社会救助制度沿革

我国社会救助制度有着悠久的历史,商汤时期实行的"饥者食之,寒者衣之,不资者振之"的赈恤饥寒举措,大概可视为中国古代慈善事业的滥觞。自此以后的几千年间,虽有盛衰,而历代王朝甚为重视,采取种种措施救助鳏寡孤独贫病废疾之人。

唐宋时期,社会救助内容十分广泛、形式多样、措施完备,中国古代社会所实施过的救助办法基本都出现了,形成了封建制度下社会救助的基本模式。其主要内容:一是救助灾民。这是社会救助工作的重要方面,主要包括以下几点:(1)赈济。一般是用钱粮衣物等就地救济灾民,有赈谷、赈银、赈工。(2)养恤。就是对濒临生命危机的灾民进行紧急救助,主要办法有施粥、居养、送药等内容。(3)调粟。就是异地调集粮食救济灾民。(4)镯缓。就是减免税赋,免除差役,休养生息。(5)安辑。就是遣返安置流离失所的灾民,主要有给田、给复、资遣流民。(6)放贷。就是对灾后的贫困农民,予以借贷,帮助他们恢复生产,主要有贷粮贷银和贷农作物种子等。

二是救助社会弱势群体。其主要内容有:(1)抚恤鳏寡孤独废疾人员。(2)礼敬高年。如唐太宗贞观十五年,"赐民八十以上物"、宋代的"养老慈幼之政"。宋承袭唐旧制,并扩大了官办慈善机构的规模,出现了划时代的变化,所谓宋之为治,一本仁厚,振贫恤患之意,视前代尤为切至。宋代的养老慈幼事业最为突出。其专门设施有居养安济院、慈幼局、慈幼庄、婴儿局、举子仓、举子田等。规模之宏远,计划之周密,设施之详尽,自西汉以来,历代封建王朝无出其右者。明末清初以来,社会救助和慈善事业逐渐发生了变化,最为重要的是民间社会主持的慈善活动趋于兴盛,善堂善会的数量迅速增加,慈善机构种类繁多,慈善活动内容丰富,在维持社会生产和秩序方面发挥了重要的作用。

由此可见,我国济贫思想可谓源远流长,有儒家的"民本"、"仁政"、"大同"思想,墨家的"兼爱"思想,道家的"德治"思想。古代社会,儒家思想占统治地位。在儒家的济贫思想中,注重的是社会整体和国家控制,而较少强调个人权利和国家义务。同时,中国古代的济贫实践在传统上较为注重运用政府行政手段,而没有采用立法手段,这不能不说是一个重大的缺憾。

到了近代,中国的福利思想一方面承继了儒家思想的传统,另一方面又受到资产阶级民主革命和西方福利思想的影响,逐渐形成了一种独特的中国式的"补救型"社会福利思想。"补救型"社会福利思想将社会福利看成是一种在常规的社会机制不能正常运转或者不能满足一部分社会成员某些较为特殊的社会需求时而采取的应急措施,因此,社会福利的目标被锁定为"为社会弱者服务"。

1949年,中华人民共和国成立,中国的社会救助活动进入了一个新的历史时期。随着国家经济建设和政治形势的变化,社会救助工作的任务、范围和工作重点也有所变化,其发展过程大约有以下几个阶段：

新中国成立初期，由于帝国主义的掠夺、旧政府的腐朽统治以及长期的战争破坏，人民生活水平非常低下，社会上有大量的人遭受着贫困、饥饿、瘟疫和死亡的威胁。面对如此严峻的形势，党和政府开展了大规模的紧急社会救济工作。1953年，经济形势逐渐好转，社会救助也由大规模的紧急救助步入了正常化、制度化的轨道，新型社会救助制度模式得以基本确立。全国第三次城市社会救济工作会议确定了"生产自救，群众互助，并辅之以政府的必要救济"的方针。1954年以后，城乡出现了互助组、合作社，集体的力量日益强大，社会救济的方针随之修改为"依靠集体，群众互助，生产自救，辅之以政府的必要救济"。这一时期农村救济制度最大的突破是创立了"五保制度"。

1958年后，由于经济建设指导思想失误，加上遭受三年严重自然灾害，人民生活水平急剧下降。在城市，各地需要社会救济的人数大量增加。这一时期城市社会救济最大的特点是国家开展了对精简退职职工的救济工作。在农村，"大跃进"时期刮起了"共产风"，错误地认为中国农村已经消灭贫困，停发了社会救济款，取消了社会救济工作。1966年开始的十年"文化大革命"期间，社会救济机构被撤销，人员被清退，社会救助处于倒退和停滞状态。

"文革"结束后，我国城乡社会救济工作得到了恢复和发展，农村社会救济制度相应进行了探索和改革，实行救济与扶贫相结合。在整个20世纪80年代，讨论的比较多的是中国农村的贫困问题，中国社会救济制度改革的重点也主要放在农村。这些改革努力一直延续到90年代中期，其中大多数政策措施目前也还在实行。20世纪90年代以来，由于经济体制改革明确了以市场经济为取向，经济体制的急剧转轨和企业改革的逐步深化，加上国际上经济全球化和亚洲金融风暴的影响,引发了中国城市社会很多经济、社会矛盾。下岗失业、1993—1996 年连续 4 年的高通货膨胀、贫富差距拉大等现实促使最低生活保障制度的建立。在城市实施居民最低生活保障制度,这是对我国传统社会救济制度的改革和完善,是解决城市贫困人口生活问题的重要制度设计和制度保证,是我国社会保障体系中的最后一道"安全网"。

三、外国社会救助制度对我国的启示

纵观主要发达国家的社会救助制度,尽管救助的内容、水平和方式一般都要受本国政治、经济和社会等因素的影响,适应自己的国情,但它们在许多方面也有共同之处。学习和借鉴各国适应市场经济要求的、带有普遍性的社会救助做法和经验,对于中国社会救助建设具有重要参考价值和启示。

(一)社会救助是社会保障体系的重要组成部分,各国政府高度重视

第二次世界大战后,各国社会救助都得到了较快发展,这是由于战争教育了各国政府,工人阶级运动惊醒了各国政府,为缓和阶级矛盾,稳定人民情绪,维护社会安定,促进经济发展,加强社会救助是政府一项刻不容缓的工作,尤其是在市场经济发展初期更是如此。因为在这个时期经济尚不发达,贫富差距悬殊,社会矛盾突出,而社会保险制度还不完善,社会福利不普遍,社会救助在社会保障体系建设中负有特殊使命,是社会安全网的最后一道防线,对保障居民基本生活、维护社会稳定具有特别重要的作用。

(二)各国都设专门的社会救助行政管理机构

在管理形式方面有两种:一是中央指导,地方执行,如美国、日本等。二是中央直接领导,地方分区办理,如英国、澳大利亚等。

前者偏重地方责任,中央虽有机构但主要职责是拟定法律法规、制定办法与执行标准,协调地方工作,监督检查,而具体实施执行都在地方;后者则偏重中央职责,由中央统一领导,地方设立分支机构,垂直进行,强调统一性和公平性。

（三）救助经费以中央为主,中央和地方分担

救助经费主要来源于政府,辅之以企事业单位、社会团体、民间组织和个人捐赠,资金的使用具有无偿性。在中央与地方的经费负担上有三种形式:一是全由中央拨款;二是全由地方负担;三是中央和地方共同负担,或中央为主,地方补助,或地方为主,中央补助。从目前各国的情况看,以中央和地方分担,中央为主,通过转移支付支持地方尤其是经济欠发达地区的情形居多。

（四）对社会弱势群体予以特殊救助

在社会经济发展到一定阶段后,许多国家对社会弱势群体予以特殊救助,如老年人、未成年人、病患者、残疾人、灾民、失业者、失学者、难民等,这些人都是社会的不幸者、弱者,对象众多,范围广泛,这些人享受救助权利时无须先尽义务。社会救助方式上,以现金给付为主,实物给付和提供服务为辅;有分散救助,也有集中供养救助;起初一般是生活救助,随后逐步开展医疗、住房、教育、残疾等项救助。

（五）制定了与经济发展水平相适应的社会救助标准

在开展社会救助时,多数国家都确定最低生活保障标准或者贫困线,但社会救助标准的高低,与本国经济发展水平以及社会救助政策取向相适应。西方福利国家在社会救助方面待遇较高、各种补助繁多,固然是经济发展的结果,但往往也给政府财政背上了沉重包袱,一定程度上助长了国民的依赖思想,改革起来举步维艰。许多国家在建立、完善社会救助制度时都力图避免这一弊端。

我国现在处于社会主义初级阶段,生产力发展水平比较低,人口多、底子薄,一要吃饭、二要建设,这些特点决定我国社会救助体系建立的经济基础比较薄弱,保障水平要适当。水平定得过高,财政承受不了,势必影响国家经济发展和企业竞争力;但水平过低,就无法满足广大群众的基本需要和保证救助对象的基本生活。

（六）注重动员社会力量进行社会救助

政府特别重视慈善机构、宗教团体、民间组织在社会救助中发挥作用,相对分工,通力协作。如德国通过立法规定,社会救助要坚持政府与民间合作的原则,联邦救济法不得侵犯教会、宗教团体、民间组织的地位与活动,社会救助实施机构在与各团体机构合作时,应考虑到其独立性,互相取长补短,并支援民间团体。除了现金的发放以外,民间团体的救助活动应优先进行。

（七）重视社会救助的法制建设

绝大多数国家制定了社会救助方面的法律法规,有的甚至已积累了数百年经验,形成综合性的社会救助法典。越是发达的国家,社会救助法制越健全,法律越完善,有关规定越详细具体。同时,发达国家实践证明,在社会保障法制建设方面,一般最早立法的是社会救助,然后才是社会保险和社会福利,最后形成社会保障法。

（八）不断改善技术手段,实行信息化管理

社会保障是一项极其复杂细致的工作,靠传统的人工操作已不能适应,亟须现代化的手段来保证。西方发达国家由于经济发达,早已部分或全部采用计算机管理。许多国家实现了全国联网,不仅运算及时,效率高,质量好,减少管理成本,而且透明度高,能方便快捷地向社会保障对象公布有关信息,提供及时准确的查询服务,也有利于社会监督,减少腐败和差错。我国目前正在运用现代信息技术,建立一个功能齐全、覆盖全国的社会保障技术支持系统,这必将对社会保障体系建设产生革命性影响,对社会保障的现代化管理产生重大提升作用,也是社会保障改进管理、提高服务质量的必由之路。

（九）逐步完善政策,保持连续性和稳定性

社会救助制度改革是一项十分复杂的系统工程,涉及社会各方面的利益,处置不当,步骤不妥,容易引发社会矛盾。社会救助的实践证明,一项社会救助制度是否成功,必须经过较长时期的实践检验,才能看出它是否符合国情国力,是否符合社会成员的需求,是否能实现可持续发展。国外的社会救助都经过了几十年,甚至上百年、几百年的发展,才逐步完善起来。因此,社会救助制度的改革安排,不管是出台单项的制度,还是对体系的完善,都要注意把握改革政策出台的时机和社会各方面的承受力,注意保持有关政策的相对稳定和各项政策的衔接配套。

（十）家庭补助是社会救助的重要内容

家庭补助的项目很多,标准不一,是社会救助的高级形式。在各种家庭补助中,有的救助特征很突出,有的则属于福利性补贴,其主要功能是改善和提高受补助家庭的生活水平和生活质量。西方发达国家由于家庭补助项目多、范围广,财政负担日益繁重,成为所谓"福利国家"的一个弊病。

第二节　社会救助制度的一般问题

一、社会救助的依据

一个完整的社会保障体系不仅应当具有良好的危险防范功能,而且,也应当具备有效的危险救治功能。在整个社会保障体系中,社会救济的基本功能就是为了帮助社会群体中已经陷入生活困境的社会成员维持生存,并且使他们摆脱目前所处的生活困境。① 作为最低层次的、最基本的社会保障,其法律依据也是多层次的,包括国际条约等国际法律规范,也包括宪法、法律、行政法规、地方性法规、规章以及其他规范性文件。当然,我国目前的社会救助法律制度没有统一的《社会救助法》,其立法位阶也比较低,一般是由零散的法律、法规、规章来进行规定。当前,指导各地工作的主要是由国家劳动和社会保障部、民政部颁布的大量的行政性规范文件,有关的法律依据主要有:

国际条约。根据"条约必须遵守"的原则,中国已批准国际劳工公约,必须承担履行义务,如《工业企业中实行每周休息公约》、《确定准许使用未成年人为扒炭工或司炉工的最低年龄公约》、《本国工人与外国工人关于事故赔偿的同等待遇公约》、《制定最低工资确定办法公约》、《各种矿场井下劳动使用妇女公约》、《残废人职业康复与就业公约》、《男女工人同工同酬公约》、《三方协商促进贯彻国际劳工标准公约》等等。

1927 年,国际劳工组织发起并组建了"国家互助救济金与疾病保险基金会国际会议",1947 年该组织正式更名为"国际社会保障协会",其宗旨是促进世界各国之间社会保障事业的合作与发展。1952 年 6 月 28 日,国际劳工会议通过了《社会保障最低标准公约》,对社会保障补助金的范围作出明确定义。此后,国际劳工组织先后通过了一系列有关社会保障的专项公约和建议书。在众多的社会保障国际公约中,最具影响的是 1952 年第 35 届国际劳

① 种明钊主编:《社会保障法律制度研究》,法律出版社 2000 年版,第 340页。

工大会上通过的《社会保障最低标准公约》，它对社会保障在各国的建立和推广起了重要的作用，被视为"社会保障的国际宪章"。该公约共14章87条。第1章：一般规定；第2章：医疗；第3章：疾病给付；第4章：失业给付；第5章：养老给付；第6章：工伤给付；第7章：家庭津贴；第8章：生育给付；第9章：疾病给付；第10章：遗属给付；第11章：按期给付应遵守的标准；第12章：非本国居民的同等待遇；第13章：其他规定；第14章：最后规定。对各国实施社会保障的最低要求，该公约第2条作了如下规定：实施本公约的会员国，对医疗保险、遗属给付等九个项目，至少应举办3项，而该3项中又必须包括失业保险、养老保险、工伤保险、残疾保险、遗属给付5项中的至少1项在内，这才符合社会保障的最低标准。

除此之外，我国还必须遵守联合国的相关公约。例如，《联合国宪章》、《世界人权宣言》、《公民权利和政治权利的国际公约》、《经济、社会和文化权利的国际公约》。

2001年2月28日，九届全国人大常委会作出决定，批准了我国政府于1997年10月27日签署的《经济、社会及文化权利国际公约》（以下简称经社文公约或公约）。根据公约规定，自我国将批准书交存联合国秘书长之日起3个月后，公约开始对我国生效。该公约第九条规定："本公约缔约各国承认人人有权享受社会保障，包括社会保险"。

宪法和法律。我国《宪法》规定要尊重和保护人权，保护公民获得一系列的经济社会文化权利。第14条规定，国家建立健全同经济发展水平相适应的社会保障制度。第45条规定，公民在年老、疾病或者劳动能力丧失的情况下，有从国家和社会获得物质帮助的权利，国家发展为公民享受这些权利所需要的社会保险、社会救济和医疗卫生事业。在《劳动法》、《妇女权益保障法》、《残疾人权益保障法》等一系列法律中都有社会救助的规定。

行政法规、地方法规、规章。《城市生活无着的流浪乞讨人员救助管理办法》、《法律援助条例》、《军人抚恤优待条例》等等。

这些法律规范的基本目的就是为了保证部分特殊困难群体例如失地农民、农村贫困居民、城市失业人员、残疾人、孤寡老人等社会弱势群体得到最低收入，其方式可以是老年人的养老金，残疾人津贴，因为自然灾害而对灾民发放的临时、食物救济金，冬天供暖费，也可以是法律咨询、社会救济房等等。

二、贫困的定义

正如前文所述，社会救助关怀的是需要长期或者短期解决存在基本生存困难的群体。一般来讲，需要接受社会救助的人都是"穷人"。这就需要对"穷人"的标准进行界定。所谓穷人，是指那些自认为是社会中的一部分，但又感到被剥夺了与社会中另一部分人同享欢乐权利的人。从实质上说，贫困不仅是一种经济现象，没有足够的钱购买衣服、食品或者接受服务，更重要的是，它与人类更深层次的生活，例如基本价值观、文化和精神等都密切相关。因此，从这个意义上说，贫困涉及包括身体的、智慧的、社会的、文化的、道德的、审美的和精神的人类潜能的各个方面。可以说，贫困与经济结构与政策、社会结构、反贫困政策和政治优先考虑的重点等都有关系。

1989年欧共体给贫困下的定义是："贫困应该被理解为个人、家庭和群体的资源——包括物质的、文化的和社会的——如此有限，以至于他们被排除在他们所处的国家可以接受的最低限度的生活方式之外。"

1998年诺贝尔经济学奖得主、印度籍经济学家阿马蒂亚·森

（Amartya Sen）在《作为能力剥夺的贫困》中指出："贫困必须被视为是一种对基本能力的剥夺，而不仅仅是收入低下。"英国学者奥本海姆在《贫困的真相》一书中，给贫困所下的定义是："贫困指物质上、社会上和情感上的匮乏。它意味着在食物、保暖和衣着方面的开支少于平均水平。……贫困夺去了人们建立未来大厦——'你的生存机会'的工具。它悄悄地夺去了人们享受生命不受侵害、有体面的教育、有安全的住宅和长时间的退休生活的机会。"另一位英国学者汤森德也认为，那些缺乏获得各种食物、参加社会活动和最起码的生活和社交条件的资源的个人、家庭和群体就是贫困的。

2001年，世界银行重新对贫困作了严格的定义，认为贫困具有以下三个重要特征：第一，缺少机会参与经济活动；第二，在一些关系到自己命运的重要决策上没有发言权；第三，容易受到经济以及其他冲击的影响，如疾病、粮食减产、宏观经济萧条等。除以上特征外，贫困还具有地域特征和人群特征。一般说来，贫困集中在农村、资源匮乏、环境恶劣的地区；就人群而言，它往往容易发生在儿童、妇女、老人、残疾人、少数民族和移民（尤其是失地农民）等人群中。因此，必须对贫困群体进行社会救助，帮助他们与贫困作斗争，消除和缓解贫困。

综合有关国际组织的观点和学者们的研究，我们认为，贫困包括三层含义：（1）贫困是因为资源匮乏，从而导致其生活水平低于社会可以接受的最低标准。我们讲的资源，既包括物质资源，也包括文化的和社会的资源。（2）从根本上讲，贫困是缺乏手段、能力和机会。（3）贫困是一个历史和发展的范畴。随着社会的进步，经济的进步，贫困的内涵和标准也会发生相应的变化。因此，要克服贫困，就要给贫困者以社会救助。犹如掉入沼泽地的人难以通过自己的努力拔出泥潭,迫切需要借助外力。

　　贫困群体之所以需要社会救助,是因为贫困不只是贫困人口的伤痛,还因为它有很大的负外部性。对于贫困群体本身,贫困不仅威胁着他们的生存权和发展权的实现,影响到他们的社会心理健康,并且会代际传递贫困。从社会角度看,绝对贫困的存在和相对贫困的产生(贫富差距的扩大)与现代文明是不相容的,会影响社会的安全与稳定,尤其是以社会公平、人民福利为信念的社会主义国家,贫困人口的大量和持续的存在与这种信念是相冲突的。以经济的角度看,经济总量的增长或者财富的增长并不意味着社会福利的自然增长,由于收入的边际效用递减规律的普遍存在,在一定社会总财富的情况下,分配越不均衡,社会的经济福利越小。高收入群体总是倾向于把更多的收入用于储蓄而不是即期消费,所以会导致社会有效需求不足,而市场经济不能够自动解决贫困和收入差距问题。

　　阿马蒂亚·森在他的《贫困与饥饿》一书中,提出了关于饥饿的索取权理论(entitlement theory)。该理论以 20 世纪 70 年代孟加拉国饥饿为例,证明饥饿的产生不是因为食物短缺造成的,而是因为出卖劳动力为生的底层工人的工资大幅度下降造成的。森认为,饥饿是对人的能力的完全剥夺,而贫困是对人的能力的慢性剥夺。森认为,一个人避免饥饿和贫困的基础是其能力的大小,而能力的实现则是依据其所拥有的权利。权利是人们获得某种物品的机会。一个社会的权利结构是否合理取决于它能否为人们获得其培养参与社会所需要的能力提供必要的资源。人的典型权利包括生产权利和交换权利,它给人们指定可能拥有商品的能力,一旦这种权利所界定的可合法取得的食品不足以满足生存需要时,就会产生饥饿。权利方法所重视的是每一个人控制包括足够食物在内的商品组合的权利,并把饥饿看成是违背赋予取得一个包括食品组合权利的结果。不论是发达国家还是发展中国家,市场权利本身都不足以防止饥饿和饥荒的出现。大部分情况下,饥饿对个人来说是其市场权利的失败,对社会来说是公共权力的失败,因为它没有为人们抵御市场的侵害提供保护。在这个意义上说,饥饿问题同社会保障有着内在的联系。发达国家之所以能够避免饥饿现象的发生,是因为有了社会保障体系。饥饿的消失反映了权利制度的变迁,社会保障是对市场交换和生产过程的补充,这两种类型的机制结合在一起决定着一个人的交换权利。所以,政府就有足够的理由干预分配制度,通过税收和社会保障、社会救助与福利制度进行社会财富的转移支付,来解决贫困问题。

三、社会救助内容和对象

社会救助的内容,是行政机关、社会公共组织、民间组织通过救助行为赋予或者保护被救助人的权益。这些权益有直接和间接之区分。直接利益有人身权利、物质利益;间接利益主要是指与物质利益密切关联的利益。人身利益是帮助被救助人获得生命安全、健康权益和人身利益。物质利益体现为给予一定的货币、一定数量的物品,抢救被救助人处于危险境地的财产等。与物质关联的利益主要体现为:免费享受医疗,就业的优先照顾,给予技术方面的援助,子女读书的学费等费用减免,实现法律保障的司法援助。

曹明睿认为,社会救助的内容应当包括生活救助、急难救助和灾害救助三部分。① 我们认为,目前在我国存在的社会救助的项

---

① 曹明睿:《社会救助法律制度研究》,厦门大学出版社 2005 年版,第 231 页。

目主要包括4个方面:救灾、救济、五保和扶贫。

　　社会救助的对象是社会的弱势群体。主要包括以下几类人员:第一类,传统意义上的弱势群体,主要是宪法规定的几种特殊群体:儿童、妇女、老人、残疾人;第二类,城市的失业人员、下岗工人、体制外人员(即从来没有在国有单位工作、依靠打短工、摆小摊养家的人,孤寡老人)、农民工和早退休的"体制内"人员;第三类,农村没有摆脱贫困的特困户,如五保对象,包括无法定扶养义务人,或者虽有法定扶养义务人但扶养义务人无扶养能力的,无劳动能力、无生活来源的老年人、残疾人和未成年人;还包括低保(定期定量救济)对象,无劳动能力、无生活来源、无法定赡养人或抚养人的"三无家庭",家庭主要成员因严重残疾而丧失劳动能力的"重残"家庭,家庭主要成员长年有病基本丧失劳动能力,造成经济收入低微、生活十分困难,靠自身力量无法维持基本生活的"重病家庭"。特别是家庭生活困难的艾滋病患者、艾滋病感染者以及患者家属和遗孤。第四类,临时救济对象,例如遭受自然灾害、战争事件等急需政府资助的对象,或者有劳动能力,但因病、因灾和其他原因造成基本生活临时困难的家庭。

　　目前,为了使我国经济社会发展的成果最大限度地惠及全体人民,社会救助范围有逐渐扩大的趋势,从绝对贫困对象拓展到相对贫困对象,即边缘困难群体。一些收入略高于低保、因病因灾致贫的群众纳入救助圈。例如经济发达的江苏省已在全国率先建立了城乡低保制度,通过体系、制度、机制等多方面的保障,保障数百万困难群众"有饭吃、有衣穿、有房住",并向医疗、教育等领域延伸。同时,对一些因病、因灾、因残而陷入困境或者重新陷入贫困的家庭,也可以纳入救助的范围。这类家庭由于收入略高于低保标准,但其微薄的养老金、退休金用于看病吃药,负担很重,导致实际生活水平非常低,在实际生活中形成了一个不小的特殊群体。

四、社会救助的量化方法

贫困也有一个量化的标准,具体指在一定的空间、时间和社会发展条件下,所能支付维持人们生存必需的商品与劳务的费用总和低于一定的数量。也就是说,在确定的时间、空间和社会发展条件下,贫困具有一定的绝对性,而在不同的时间、空间和社会发展的条件下,又是相对的、可变的。因此不同的历史时期和经济发展阶段,贫困有其特定的含义与范围。这就需要一些基本的方法来量化标准。

现代社会量度贫困状态有着一系列较为客观和科学的方法,国际上较为常用的方法有:恩格尔系数法、国际贫困标准法、标准预算法(市场菜篮法)、最低百分比法等。

(一)恩格尔系数法

19世纪德国统计学家恩格尔根据统计资料,对消费结构的变化得出一个规律:一个家庭收入越少,家庭收入中(或总支出中)用来购买食物的支出所占的比例就越大,随着家庭收入的增加,家庭收入中(或总支出中)用来购买食物的支出则会下降。推而广之,一个国家越穷,每个国民的平均收入中(或平均支出中)用于购买食物的支出所占比例就越大,随着国家的富裕,这个比例呈下降趋势。恩格尔定律的公式:

$$食物支出对总支出的比率 = \frac{食物支出变动百分比}{总支出变动百分比}$$

恩格尔系数是根据恩格尔定律得出的比例数,是表示生活水平高低的一个指标,它是指食物支出在整个家庭或个人消费支出总额中所占的比重,其计算公式为:

恩格尔系数 =（食品支出总额/家庭或个人消费支出总额）×100%

在上述公式中,恩格尔系数越小,生活越富裕;系数越大,则越贫困。由于恩格尔系数的科学性,它在许多国家被用于测定其国民的消费结构和生活状况。

在西方国家甚至常用恩格尔系数的大小来评价一个国家的贫富状况。为此,联合国根据恩格尔系数制定了一个划分贫富的标准:恩格尔系数在 30% 以下,生活水平是最富裕;30%—40%,为富裕;40%—50%则为小康;50%—60% 为勉强度日;60%以上为绝对贫困。恩格尔系数法是一种支出比例法,即根据支出的比例来确定贫困的程度。

我国2004 年3 月1 日由劳动和社会保障部颁布了《最低工资规定》。在该行政规章中,明确确定最低工资标准的通用方法就有恩格尔系数法,它根据国家营养学会提供的年度标准食物谱及标准食物摄取量,结合标准食物的市场价格,计算出最低食物支出标准,除以恩格尔系数,得出最低生活费用标准,再乘以每一就业者的赡养系数,再加上一个调整数。

确定城市低保标准一般应考虑维持城市居民最基本的生活费支出、城市居民人均可支配收入、社会平均工资、基本生活物价指数、社会保障相关标准、财政承受能力等因素。

我国许多城市测算城市低保标准都采用国际上通行的"恩格尔系数法",并考虑适当的调整数进行确定。例如北京,2005 年7月13 日,北京市人民政府批转市民政局《关于建立本市城市居民最低生活保障标准调整机制意见的通知》(京政发〔2005〕13 号文件)就明确规定,根据满足城市居民最基本的食物支出标准,除以适当的恩格尔系数,然后加上或减去适当的调整数,得出低保标准。具体的测算公式为：

城市低保标准＝（城市居民基本食物支出标准÷适当的恩格尔系数）±调整数

其中，城市居民基本食物支出标准由市统计局根据国家营养学会公布的年度标准食物谱及摄入量，结合本市市场价格计算后得出。

适当的恩格尔系数为城市低保家庭恩格尔系数与北京市统计局统计的"5% 低收入家庭"恩格尔系数的平均值。

调整数通过综合考虑城市居民基本生活消费品物价指数、社会保障相关标准、城市居民人均可支配收入、社会平均工资、财政承受能力等因素后得出。

（二）国际贫困标准法

这是一种收入比例测定法，即根据收入的比例来确定贫困的程度。经济合作与发展组织提出，以一个国家或地区社会中位收入或平均收入的 50%—60% 为标准，只及或低于这个收入标准的即为贫困。

（三）标准预算法

市场菜篮法又称"标准预算法"，它可以算是最古老、最传统的确定贫困线的办法，并且以它的"绝对主义"而著名。市场菜篮法首先要求确定一张生活必需品的清单，内容包括维持为社会所公认的最起码的生活水准的必需品的种类和数量，然后根据市场价格来计算拥有这些生活必需品需要多少现金，以此确定的现金金额就是贫困线，也就是最低生活保障线。由有关专家制定出维持最低生活水平所需的生活必需品的品种和数量，然后根据市场价格计算出购买这些必需品所需的货币量，以此作为贫困标准。

五、社会保险与社会救助的关系

在西欧国家,社会保障已经发展成为一张复杂而具有保护功能的社会制度网,它对所有公民的基本生活提供了可靠的保障。这一制度网建立在两大支柱上:保险与救助。如果从广义上讲,社会救助是一种社会保障制度。在社会保障历史的长河里,社会救助的历史要更加悠久,早期的社会保险制度就是多以社会救助形式出现的。在现代社会,它依然是缓解社会矛盾、促进社会文明与进步的不可缺少的调节机制。

（一）社会保险与社会救助的共性

社会救助同社会保险有某些近似的地方,突出表现在:

1. 社会保险和社会救助共同构成社会保障制度的主要内容,其根本目的都是为了保障人们遭遇事故、收入中断时的基本生活条件,消除人们的后顾之忧,稳定社会秩序,发展社会生产。

2. 社会保险与社会救助都具有较强的法制性和政策性。社会救助同社会保险均为社会震动的"减震器"和阶级统治的"稳定器"与"安全网",都是统治集团实施社会政策和经济政策所必须利用的工具。

3. 社会保险同社会救助一方面由生产决定,即社会救助的规模、范围、形式和救助水平受制于一定生产力水平,另一方面,社会救助对生产具有反作用。

4. 社会保险也部分地贯彻了社会救助的原则。社会保险,尤其是社会主义国家的社会保险,一方面坚持权利与义务对等原则,即劳动者领取的社会保险金数量与他们过去扣除的必要劳动量相等。另一方面,在现实生活中,社会保险又部分地贯彻了"互助共济"原则。人们常说的社会保险基金统筹使用,实际上是指社会保险基金由投保劳动者共储,由政府在全体投保劳动者之间相互调剂使用。对于每一个被保险人来说,他们享受社会保险待遇的权利与他们承担的义务并不是绝对相等的。有的被保险人享受的权利可能大于所承担的义务;相反,有的被保险人享受的权利可能小于所承担的义务。这样,在社会主义制度下,社会保险基金的筹集和使用,在很大程度上发扬了社会主义国家劳动者之间互帮、互助、互济精神,体现了社会主义市场经济条件下人民新型的合作互利关系。

(二)社会保险与社会救助的差异

社会保险与社会救助是具有不同性质与特征的两种社会保障形式,它们之间的差异主要有:

1. 产生的历史不同。现代社会保险产生于商品经济高度发展、资本主义由自由竞争向垄断阶段过渡的19世纪后期,距今只有100多年历史,而有章法、有组织的社会救助形式,自国家出现后的远古自然经济时代就存在了。

2. 保障所体现的权利与义务关系不同。社会保险强调权利与义务对等原则,参加社会保险者,必须先尽缴纳保险税(费)的义务,然后才享有领取社会保险待遇的权利,权利与义务关系较密切。社会救助则不讲求权利与义务对等关系,只强调国家和社会对个人的责任和义务。为此,救济金领取者只有受惠的权利,无纳税(费)义务,所享受的权利与义务之间没有直接联系。

3. 保障对象不同。社会保险保障的主要对象是依法规定的有固定职业与正常收入的劳动者和其他工作人员,对丧失工作能力和失去劳动条件与机会等风险事故承担给付保障责任。社会救助的主要对象则是无力谋生的孤、寡、老、弱、病、残者,或者无固定职业和正常收入的人们,当他们的生活陷入困境,或收入减少,无法维持正常生活时,国家和社会承担救助保障责任。

4. 保障资金来源不同。社会保险基金依靠劳动者个人、企事业单位和政府三方面筹集,绝大部分来源于劳动者的必要劳动。社会救助大部分由政府拨款和社会赞助,小部分由某些专项基金支拨,它基本上来源于劳动者提供的剩余劳动。

5. 保障水平确定的依据和标准不同。社会保险给付的待遇标准一般由保障对象原有的生活水平、尽纳税(费)义务大小和国家的财政实力决定,因此,社会保险给付能保证被保险人的基本生活需要。确定社会救助的待遇标准则不考虑被救助对象原有的生活水平,主要根据各地政府的经济实力大小和已经筹集的经费来确定与调整。这就决定了社会救助的待遇标准通常低于社会保险给付水平,它只能满足被救助者的最低标准的生活需要。

6. 保障提供的物质内容不完全相同。社会保险给付的物质内容主要是货币,小部分采取劳务的形式;社会救助除支付货币外,很大部分以实物和劳务的形式供给。

7. 保障行为方式不尽相同。在社会保险关系中,大部分保险事故(如年老、残疾、死亡、疾病、生育、家庭困难等)发生后,由社会保险机构依法按事先约定的条件和标准自动履行保障给付义务。社会救助则不同,当需要救助的事件发生后,首先须由个人或单位提出申请,经有关方面调查、审核、确认,上级主管部门批准后,才履行救济义务。相反,如果个人或单位不提出救助申请,则作为自愿放弃救助要求处理。

第三节 失地农民的社会救助制度

一、我国社会救助的制度缺陷
新中国的政治、经济结构导致形成了城乡二元的社会治理模式,城乡、工农的差别相当巨大,且短期内无法得到改善和扭转。各种制度设计都在此基础上展开,社会救助法律制度设计也是这样。最低生活保障制度的探索、设计和推广,首先是在中国广大城镇居民中展开的,然后在有条件的地区逐渐推广到了农村。随着这一制度的推广和完善,以及相关措施的制度化,最终形成的社会救助法律制度应该是城乡统一的制度规范。

在某种意义上,城镇的社会救助法律制度相对完善,其相关的财富再分配程度就较高;农村的社会救助法律制度相对不完善,其相关的财富再分配程度就较低。再分配程度高低反映出国家干预力度在城乡间的强弱区别。

但是,要解决当前失地农民、城市中的其他困难群体所引发的贫困问题和最终要解决农村居民的贫困问题,目前的社会救助制度难以胜任"兜底"保障作用。其缺陷主要表现在以下几个方面:

(一)社会救助过分依赖单纯的政府行为,对民间非政府组织的控制过严,作用发挥不够

目前,社会救助主要以中央政府救助的形式出现,没有民间社会救助事业的配合,既加重了政府的压力,又养成了社会成员对政府的过分依赖。而西方发达国家特别重视慈善机构、宗教团体、民间组织等非政府组织在社会救助中发挥作用,相互分工,通力协作。如德国通过立法规定,社会救助要坚持政府与民间合作的原则,联邦救济法不得侵犯教会、宗教团体、民间组织的地位与活动,社会救助实施机构在与各团体机构合作时,应考虑到其独立性,互相取长补短,并支援民间团体。除了现金的发放以外,民间团体的救助活动应优先进行。早在12—13世纪,英国就出现了约500多家民间志愿性的公益慈善组织,专门从事社会救助与慈善工作。

反观我国社会救助,基本上是民政部和地方各个民政部门在

进行,其社会参与程度很低,没有有效整合社会资源。而要设立非政府组织必须经过政府相关部门的审批,其行政管理还是沿用计划经济时代的传统。1998 年的《社会团体登记管理条例》第 9 条规定,"申请成立社会团体,应当经其业务主管单位审查同意,由发起人向登记管理机关申请筹备"。该行政法规强制申请成立社会团体必须要挂靠一个业务主管单位,而这些单位又都是行政机构,许多新的社会团体的业务根本就没有与之对应的行政机关,极大地阻碍了慈善机构等非政府组织的(non - governmental organization,简写为 NGO)成立。西方社会学理论认为,当国家体系中的政府不能有效地配置社会资源,市场体系中的企业又囿于利润动机不愿提供公共物品时,NGO 作为一种新的资源配置体制,弥补了政府和企业这两种主要的资源配置体制的不足。

(二)救济对象有限

长期以来,我国城市社会救助人口受到"三无"人口标准的限制,人数极为有限。1994 年,全国得到国家定期定量救济的城乡困难户人数只有 90 万人(不包括特殊对象),而当年城乡社会困难户大约有 8455 万人,所占比例不到 1/90。

根据重庆市民政局的统计,截至 2005 年年底,重庆市有农村五保供养对象 11.85 万人,农村特困户 44.4 万人;全市享受最低生活保障的达到 75.74 万人,占全重庆非农业人口总数的 9.64%。2005 年各级财政支付社会救助资金为:城市低保户发放了 7.5 亿元;11.85 万农村五保户发放 1.39 亿元;为 20 余万无保户、特困户以及贫困群体发放 1490 万元医疗救助金;为 44.4 万农村特困户发放救助金 3786 万元,总共 9.478 亿元。2005 年除渝中区无农业人口外,其余 8 个主城区和永川市、双桥区、经济开发区建立了农村最低生活保障制度。

正如前文所述,由于我国社会救助的对象具有特定性,得到救助的人员相对比较少。1997 年重庆成为直辖市以来,3100 万人口中,总共才有 70 万城市居民实施了最低生活保障,将 11 万多农村"三无"对象纳入五保供养范围,对 45 万多农村特困户实施了定期定量救助,同时对 13 万多重点优抚对象给予了抚恤补助,使城乡困难群众和特殊群体的基本生活得到保障。

按照我们的调查,产生困难群体主要是四大原因:一是身体伤残,无法与正常人一样参加工作、劳动和生活;二是因为疾病导致贫困;三是政策导致贫困,主要是因为国有企业改革产生大量下岗工人,城市化运动导致大量失地农民;四是个人恶习,例如懒惰、吸毒等。失地农民的产生主要还在于政府土地征收制度的缺陷与社会保障制度不到位。由于重庆许多区县规定失地农民必须在土地征收之后 3 年或者 5 年起,才有资格得到城市最低生活保障,这样不合理的限制条件,使许多有实际困难的失地农民进入城镇后,其生活困难程度甚至远远超过民政救济对象。

(三)救济经费不足,救济标准过低

传统社会救助的经费来源单一,基本上都是依靠国家财政拨款。筹资渠道的非社会化,使社会救助在一定程度上成为一种官办的封闭型事业,在客观上限制了社会救助事业的发展。1994 年政府支出的社会救济费用总共只有 22.2 亿元,加上集体支出的 14.4 亿元,总共只有 36.6 亿元,不到当年国内生产总值的 0.29%,政府支出部分不到国家财政收入的 0.5%。救济经费不足就直接导致救济标准过低。1994 年,城镇孤老残幼人均定期定量救济金为 1222 元,农村五保户人均救济费为 553 元,仅为当年城镇居民和农村居民人均生活费收入的 38% 和 54%。

按照 2005 年重庆国民经济和社会发展统计公报,重庆市

2005 年用于社会救助的财政支出资金总共 9.478 亿元。而重庆市 2005 年的财政收入是 394.96 亿元,比上年增长 30.6%;财政支出 625.62 亿元,比上年增长 29.0%。社会救助占其财政收入的比率为 0.24%,占财政支出的比率为 0.015%。其结果是:

一是城市低保金不足。由于重庆经济发展不均,在三峡库区等经济欠发达地区,下岗、失业人员较多,社会保障人口基数大,地方列支配套资金较少,上级补助资金远远不能满足实际需求,存在低保标准低、人均补差更低、地市县之间不平衡的情况。二是五保供养资金不足。自 2000 年实行税费改革以后,由于"三提五统"及农业税的取消,五保供养资金来源受到严重影响。三是农村特困户救济及自然灾害救济资金不足。三峡库区自然灾害发生频繁,常年特困户所占比例也较大。财政列支很少或根本没有列支,救灾资金主要依靠上级补助。2006 年 7 月,我们在重庆市清溪镇的五保户王××家了解到,67 岁的他每月领取的资金总额为 80 元! 在农村已经建立的低保标准是家庭收入平均不足 800—1000 元的补足 800—1000 元;而且,还有 32 个区县市没有建立最低保障标准。

发达国家的社会救助开支在社会保障中的比例较大,这是值得我们借鉴的国际经验。在美国、英国这样一些发达国家中,社会救助经费在社会保障开支中的比例高达三分之一以上,受助人数占总人口的十分之一以上,救助经费分别占国内生产总值的 1.6% 和 3.9%。相比较而言,中国尤其是重庆这样的西部地区在实行最低生活保障制度等社会救助时,财政投入的资金非常有限,直接导致贫困家庭深陷泥潭不能自拔,贫富差距越来越大。

(四)救助体制和法律制度存在的弊端

其救助体制的主要弊端有:一是体制不顺,政出多门、部门分设、多头救助,除政府多个部门在搞救助外,甚至有些党务部门、民间组织也在以社会救助的名义开展工作。二是形式多样,名目繁多,生活救助、教育救助、医疗救助等等不一而足,仅民政部门开展的救助就有城市低保、农村五保、农村特困户救助、农村大病医疗救助、灾害救助、慈善救助、残疾人救助等多个子项。三是资金分散且运行渠道不畅,资金来源上既有中央财政拨款,也有地方各级财政配套,既有一定数年不变的财政转移支付资金,也有年度预算资金,既有预算内资金,也有预算外的追加拨款。资金管理上,虽然规定必须专账专户、专款专用,但到县乡两级往往是各类资金捆绑使用,层层抵扣;在拨付时效上,往往滞后等等。虽然国家支付的社会救助资金占整个国民收入的比例不大,但数量并不少,救助效益、效率并未达到预期。

其法律缺陷主要表现在:没有统一的立法思想作指导,法律体系不完善,缺乏全国统一的基本法——《社会救助法》;贫困救助缺乏统一、规范的救助依据,现有的行政法规、政府部门规章不具体,可操作性不强,部分规定不合理;灾害救助中具有相当的随意性,整个社会救助制度基本上依靠单个政府有关职能部门的通知、决定等实施,从而导致实施过程中的违规现象屡见不鲜。

尽管存在上述问题,但随着中国经济的发展变化,我国在社会救助方面的改革实验仍在悄然进行着,并取得了明显的效果。可见,我国在社会救助方面,已积累了大量的经验,具备了进行社会救助立法的基础,我们应该及时把这些经验和制度加以总结,抽象出一般规律,再由立法机关将其上升为具有普遍约束力的法律,从而加速社会救助工作的法制化进程。

二、建立失地农民等贫困群体的社会救助制度

由于多年来无数次地把农民形象负面化甚至贬低化的报道连篇累牍，使我们一想起"农民"这个名词，就不由自主地把"脏、乱、差"现象、不文明行为与他们联系在一起，其结果导致城市人对失地农民的社会排斥，导致失地农民与城市居民社区融合困难，呈现"不粘锅"现象。这一排斥现象在其制度性消化中受到旧的行政体制的不断强化。由于失地农民的总量不断增加，科学技术变迁加速，不同社会群体在资源稀缺的世界上满足其要求所作的努力，导致了社会变迁加快。在这快速变迁的社会中，失地农民本身由于掌握的社会资源有限，在政治地位、经济竞争、财富获得、文化教育程度等一系列制度安排方面，与城市人相比，都处于竞争的劣势地位。所以，现有的制度安排中没有他们的份儿。例如1999年10月1日起实施的国务院颁布的《城市居民最低生活保障条例》，是为城市居民而设计的。而这一制度制定时，失地农民的问题并没有现在这么严重。作为城市移民，失地农民的加入导致了城市人口的膨胀，引起新的城市问题，必然导致巨大的社会变迁；也由于失地农民群体规模的庞大，其需求就会超出城市资源的限度，出现了资源的紧张，最后产生社会冲突。其结果，失地农民主张的最低生活保障制度也必须"耐心地等待、寂寞地等待"。

马克思在《共产党宣言》中指出，迄今为止的社会史都是阶级斗争的历史，阶级斗争是社会变迁的根源。本书认为，产生社会冲突在任何时候都会带来社会变迁，但是变迁并不总是革命，变迁有大有小，有激烈对抗也有和平演进。每个社会都是其成员之间的整合而存在的。为了减少这些社会冲突，维持社会的稳定和有序，我们必须动员相关社会资源进行资源的重新配置。在配置这些资

源的时候,政府往往承担了"总导演"的角色。我国政府在社会救助等领域具有强大的行政力量,其影响力可以起到决定性的作用,因此,如何推进社会救助,政府的行为将具有深远的影响。然而,政府要整合现有的社会资源,尽最大的力量吸引更多的力量进入到社会救助中,要减少政府在社会救助中并生的行政费用,要避免行政死角,就面临着政府在社会救助中的角色转变问题。我们认为,政府在未来的社会救助中,应当转变现有的管理者和执行者的位置,而转化为管理者、监督者。根据国际通行的社会政策和社会救助理论原则,为制度的进一步完善,提出以下几点建议。

(一)制定《社会救助法》,健全社会救助法制体系

就我国社会救助的法律规范来看,虽然国家已经出台了《城镇居民最低生活保障条例》、《农村五保供养条例》,各省出台了相关法规,但是,涉及救助的法律法规普遍层次较低,都是单行法规,并且缺少对社会救助的监督法律。一旦出现重大社会危机,需要实施社会救助的时候,不知道应当如何处理,没有形成完整的对社会救助从制定政策到执行到监督的完整的法律体制,法律保障难以适应社会开展对救助事业的要求,立法滞后的问题日益显现。因此,一部全国性的法律应当根据现实的需要而制定,各地根据不同的情况也应当制定实施落实的地方性规章。只有法律上有了保障,才能有实施的前提和依据。

美国人科斯早就从法律经济学的角度进行了探讨。他认为,在把法律作为一种促进资源有效配置的手段时,给法律提出了两个密切相关的任务:减少交易成本,比如通过清晰地界定产权以及通过把产权配置给对其有价值的人(以便减少围绕法律的初始配置而发生的成本高昂的合约);当交易成本极高时,努力促成交易

成本为零时的资源分配,因为那样是最有效率的分配。①

考察西方国家的社会救助法律制度,我们发现,绝大多数国家制定了社会救助方面的法律法规,有的甚至已积累了数百年经验,形成综合性的社会救助法典,这些法律对社会资源的公平配置起着基础性的作用。同时,发达国家实践证明,在社会保障法制建设方面,一般最早立法的是社会救助,然后才是社会保险和社会福利,最后形成社会保障法。为此,我们有必要学习借鉴他们的成功经验,在比较学习的基础上,制定出我国的《社会救助法》、《慈善事业促进法》,以促进社会救助与慈善事业的发展。

(二)修改《预算法》,建立包括社会救助在内的社会保障财政预算制度

从1992年开始,我国中央政府预算和部分省市的政府预算采用复式预算形式进行编制,分为经常性预算和建设性预算两部分。但是,政府预算将社会保障排除在外,只是从公共财政中拿出一部分资金支付抚恤和社会福利救济费。支付范围仅涉及由民政部门开支的烈士家属和牺牲病残人员家属的一次性、定期抚恤金,革命伤残人员的抚恤金,各种伤残补助费,烈军属、复员退伍军人生活补助费,退伍军人安置费,优抚事业单位经费,烈士纪念建筑物管理、维修费,自然灾害救济事业费和特大自然灾害灾后重建补助费等。

社会保障预算应是支付预算的重要组成部分,它是国家用来反映社会保障收支及各项社会保障基金投资运营活动的特定收支计划,是国家用以反映、监督社会保障收支活动及养老保险等社会

---

① 　理查德·A.波斯纳:《法律理论的前沿》,武欣、凌斌译,中国政法大学出版社2003年版,第41页。

保险基金结余投资运营活动的重要手段。我国可以参照国际上多数国家的做法,开征社会保障税,利用法律的强制性充分保证社会保障资金的来源,逐步建立起以社会保障税为主要收入来源、各项社会保障收支及投资运营活动(包括一般性税收收入安排的社会保障支出)全部纳入社会保障预算的制度框架体系之中。

我国社会保障预算模式可以选择美国、德国所采用的基金预算模式,专门为养老保险、医疗保险、失业保险、工伤保险、医疗保险、生育保险等设立社会保障基金,进行独立核算和独立管理。同时,将现在由一般性税收收入安排在政府公共预算各类预算科目中编列的卫生事业费、抚恤和社会福利救济事业费、行政事业离退休经费等各项社会保障经费支出从其他类中划出来,单独设立类别项目予以反映。通过建立社会保障预算制度来管理和保证社会保障制度的有效运行。

在市场经济国家,预算法被冠以"经济宪法"之称,是一个国家重要的经济法律之一。然而,由于国家财政预算将会因为国家财产权力的支付转移而深刻地改变社会权力结构,因此是最重要的国民事件之一。所以,编制、审核、执行及监督,预算程序的每一步都应该公开在社会监督之下,受控于严密的法律规范。我国目前预算程序的主要法律依据,是 1994 年全国人大通过的《中华人民共和国预算法》和 1995 年国务院颁布的《中华人民共和国预算法实施条例》。但是,这两部法律仍有明显的粗疏和遗漏,其中最重要的便是有关法律责任追究的条款不足。

在现行的《预算法》中,有关法律责任的规定仅有 3 条,而且都仅限于追究行政责任。其中第 75 条的规定与 2000 年开始的部门预算改革不符,已经滞后了,另外两条也因"法不责众"而很少执行。现实中发生得多,处罚得少。另外,对于预算法律责任的追究,我国刑法也没有相关规定。法律文本缺陷的直接后果就是严重降低了法律的约束力。违反预算法的最高责任不过是行政责任,而且是很少被追究的行政责任,法律自然很容易沦为一纸空文。

更重要的是,预算的执行和监督,都需要预算法的护航。每一年的预算方案都不尽相同,而预算法不可能涵盖如此的灵活性和变动性,因此对于方案执行很难给出详细完备的规定。因此,每一年的预算方案通过之后,在资金按照方案落实到各个部门之后,资金的使用权就掌握在各部门手中。最终资金流向是否与预算方案一致,都只是呈现在事后的审计报告或者向人大的报告中,而不带来任何其他后果。在这样的情形之下,预算方案基本上就是各个部门为争取资金而编写的美好借口,一旦通过就变得毫无意义。目前审计查出的严重问题,都可以简单地归咎为预算方案未能得到应有的尊重。

修改预算法,就是要弥补现行预算法的这些缺陷,尤其是缺乏人大及其常委会对预算审查监督的规定。修订预算法应当增设一章,专门规定人大及其常委会加强对预算的审查监督。首先应当把握三个基点:一是预算法实施环境发生了重大变化,中国的经济规模、财政规模增长很快,预算法在实践中显露出许多问题和缺陷,需要补充和修正;二是一些已被认可的改革成果,需要写进预算法变成制度;三是预算法修订要与市场经济的目标相一致,并体现公共财政的理念。其次,应当将《全国人大常委会关于加强预算审查监督的决定》的重要内容和有关精神吸纳入预算法中。再次,将各地人大及其常委会加强对预算审查监督行之有效的成功经验和创新做法吸收纳入预算法。除此之外,预算法的修订还应当增加关于决算编制的审批、改革和完善分税制预算体制、改革部门预算、改革国库集中支付制度等内容。

我们希望，通过修改预算法，强化社会保障在国家财政预算中的重要地位，确保资金的落实到位，不被挪用贪污，保证这些资金用于救助那些生活社会底层的贫困群体的生存权和发展权。

主要参考文献

1. 邓大松等:《社会保障理论与实践发展研究》,人民出版社 2007 年版。

2. 邓大松:《社会保险》,中国劳动社会保障出版社 2002 年版。

3. 邓大松:《美国社会保障制度研究》,武汉大学出版社 1999 年版。

4. 邓大松、刘昌平等:《2005—2006 年中国社会保障改革与发展报告》,人民出版社 2007 年版。

5. 成思危主编:《中国社会保障体系的改革与完善》,民主与建设出版社 2000 年版。

6. 李珍等:《中国社会养老保险基金管理体制选择》,人民出版社 2005 年版。

7. 李珍:《社会保障制度与经济发展》,武汉大学出版社 1998 年版。

8. 赵曼:《社会保障理论探析与制度改革》,中国财政经济出版社 1999 年版。

9. 赵曼、吕国营:《社会医疗保险中的道德风险》,中国劳动社会保障出版社 2007 年版。

10. 郭士征:《社会保障研究》,上海财经大学出版社 2005

年版。

11. 郭士征:《社会保险基金管理》,上海财经大学出版社2006年版。

12. 郑功成:《社会保障学》,商务印书馆2004年版。

13. 王洪春、卢海元:《美国社会保障基金投资管理与借鉴》,中国社会科学出版社2006年版。

14. 孙文基:《建立和完善农村社会保障制度》,社会科学文献出版社2006年版。

15. 沈洁:《日本社会保障制度的发展》,中国劳动社会保障出版社2004年版。

16. 覃有土、樊启荣编著:《社会保障法》,法律出版社1999年版。

17. 张桂琳、彭润金等:《七国社会保障制度研究》,中国政法大学出版社2005年版。

18. 左菁:《中国农村社会保障法律制度创新研究》,厦门大学出版社2007年版。

19. 郑木清:《养老基金投资监管立法研究》,中国法制出版社2005年版。

20. 聂华林、杨建国:《中国西部农村社会保障概论》,中国社会科学出版社2006年版。

21. 种明钊主编:《社会保障法律制度研究》,法律出版社2000年版。

22. 林嘉:《社会保障法的理念、实践与创新》,中国人民大学出版社2002年版。

23. 李景森、贾俊玲主编:《劳动法学》,北京大学出版社2001年版。

24. 林义:《社会保险基金管理》,中国劳动社会保障出版社 2002 年版。

25. 穆怀中主编:《社会保障国际比较》,中国劳动社会保障出版社 2002 年版。

26. 席恒著:《利益、权力与责任》,中国社会科学出版社 2006 年版。

27. 郑秉文等译:《世界银行报告——21 世纪的老年收入保障》,中国劳动社会保障出版社 2006 年版。

28. 中国经济改革研究基金会、中国经济体制改革研究会联合专家组:《中国社会养老保险体制改革》,上海远东出版社 2006 年版。

29. 孙光德、董克用主编:《社会保障概论》(修订版),中国人民大学出版社 2000 年版。

30. 王益英主编:《社会保障法》,中国人民大学出版社 2000 年版。

31. 王卫平等:《社会救助学》,群言出版社 2007 年版。

32. 徐汉明:《中国农民土地持有产权制度研究》,社会科学文献出版社 2004 年版。

33.《社会保障资金财政监督》编委会:《社会保障资金财政监督》,中国财政经济出版社 2005 年版。

34. 姜向群:《老年社会保障制度》,中国人民大学出版社 2005 年版。

35. 易松国:《社会福利社会化的理论与实践》,中国社会科学出版社 2006 年版。

36. 李锐、赵茂林等:《中国西部农村"教育反贫困"战略报告》,中国社会科学出版社 2006 年版。

37. 杨燕绥、董保华等:《论社会保障法》,中国劳动社会保障出版社 2003 年版。

38. Harry Calvert, *Social Security Law*, Oxford University Press, 3th, 1998.

39. Grand, *Privatization and Welfare State*, London, 1996.

40. World Bank, 2004: World Development Report 2004.

41. Ahmad, Ehtisham, *Social Security in Development Countries*, Claredon Press, 1991.

42. 杨团、关信平主编:《当代社会政策研究》,天津人民出版社 2006 年版。

43. 涂尔干:《社会分工论》,三联书店 2000 年版。

44. 何雪松:《社会学视野下的中国社会》,华东理工大学出版社 2002 年版。

45. 潘光军:《中国就业问题的宏观经济研究》,中国财政经济出版社 2006 年版。

46. 陈亚东:《农民土地制度思考》,载《求索》2005 年第 4 期。

47. 陈亚东:《劳动鉴定制度应当改革》,载《法学杂志》2006 年第 5 期。

致　谢

本书是在我主持的国家社会科学基金项目基础上修改完成的。首先要感谢国家社会科学基金和学校领导的大力支持，是他们给予我从事社会科学研究的无限关怀和鼎力支持。

在完成本课题研究的过程中，得到重庆市政府政策研究室、劳动与社会保障部门、民政部门、九龙坡区、武汉大学社会保障研究中心等相关部门的支持和帮助，同时感谢对该课题提出许多建设性意见和建议的各位专家和学者。特别要感谢人民出版社的李媛媛编辑及其同事的全力帮助。他们的认真修改使本文增添了不少亮色。

最后，要感谢我的家人。是他们的谅解、鼓励和支持伴随着我的学习研究工作。

在本课题研究结束之际，谨向所有关心、支持和帮助我的人致以最诚挚的谢意！

还需要指出的是，在我们调查的过程中，许多失地农民朋友提供了大量的材料，他们的生存与精神状态让我们深深体会到失地农民的朴实、勤劳，以及失地之后生活的艰辛，尤其是他们对社会保障的渴望。这也是我们继续深切关注中国农村社会保障制度的动力。在本课题研究结束之际，传来重庆市政府将彻底解决所有失地农民的社会养老保险等问题的好消息，这让长期为之呼吁的学者备感欣慰。

作　者